EDMONDO DE AMICIS

CORAZÓN

DIARIO DE UN NIÑO

•FONTANA•

EDMONDO DE AMICIS

CORAZÓN

DIARIO DE UN NIÑO

TRADUCCIÓN:
YENIS OCHOA

PRÓLOGO Y PRESENTACIÓN:
FRANCESC LL. CARDONA,
Doctor en Historia y Catedrático

CORAZÓN, Edmondo de Amicis

Prólogo / Presentación: Francesc Lluis Cardona
Traducción: Yenis Ochoa
Diseño gráfico / Ilustración portada: Daniel Jurado

Edita: Olmak Trade S.L.
C/ Roca Plana 1
08110 - Montcada i Reixac
Barcelona (España)

www.olmaktrade.com
info@olmaktrade.com

@O_BookTrade
#ClásicosFontana

Impreso en España / Printed in Spain

I.S.B.N: 978-84-10109-39-1
Depósito Legal: B 10073-2024

Estudio preliminar

El autor y su mundo

Edmondo de Amicis nació en Oneglia en la región italiana de la Liguria en 1846, dos años antes de que la Revolución de 1848 alcanzase todo el país y al cabo de un año fuera aplastada por las fuerzas reaccionarias austríacas y las francesas del futuro Napoleón III. Alumno de la escuela militar de Módena intervino en las algaradas estudiantiles de la época y como periodista inició la publicación de bocetos que reunidos darían origen a la obra *La vida militar* (1868).

Había participado como oficial en la batalla de Custozza (1866) en la que los italianos fueron derrotados por los austríacos y en 1870 tomó parte en el asedio y conquista de Roma (1870), decisivo para lograr la unidad política del país.

Republicano y socialista, dirigió el diario L'Italia Militare y ya en 1866 vio la luz la expresión más completa de su estilo literario: *Corazón* en el que muestra una acentuada tendencia al sentimentalismo, una inspiración no muy profunda, pero fluida y una forma narrativa sugestivamente familiar que continúa en las *Nouvelle* (1872) o *Novelas cortas*.

Abandonó el ejército y se entregó por completo a su pasión favorita: la literatura. Aparecieron *Los amigos* (1883) y *La romanza de un maestro* (1890). Sus viajes iniciaron con la publicación de las relaciones de éstos la difusión de un nuevo género literario en el país: el libro turístico de carácter literario y documental: *España* (1873), *Holanda* (1874), *Marruecos* (1876), *Constantinopla* (1878-79), son un ejemplo de ello.

La obra *Sobre el océano* es de candente actualidad al abordar el problema socio-humanitario, en este caso, de la emigración italiana y anunció una nueva orientación del escritor hacia la observación realista y social que terminaría haciéndole entrar en el partido socialista italiano (1891) y provocarían conferencias como *La cuestión social* (1894), así como obras como *La maestrita de los obreros* (1895), *El coche de todos* (1898), *Memoria* (1899), *En el reino del Cervino* (sobre la montaña) y *El idioma gentil* (1905), donde expone sus ideas sobre la lengua. Falleció en Bordighera en 1908.

Observador perspicaz de la realidad, su estilo es sencillo y claro que lo transformaron en un escritor que gozó de gran popularidad. Toda su producción refleja una inquietud social con un mensaje que no cae en la retórica. Consciente de las necesidades del pueblo, intenta la labor de informar y educar con sus cuentas y novelas, valiéndose de su profesión de periodista.

De Amicis se hace eco mejor que ningún otro contemporáneo suyo: Manzoni, Silvio Pellico, Mazzini, Verga... el tono y el nivel de la cultura de la convulsa Italia de su tiempo con sus gravísimos problemas, así como los elevados ideales de su pueblo. Sus obras contribuyen a extender la educación a los sectores populares, preocupación fundamental que impregna toda su obra.

Corazón es el libro más importante de su producción que cumple plenamente sus objetivos como mensaje moral, filosófico y político difusor de las preocupaciones sociales, así como de la doctrina de De Amicis y del pueblo italiano.

Redactado imitando el diario de un colegial durante un curso escolar. Aparecido en 18866, además de las impresiones sobre maestros y compañeros recogidas por el protagonista, se intercala cada mes un cuento dictado por el maestro. El autor propugnaba un tipo de educación patriótica y ética al margen de la educación religiosa. El más famoso de los cuentos que dio la vuelta al mundo y pasó una y otra vez a la gran pantalla en película con actores y dibujos animados fue el titulado *De los Apeninos a los Andes*, reflejo de la emigración italiana a la Argentina protagonizado por Marco natural de Génova, pequeño Colón del siglo XIX.

Corazón es un libro realista que se desarrolla como una crónica de acontecimientos ocurridos en el escenario de un convulso periodo histórico siendo el narrador el propio autor del diario, lo que le confiere una frescura inigualable y una admirable sencillez al alcance de todos los públicos con un argumento fluido sin alambicados elementos estilísticos con un lenguaje directo y claro.

No posee una trama semejante a las novelas más clásicas, sino que se basa en acontecimientos que han tenido lugar, peripecias y sucesos que se van encadenando a partir de su propia continuidad sin un planteamiento estructural que los amalgame.

Así, *Corazón* es una sucesión ininterrumpida de aconteceres propia de un diario con sus fechas correlativas. La facilidad de planteamiento para la comprensión del lector es innegable, circunstancia que contribuyó a su éxito popular sin precedentes.

A semejanza de otras de sus obras, De Amicis recurre a recursos utilizados en aquéllas. Sus escenarios y cuadros pueden leerse por separado sin perder la unidad narrativa.

Gracias a su experiencia periodística, el autor sabe realizar transiciones entre uno y otro episodio con gran perfección, engarzándolos con maestría resumiendo con claridad los acontecimientos más importantes precedentes mientras que los inicios de cada uno facilitan la trama del relato estableciendo una relación lineal entre el nuevo capítulo y el anterior, procedimiento muy moderno que en la actualidad vendría a ser como cuando en un serial de la televisión a comienzo de cada episodio se realiza un resumen del anterior para no perder el hilo de la narración y contribuyen a dar unidad al relato.

Así, apareciendo nuevos acontecimientos sin dejar de recordar los precedentes, el lector se ve prendado en su argumento y no puede dejar su lectura picado por la curiosidad.

Con esa unidad estructural, el autor desgrana un relato en el que aparecen constantemente los *leit motiv* de su pensamiento filosófico y político: ardiente patriotismo y enseñanzas morales para la vida cotidiana.

Sin embargo, su exposición no es farragosa, ni grandilocuente. Desprovisto de toda retórica, su lenguaje es llano, sencillo, atrayente y comprensible, calando hondo en el lector. Viene a ser como si el maestro contase un hermoso cuento a sus alumnos que atienden a él embobados o como con los artificios de las famosas *Mil y una noches* dijeran: ¿Qué viene después? ¡Queremos saberlo!

Destaca por encima de todo su acendrado amor a la patria que se está reconstruyendo de la pérdida de su ancestral unidad, la honradez, el compañerismo, la solidaridad, la generosidad y el ansia de saber así como la entrega que llega al sacrificio por los demás, ensalzando la familia como célula social básica. ¡Ay, si en la actualidad se cumplieran todas esas premisas, otro gallo cantaría a nuestro desdichado mundo!

En muchos capítulos, el patriotismo que simboliza la recuperación de la antigua unidad de la nueva nación llega a grads insospechados, no olvidemos que las hazañas de Mazzini o Garibaldi planean contemporáneas el argumento. Léase uno de los capítulos referentes al pequeño vigía lombardo, el patriota paduano o el tamborilero sardo y también las referencias al desfile de los veteranos de la guerra.

Todos los personajes, desde el maestro revelan las convicciones sociales de su autor, así como su más estricta honradez y moralidad que ayuda a aprehender el mensaje implícito de la obra de Amicis.

Sin arquetipos universales aunque figuren ubicados en un tiempo y un espacio determinados. Tal como actuan, hablan y creen poseen un valor que trasciende a todas las épocas, países e individuos.

Corazón es un libro escrito formalmente para niños y adolescentes. Su narración no son cuentos para adultos adaptados a su mentalidad como solía suceder, sino concebido directamente para lectores u oyentes de aquellas tempranas edades, cera virgen para ser moldeada a la perfección para su futuro. Su autor ha volcado en él todo su conocimiento y experiencia de la cruda realidad sin tapujos para superar los avatares por difíciles que se presenten. Reflejando todos sus sentimientos, ideales y creencias para contribuir a la formación integral de los futuros hombres y mujeres italianos y de todo el planeta. Su objetivo ha sido cumplido con creces sin dejar su valor literario que lo ha convertido en un clásico de todas las épocas y países.

Francesc Lluis Cardona

Advertencia del autor

Este libro va dedicado de forma especial a los chicos de nueve a trece años. Podría titularse: Historia de un curso escrita por un alumno de tercero en un grupo esçolar.

Al expresar esto, no pretendo indicar que es un chico el redactor del presente libro tal como sale a la luz. El chico tenía un diario en el que apuntaba, a su modo, cuanto sucedía en la clase, así como lo que veía, oía y pensaba dentro y fuera del recinto escolar. Al final de curso, aprovechando los apuntes del pequeño, su padre redactó estas páginas procurando no alterar las impresiones infantiles y respetando en cuanto era viable su misma construcción. Cuatro años después, cuando el chico cursaba enseñanza media, leyó de nuevo el escrito y añadió o suprimió algo para que el texto reflejase fielmente la realidad, pues conservaba fresca la memoria sobre personas, hechos y cosas, quedando definitivamente como ahora se entrega a la imprenta.

Espero, queridos amiguitos, que la lectura de este libro os encante y os incite a ser cada vez mejores.

EDMONDO DE AMICIS

EDMONDO DE AMICIS

CORAZÓN

DIARIO DE UN NIÑO

Octubre

PRIMER DÍA DE CLASE

Lunes, 17

Hoy hemos emprendido el nuevo curso. Han pasado como un sueño los tres meses de vacaciones transcurridos en el campo. Mi madre me llevó esta mañana al grupo escolar «Baretti» para matricularme como alumno de tercero. Mientras tanto cavilaba en el campo e iba de bastante mala gana. Las calles adyacentes eran un hervidero de chiquillos, y las dos librerías próximas al grupo estaban llenas de padres y de madres que compraban carteras, cartillas, libros, estuches o cajas con útiles de trabajo y cuadernos. Delante de la escuela se agolpaba tanta gente, que el bedel hubo de pedir la presencia de guardias municipales para que conservasen el orden y quedase expedita la entrada.

Cerca de la puerta sentí unos golpecitos en el hombro. Me los dio mi anterior maestro de segundo, alegre, jovial, de pelo rubio, rizoso y ensortijado, que me dijo:

—¿Qué, Enrique? ¿Nos separamos para siempre?

Demasiado lo sabía yo, pero sus frases me apenaron mucho. Entramos, por fin, a empellones. Señoras, caballeros, mujeres del pueblo, obreros, militares, abuelas, criadas, todos con chicos de una mano y el material escolar en la otra, llenaban el vestíbulo y las escaleras, causando un rumor como al entrar al teatro después de una larga espera en la cola.

Volví a ver con alegría el amplio zaguán de la planta baja al que dan las puertas de siete aulas, por donde había pasado casi todos los días durante tres años. Estaba repleto de gente. Las maestras de los pequeños iban y venían en todas orientaciones. La que había sido mi profesora dos años antes me saludó desde la puerta de su clase, añadiéndome: —Enrique, este año vas al piso de arriba, y ni siquiera te veré pasar. Habló observandome con aire entristecido.

El Director estaba rodeado por mujeres que le instaban a que admitiera a sus hijos, no matriculados por falta de espacio. Me pareció que tenía la barba algo más canosa que el año pasado. Encontré a algunos chicos más altos y fuertes que al concluir el curso.

En la planta baja ya se había hecho la distribución de los escolares; había pequeñines que no querían ingresar en el aula y se encabritaban como potrillos, debiéndoseles forzar para que pasasen al interior; pero algunos se escapaban de los bancos que les habían asignado y otros rompían a llorar en cuanto sus padres o acompañantes se marchaban, quienes volvían para confortarlos o hacerlos sentar reiteradamente. Con esto las maestras se desesperaban. Mi hermanito se quedó en la clase de la maestra Delcati, y yo en la del maestro Perboni, situada en el piso principal.

A las diez todos estábamos en nuestros sitios respectivos. En mi clase éramos cincuenta y cuatro, pero apenas quince o dieciséis habían sido compañeros míos el curso anterior, figurando entre ellos Derossi, el que siempre obtenía las mejores notas y acaparaba el primer premio.

Pensando en los bosques y en las montañas por donde me había solazado el verano, me parecía muy pequeño y triste el recinto escolar. También me convenía con pena de mi anterior maestro, tan bueno y alegre y tan bajo que casi parecía uno de nosotros; sentía no verlo delante de mí con su cabeza rubia de pelo enredado.

Nuestro actual maestro es alto. No se deja la barba; tiene el pelo bastante prolongado y gris, aunque bien alisado, y una arruga recta en la frente; su voz es algo ronca. Nos observa fijamente uno a uno, como ambicionando leer en nuestro interior. En ningún minuto le he visto carcajear.

Esta mañana decía para mí: «Es el primer día. Tengo nueve meses por delante. ¡Cuántos trabajos, cuántos exámenes mensuales he de realizar!» Sentía verdadera necesidad de ver a mi madre y, al salir, he corrido a besarla. Ella, para apaciguarme, me ha dicho:

—No te apures, Enrique. Estudiaremos los dos juntos.

Al entrar en casa ya estaba mucho más alegre. Pero no tengo el mismo maestro, ese tan buenazo y siempre sonriente. Por eso no me ha gustado, de primeras, la escuela tanto como antes. Veremos lo que sucede este año.

NUESTRO MAESTRO

Martes, 18

También me gusta desde esta mañana mi nuevo maestro.

Al ingresar, estando él sentado en su sillón, se asomaban de vez en cuando a la puerta de la clase algunos alumnos suyos del curso anterior para saludarle.

—Buenos días, señor maestro.

—Buenos días, señor Perboni.

Algunos ingresaban, le apretaban la mano y se marchaban de prisa. Se advertía que le querían y que gustosamente habrían continuado en su clase. El maestro les respondía:

—Buenos días.

Y les apretaba la mano que le brindaban, pero sin fijarse en ninguno; a cada saludo permanecía serio y vuelto hacia la ventana, con la arruga de la frente más pronunciada, mirando al tejado de una casa contigua. En lugar de entusiasmarse por los saludos, parecía que le producían pena. Luego nos miraba uno a uno detenidamente.

Para el dictado, bajó del estrado e iba pasando por entre los bancos. Viendo que un chico tenía la cara sonrosada y llena de granitos paró de dictar, se le aproximó, le empinó un poco la cara y lo observó atentamente; después le preguntó qué le sucedía y le puso la mano en la frente para saber si la tenía caliente. Mientras tanto, un chico se puso de pie por detrás en su banco y empezó a hacer muecas y tonterías con las manos. El maestro se volvió de repente y el chiquillo se sentó súbitamente permaneciendo con la cabeza gacha en espera de la merecida reprimenda. Pero el señor Perboni sólo le puso una mano en la cabeza y le dijo:

—No lo vuelvas a hacer.

Y nada más. Volvió a la mesa y acabó de dictar.

Al ultimar, nos miró unos momentos en silencio y a continuidad, con su robusta, pero agradable voz, empezó a decirnos:

—Escuchad: hemos de pasar juntos casi un año. Procuraremos pasarlo lo mejor posible. Aplicaos y sed buenos chicos. Yo no tengo familia. Vosotros constituís la mía. El año pasado todavía tenía a mi madre, pero ha muerto y he permanecido solo. Ahora simplemente os tengo a vosotros, que sois el centro de mis afectos y de mis pensamientos. Debéis ser como hijos míos. Os quiero y creo tener derecho a que me queráis, pagándome con la misma moneda. No deseo castigar a ninguno. Demostradme que sois chicos de buen corazón; nuestra clase será una familia y vosotros, mi consuelo y mi orgullo. No os pido promesas de palabra, porque estoy seguro que ya lo habéis prometido en el fondo de vuestro corazón. Y os lo agradezco sinceramente.

En aquel instante entró el bedel a dar la hora y todos salimos de los bancos muy taciturnos. El chico que se había levantado en el banco se acercó al maestro y le dijo con voz trémula:

—¡Perdóneme!

El maestro le dio un beso en la frente y le contestó:

—Está bien; vete, hijo mío.

¡QUÉ DESGRACIA!

Viernes, 21

Caminando esta mañana a la escuela refiriendo a mi padre lo que nos dijera ayer el maestro, vimos de pronto mucha gente amontonada ante la puerta del grupo escolar.

—¡Alguna desgracia! —dijo mi padre—. ¡Mal empieza el curso!

Entramos no sin dificultad. El gran zaguán se hallaba repleto de padres de alumnos y de pequeños a los que los maestros no conseguían hacer entrar en clase y todos miraban con insistencia hacia el despacho del Director, oyéndose decir: «¡Pobre chico! ¡Pobre Robetti!»

Por encima de las cabezas, en el fondo de la habitación, llena de gente, resaltaban el quepis de un guardia municipal y la calva del señor Director. Entró un señor con sombrero, y expresaron:

—Es el médico.

Mi padre indagó a un maestro:

—¿Qué ha sucedido?

—Le ha pasado una rueda por el pie y se lo ha agraviado —respondió el interpelado.

—Se ha roto el pie —dijo otro.

Se trataba de un chico de la segunda, que, yendo a la escuela por la calle de Dora Grossa, al ver caer en medio de la calle, a pocos pasos de un ómnibus que se arrojaba encima, a un niño de párvulos, que se había soltado de la mano de su madre, corrió en su ayuda, lo cogió y lo puso a salvo, pero sin poder impedir que le pasara por arriba de un pie la rueda del ómnibus.

Mientras nos relataban esto, entró en el zaguán como loca una mujer que se abría paso con decisión entre la gente. Era la madre de Robetti, a la que habían llamado. Otra señora salió a su encuentro y, sollozando, le echó los brazos al cuello: era la madre del niño salvado del peligro.

Ambas ingresaron en el cuarto de la dirección y al punto se escuchó un grito desgarrador:

—¡Julio! ¡Hijo de mi alma!

En aquel instante se detuvo un coche delante de la puerta y poco después apareció el señor Director con el chico herido en brazos, que estaba muy pálido y con los ojos cerrados, apoyando la cabeza sobre el hombro del Director.

Todos guardamos silencio absoluto, tan sólo roto por los sollozos de la madre. El señor Director se detuvo un momento y levantó con los dos brazos al muchacho que transportaba para que lo viésemos todos. Los maestros y maestras, los padres y los chicos, expresamos a una:

—¡Bravo, Robetti! ¡Eres un gran muchacho! ¡Un auténtico héroe! ¡Pobre chico!

Y le enviaban besos al aire. Las maestras y los chicos que se encontraban más cerca de él le besaban las manos y los brazos. El abrió los ojos y musitó:

—¡Mi cartera!

La madre del pequeñito salvado se la enseñó sollozando, y le dijo:

—Te la llevo yo, ángel mío; te la llevo yo.

Entretanto se mantenía en pie la madre del lesionado, que se cubría el rostro con las manos.

Salieron, acomodaron a Julio en el vehículo y éste partió. Entonces todos entramos taciturnos en la escuela.

EL CHICO CALABRÉS

Sábado, 22

Ayer tarde, mientras el maestro nos proporcionaba noticias del pobre Robetti, que caminaba ya con muletas, entró el Director con otro alumno, un niño de cara muy morena, de cabello negro, ojos también negros y grandes, con las cejas espesas y juntas. Todo su vestido era de color lóbrego y llevaba un cinturón de cuero negro alrededor del talle. El Director, después de haber hablado al oído con el maestro, salió dejándole a su lado al chico, que nos miraba atemorizado. El maestro lo tomó de la mano y dijo a la clase:

—Os debéis entusiasmar. Hoy entra en la escuela un nuevo alumno, nacido en la provincia de Calabria, a más de cincuenta leguas de aquí. Quered bien a este compañero que viene de tan lejos. Ha nacido en la tierra gloriosa que dio a Italia antes hombres ilustres y hoy le da honestos labradores y valientes soldados; es una de las comarcas más hermosas de nuestra patria, en cuyas espesas selvas y enaltecidas montañas habita un pueblo lleno de ingenio y de corazón esforzado. Tratadlo bien, a fin de que no sienta estar lejos del país natal; hacedle ver que todo chico italiano halla hermanos en toda escuela italiana donde coloque el pie.

Dicho esto, se levantó y nos enseñó en el mapa de Italia el punto donde está la provincia de Calabria. Después llamó a Ernesto Derossi, que saca siempre el primer premio. Derossi se alzó.

—Ven aquí —añadió el maestro.

Derossi salió de su banco y se instaló junto a la mesa, enfrente del calabrés.

—Como primero de la clase —dijo el profesor— da el abrazo de bienvenida, en nombre de todos, al nuevo compañero: el abrazo de los hijos del Piamonte al hijo de Calabria.

Derossi musitó con voz conmovida:

—¡Bienvenidos! —y abrazó al calabrés. Éste le besó en las dos mejillas con fuerza. Todos aplaudieron.

—¡Silencio!… —gritó el maestro—. En la escuela no se aplaude.

Pero se advertía que estaba satisfecho, y hasta el calabrés parecía ya a gusto. El maestro le designó sitio y le acompañó hasta su banco. Después repuso:

—Acordaos bien de lo que os digo. Lo mismo que un chico de Calabria está como en su casa en Turín, uno de Turín debe estar como en su propia casa en Calabria; por esto combatió nuestro país cincuenta años y murieron treinta mil italianos. Os debéis respetar y querer todos mutuamente. Cualquiera de vosotros que ofendiese a este compañero por no haber nacido en nuestra provincia, se haría para siempre vergonzoso de mirar con la frente alzada la bandera tricolor.

Apenas el calabrés se sentó en su sitio, los más contiguos le regalaron plumas y estampas, y otro chico, desde el último banco, le mandó un sello de Suecia.

MIS COMPAÑEROS DE CLASE

Martes, 25

El chico que envió el sello al calabrés es el que más me agrada de todos. Se llama Garrone, y es el mayor de la clase; tiene cerca de catorce años, la cabeza grande y los hombros amplios; es bueno, lo que se advierte hasta cuando sonríe, y parece que piensa como un hombre. Ahora conozco ya a numerosos de mis compañeros. Otro que también me gusta se llama Coretti; lleva un jersey color marrón lóbrego y tiene una gorra de piel. Siempre está alegre. Es hijo de un revendedor de leña que fue soldado en la guerra de 1866, de la división del príncipe Humberto, y dicen que tiene tres medallas. Está el chico Nelli, un chico jorobadito, endeble y pálido. Hay uno muy bien vestido, que eternamente se está quitando las motas de la ropa: Votini. En el banco delante del mío hay otro al que le llaman «el albañilito», por ser su padre albañil; de cara redonda como una manzana y de nariz chata. Tiene una habilidad especial para poner el hocico de liebre; todos le piden que lo cree, y se ríen;

lleva un sombrerito viejo, que guarda en el bolsillo como un pañuelo. Junto al albañilito está Garoffi, un tipo alto y delgado, con la nariz de pico de loro y los ojos muy chicos, que siempre anda traficando con plumas, estampas y cartones de cajas de cerillas; se escribe notas en las uñas para leerlas a hurtadillas cuando da la lección. Hay después un señorito, Carlos Nobis, que parece suficiente orgulloso y se encuentra en medio de dos chiquillos que me resultan simpáticos: el hijo de un herrero, enfundado en una chaqueta que le llega hasta las rodillas, muy pálido, que parece estar enfermo, siempre con cara de atemorizado y que no se ríe nunca; y otro, rubio, que tiene un brazo inmóvil que lleva en cabestrillo; su padre fue a América y su madre es verdulera.

Es también un tipo entrometido mi vecino de la izquierda, Stardi, pequeño y ordinariote, sin cuello y gruñón, que no habla con nadie y parece ser bastante torpe, pero está muy atento a las explicaciones del maestro, sin parpadear, con la frente arrugada y los dientes oprimidos; si le hacen alguna pregunta cuando habla el maestro, la primera y segunda vez no responde, y a la tercera da al indiscreto un codazo o un puntapié. Tiene a su lado a un descarado, mucha sinvergüenza, que se llama Franti y que fue desterrado de otra escuela.

Hay dos hermanos, con vestidos iguales, que parecen gemelos y llevan sombrero calabrés con una pluma de faisán. Pero el mejor de todos, el más listo y que probablemente será también el primero este año, es Derossi. El maestro, que ya se ha dado cuenta, le pregunta siempre.

Sin embargo yo quiero mucho a Precossi, el hijo del herrero, el de la chaqueta larga, que parece estar enfermo. Dicen que su padre le pega. Es muy temeroso; cada vez que pregunta o tropieza con alguien, dice: «Perdona», y mira de continuo con ojos afligidos y bondadosos. Garrone es, sin duda, el mayor y el mejor de todos.

UN GESTO GENEROSO

Miércoles, 26

Garrone se ha dado a conocer necesariamente esta mañana.

Cuando ingresé en clase —un poco tarde por haberme parado la maestra de la primera superior para preguntarme a qué hora podía venir a casa—, el maestro no había llegado todavía y tres o cuatro chicos se estaban introduciendo con el pobre Crossi, el rubio del brazo malo y cuya madre es verdulera. Le pegaban con las reglas, le tiraban a la cara cáscaras de castañas, le decían motes y le parodiaban poniéndose el brazo como en cabestrillo. El pobrecito estaba solo en su banco del fondo, atemorizado, y daba compasión verle mirar a uno y otro con ojos suplicantes para que lo dejasen en paz. Pero los otros arreciaban en sus burlas y él empezó a tiritar y a ponerse rojo de ira.

De pronto, Franti, el descarado, se subió a un banco y, creando ademán de llevar dos cestas en los brazos, ridiculizó a la madre de Crossi cuando acudía a esperarlo a la puerta, pues ahora no va por estar enferma. Muchos se rieron a risotadas. Entonces Crossi perdió la paciencia y, cogiendo un tintero, se lo tiró a la cabeza con toda su fuerza; pero Franti se agachó y el tintero fue a dar al pecho del maestro que ingresaba en aquel preciso instante.

Todos corrieron a sus respectivos puestos y enmudecieron atemorizados.

El maestro, pálido, subió al estrado y con voz alterada preguntó: —¿Quién ha sido?

Nadie respondió.

El maestro preguntó, alzando más la voz: —¿Quién ha sido?

Entonces Garrone, sintiendo piedad del pobre Crossi, se puso de pie y dijo con resolución: —Un servidor.

El maestro le miró y nos miró a todos, que estábamos asombrados, y luego replicó con voz serena: —No has sido tú.

Pasado un instante añadió:

—El culpable no será castigado. ¡Que se levante!

Crossi se alzó y dijo entre sollozos: —Me pegaban y me vilipendiaban, perdí la cabeza y tiré…

—Siéntate —dijo el maestro—. ¡Qué se coloquen de pie los que le han provocado!

Cuatro se alzaron con la cabeza gacha.

—Vosotros —dijo el maestro— habéis insultado a un compañero que no os provocaba; os habéis burlado de un desdichado y pegado a un débil que no podía defenderse. Con vuestro provenir habéis cometido una de las acciones más mezquinos y vergonzosas con que se puede manchar una criatura humana. ¡Cobardes!

Dicho esto, pasó entre los bancos, puso una mano en la barbilla de Garrone, que estaba con la vista baja, y, alzándole la cabeza y mirándole firmemente, le dijo: —¡Tienes un alma noble!

Aprovechando la ocasión, Garrone murmuró no sé qué palabra al oído del maestro, y éste, volviéndose hacia los cuatro culpables, les dijo duramente: —Os perdono.

MI MAESTRA

Jueves, 27

Mi maestra ha cumplido su promesa y ha venido hoy a casa en el instante en que me disponía a salir con mi madre para llevar ropa blanca a una pobre mujer, cuya necesidad habíamos leído en los periódicos. Hacía un año que no la habíamos visto en casa; así es que todos la recibimos con mucha alegría. Continúa siendo la misma, menudita, con su velo verde en el sombrero, vestida simplemente, con peinado algo descuidado por faltarle tiempo para arreglarse, pero más desteñida que el año pasado, con algunas canas y sin dejar de toser.

Mi madre le ha preguntado:

—¿Cómo va de salud, querida maestra?

—¡Bah! No importa —ha respondido, sonriéndose de manera alegre y melancólica a la vez.

—Se esfuerza usted excesivo hablando fuerte —ha añadido mi madre— y brega mucho con los chiquitos.

Y es verdad; en clase no para de conversar; lo recuerdo de cuando iba con ella; consecutivamente está llamando la atención de sus pequeños alumnos para que no se distraigan. No está un instante sentada.

Tenía la seguridad de que vendría a vernos, pues no se olvida de sus arcaicos discípulos; durante años conmemora sus nombres; los días de exámenes mensuales acude al despacho de la dirección para informarse de las calificaciones que han obtenido; los espera a la salida y hace que le enseñen los ejercicios para ver si ejecutan progresos. Hasta van a verla muchachos que cursan el Bachillerato y llevan ya pantalón largo y reloj.

Hoy regresaba muy cansada del Museo, a donde había llevado a sus alumnos, como acostumbra a hacerlo cada jueves, explicándoselo todo con el mayor detalle. Pobre maestra, ¡qué consumida está! Pero es muy activa y se reanima cuando habla de su labor docente. Ha querido volver a ver la cama donde estuve muy enfermo hace dos años, y que ahora es de mi hermano; la ha estado observando un buen rato muy agitado. Se ha ido pronto para visitar a un chiquillo de su clase, hijo de un sillero, enfermo de sarampión, y por tener, además, que corregir luego los cuadernos. En fin, que no para de trabajar. Antes de retirarse a su casa, aún debía dar clase particular de Aritmética a la hija de un comerciante.

—Bueno, Enrique —me ha dicho al despedirse—, ¿quieres todavía a tu antigua maestra, ahora que resuelves dificultades difíciles y sabes hacer largas composiciones?

Me ha besado y, desde el último peldaño de la escalera, me ha dicho:

—No te olvides de mí, Enrique.

¡Nunca me olvidaré de ti, querida maestra! Aun cuando sea mayor te recordaré e iré a verte entre tus pequeños. Cada vez que pase cerca de una escuela y oiga la voz de una maestra, me parecerá escuchar la tuya y pensaré en los dos años que pasé en tu clase, donde tantas veces te vi malucha y fatigada, pero siempre animosa, condescendiente, enfadada cuando alguno cogía la pluma de manera incorrecta, preocupadísima cuando nos examinaban los inspectores y la mar de satisfecha cuando salíamos airosos; siempre tan buena y cariñosa como una mamá… ¡Nunca, jamás te olvidaré, maestra mía!

EN LA BUHARDILLA

Viernes, 28

Ayer tarde fui con mi madre y mi hermana Silvia a llevar ropa blanca a la mujer necesitada recomendada por los periódicos. Yo llevé el paquete y mi hermana el periódico en que estaba el nombre y la dirección.

Remontamos hasta el último piso de una casa alta y entramos en un largo corredor al que daban muchas puertas de otras tantas viviendas. Mi madre llamó en la última, abriéndonos una mujer aún joven, rubia y demacrada, que de contiguo pareciome haber visto otras veces, con el mismo pañuelo azul a la cabeza.

—¿Es usted la del periódico? —preguntó mi madre.

—Sí, señora; yo soy.

—Pues mire, le traemos una poca ropa blanca. Aquí la tiene.

La mujer no detenía de darnos las gracias y de bendecirnos. Mientras tanto vi en un rincón de la lóbrega y desnuda habitación a un chico arrodillado delante de una silla, de espaldas a nosotros, y que parecía estar escribiendo, como así era, ciertamente, teniendo el papel en la silla y el tintero en el suelo. ¿Cómo lograba escribir con tan escasísima luz? Mientras cavilaba esto para mí, reconocí de pronto los cabellos rubios y la chaqueta de fustán de Crossi, el hijo de la verdulera, el del brazo inmóvil.

Se lo dije a mi madre mientras la mujer se hacía cargo de la ropa que le habíamos llevado.

—¡Calla! —Respondió mi madre—. Puede ser que se abochorne al ver que das una limosna a su madre; no le digas nada.

Pero Crossi se volvió en aquel instante y yo no sabía qué hacer. Me dirigió una sonrisa, y entonces mi madre me dio un empujoncito para que lo abrazara. Lo abracé; él se alzó y me apretó la mano.

—Aquí me tiene —decía entretanto su madre a la mía— sola con este hijo. Mi marido hace seis años que se fue a América, y yo, por añadidura, enferma, sin poder ganar algún dinero vendiendo verdura. Ni siquiera dispongo de una mesa para que mi Luisito pueda trabajar con cierta comodidad. Cuando tenía en el portal el mostrador, por lo menos podía escribir sobre él; pero se lo transportaron. Como ve, hasta escaseamos de luz suficiente para que estudie sin perder la vista. Y gracias que puedo enviarlo a la escuela porque el Ayuntamiento nos da los libros y demás material escolar. ¡Pobre hijo mío! ¡Tú, con tantas ganas de estudiar, y yo, infeliz de mí, nada puedo hacer por ti!

Mi madre le dio cuánto dinero llevaba en el bolso, besó al chico y casi sollozaba cuando salimos de la guardilla. Tenía toda la razón cuando me dijo:

—Ya ves en qué condiciones se ve obligado a trabajar ese chico. Tú disfrutas de todas las comodidades y aún te parece duro el estudio. ¡Ah, Enriquito! Más mérito hay en su trabajo de un solo día que en el tuyo de todo un año. ¡A él deberían darle los galardones!

LA ESCUELA

Viernes, 28

Sí, querido Enrique, el estudio te resulta pesado, como dice tu madre; no te veo ir a la escuela con la resolución y la cara alegre que yo quisiera. Aún te haces algo el remolón. Pero mira, piensa un poco en lo vana y despreciable que sería tu jornada si no fueses a la escuela. Al cabo de una semana solicitarías de rodillas volver a ella, harto de fastidio, avergonzado, cansado de tus juguetes y de no hacer nada beneficioso.

Ahora, Enrique, todos estudian. Piensa en los obreros, que van por la noche a clase, después de haber trabajado todo el día; en las mujeres, en las chicas del pueblo, que asisten a la escuela los domingos, tras una semana de fatigas; en los soldados, que echan mano de libros y cuadernos cuando regresan, vencidos, de sus ejercicios y de las maniobras; piensa en los niños mudos y ciegos que, sin embargo, también estudian; y hasta en los presos, que asimismo aprenden a leer y escribir.

Cuando salgas por las mañanas de tu casa, piensa que en tu misma ciudad y en ese preciso instante van como tú otros treinta mil chicos a enclaustrarse por espacio de tres horas en una habitación para aprender y ser un día hombres de beneficio.

Pero ¡qué más! Piensa en los incontables niños que a todas horas acuden a la escuela en todos los países; contémplalos con la quimera yendo por las tranquilas y solitarias callejuelas aldeanas, por las concurridas calles de la ciudad, por la orilla de los mares y de los lagos, tanto bajo un sol ardiente como entre nieblas, embarcados en los países surcados por canales, a caballo por las extensas llanuras, en trineos sobre la nieve, por valles y colinas, a través de bosques y de torrentes, subiendo y bajando sendas solitarias montañeras, solos, o por parejas, o en grupos, o en largas filas, todos con los libros bajo el brazo, vestidos de mil desiguales maneras, hablando en miles de lenguas. Desde las últimas escuelas de Rusia, casi perdidas entre hielos, hasta las de Arabia, a la lobreguez de palmeras, millones de criaturas van a aprender, en cien diversas formas, las mismas cosas; imagínate ese tan vasto hormiguero de chicos de los más diversos pueblos, ese enorme movimiento del que formas parte, y piensa que si se detuviese, la humanidad volvería a sumergirse en la barbarie. Ese movimiento es progreso, esperanza y gloria del mundo.

Valor, pues, pequeño soldado de similar y grandioso ejército. Tus armas son los libros; tu compañía, la clase; toda la tierra, campo de batalla; tu victoria, nuestra victoria, figurará el establecimiento de una paz verdadera, la comprensión entre todos los hombres, la civilización humana. ¡No seas, hijo mío, un soldado temeroso!

Tu padre

EL PEQUEÑO PATRIOTA PADUANO

· Cuento mensual ·

Sábado, 29

No seré un soldado cobarde, no; pero iría con más gusto a la escuela si el maestro nos relatase todos los días un cuento como el de esta mañana. Dice que todos los meses nos contará uno; nos lo dará escrito, y siempre se tratará de una acción buena y auténtica realizada por un chico.

El de hoy se titula El pequeño patriota paduano, y dice así:

Del puerto de la ciudad de Barcelona salió para Génova un barco de carga y pasaje francés, transportando a bordo franceses, españoles y suizos. Había entre otros un chico de once años, solo, mal vestido, que siempre estaba aislado y miraba a todos con desconfianza. Y tenía razón para hacerlo así. Dos años antes le habían entregado al jefe de una compañía de titiriteros sus desconsiderados padres, campesinos de los entornos de Padua. Dicho jefe, después de haberle enseñado a hacer numerosos ejercicios, a fuerza de puñetazos, puntapiés y ayunos, se lo había llevado a través de Francia y de España, sin parar de pegarle ni acallar nunca su hambre.

Una vez en Barcelona, no logrando soportar ya los golpes y el hambre, reducido a un estado que daba compasión, se escapó de su verdugo y corrió a pedir amparo al cónsul de Italia, que, apiadándose del chico, lo había embarcado en aquel navío, entregándole una carta para el jefe de policía de Génova, que se encargaría de devolverlo a sus padres, a los mismos que le habían entregado por poco dinero, como se hace con los animales.

El pobre chico iba vestido de andrajos y enfermo. Le habían dado billete de segunda clase. Todos lo miraban con cierta curiosidad y algunos le hacían preguntas; pero él no respondía, pareciendo que recelaba de todos, por lo mucho que le habían desesperado y hecho sufrir las privaciones y los malos tratos.

Sin embargo, tres viajeros, a fuerza de insistir en sus preguntas, consiguieron hacerle conversar y en pocas palabras, toscamente dichas, mezcla de español, francés e italiano, les narró su triste historia.

No eran italianos aquellos tres pasajeros, pero lo comprendieron, y parte por compasión y parte por la exaltación del vino, le dieron algunas monedas, estimulándole para que les refiriese otros personales de su vida. Habiendo ingresado en la sala en aquel instante unas señoras, los tres, por darse postín, le entregaron más dinero, diciéndole: «Toma, toma más». Y hacían sonar las monedas en la mesa.

El chico se las fue metiendo en el bolsillo dando gracias a regañadientes, con aire malhumorado, pero con una ojeada por primera vez sonriente y cariñosa. Después subió a cubierta y se acomodó en su litera, donde siguió cavilando en su vida. Con aquel dinero podía tomar algún buen bocado a bordo, después de dos años que sólo comía pan y poco; podía comprarse una chaqueta en cuanto descendiera en Génova, al cabo de dos años de ir vestido con andrajos; y también podía, transportando algo a casa, ser acogido por su padre y su madre más misericordiosamente que yendo con los bolsillos vacíos. Aquel dinero representaba para él casi una fortuna, y en esto cavilaba, consolándose, bajo el toldo del viaducto, mientras que los tres pasajeros conversaban, sentados a la mesa, en medio de la sala de segunda clase.

Bebían y conversaban de sus viajes y de los países que habían visitado y, de conversación en conversación, alcanzaron a dar su parecer sobre Italia. Uno comenzó quejándose de sus fondas; otro, de sus ferrocarriles, y todos juntos, animándose, conversaron mal de todo. Uno decía que habría preferido viajar por Laponia; otro afirmaba que en Italia tan sólo había encontrado estafadores y bandidos; el tercero afirmaba que los empleados italianos eran analfabetos. «Un pueblo ignorante», dijo el primero. «Sucio», añadió el segundo. «La...», exclamó el tercero, ambicionando decir «ladrón», pero no pudo concluir la palabra, porque sobre sus cabezas y espaldas cayó una tempestad de monedas, que repercutían en la mesa e iban a parar al suelo haciendo ruido.

Los tres hombres se levantaron furiosos mirando hacia arriba, y aun recibieron en la cara un puñado de monedas.

—¡Tomad vuestro dinero! —decía con ofensa el muchacho, asomado a la claraboya—; yo no acepto limosna de quienes vilipendian a mi patria.

Noviembre

EL DESHOLLINADOR

Martes, 1

Ayer por la tarde fui a la escuela de niñas que está al lado de la nuestra para concederle el cuento del chico paduano a la maestra de Silvia, que lo quería leer. ¡Setecientas chicas hay allí! Cuando llegué, emprendían a salir, muy contentas, por las vacaciones de Todos los Santos y de los Difuntos; y vi algo inolvidable.

Frente a la puerta de la escuela, en la otra acera de la calle, estaba apoyado en la pared y la frente sobre el brazo, un deshollinador muy pequeño, que tenía la cara totalmente tiznada y mantenía el saco y el raspador de su oficio. El muchacho lloraba a lágrima viva, sollozando. Se le aproximaron dos o tres chicas de la segunda sección que le preguntaron: — ¿Qué te pasa? ¿Por qué lloras así?

Pero él no les respondía y continuaba sollozando.

—¿Qué tienes? ¿Por qué lloras? —le volvieron a preguntar.

Quitó entonces el brazo del semblante, abandonando al manifiesto una cara infantil, y, gimoteando, les dijo que había estado trabajando en varias casas limpiando chimeneas, que había ganado seis reales y los había perdido por habérsele escurrido las monedas por un roto que tenía en el bolsillo —les hizo ver el agujero sacándose el forro—, no atreviéndose a volver a su casa sin el dinero.

—¡El amo me pegará! —dijo llorando de nuevo y dejando caer otra vez la frente sobre el brazo con ademán de desesperación.

Las chicas le miraron muy serias. Mientras se habían acercado otras muchachas mayores y pequeñas, pobres y acomodadas, con sus carteras bajo el brazo. Una de las mayores, que transportaba una pluma azul en el sombrero, se sacó del bolsillo dos monedas y dijo a todas: —Yo sólo tengo estas dos monedas. ¿Por qué no hacemos una colecta?

—También tengo yo otras dos monedas —dijo otra vestida de encarnado—; entre todas podemos reunir por lo menos treinta.

Comenzaron a llamarse unas a otras:

—¡Amalia! ¡Luisa! ¡Anita! ¡Una moneda! ¿Quién tiene dinerito? ¡Aquí hace falta dinero!

Algunas llevaban para comprar flores o cuadernos y lo entregaron enseguida. Otras, más infantas, sólo pudieron dar calderilla. La de la pluma azul se hacía cargo de todo e iba diciendo:

—¡Ocho, diez, quince!

Pero hacía falta más.

Entonces llegó una mayor, que parecía una maestrita, y entregó una moneda de plata, recibiendo frases de alabanza. Todavía faltan cinco monedas de bronce.

—¡Ahora vienen las de cuarto! —dijo una. Llegaron, ciertamente, las de cuarto y llovieron las monedas. Todas se arremolinaban, y era hermoso ver al pobrecito deshollinador en medio de chicas vestidas con diversos colores, en todo aquel círculo de plumas, de lazos y de rizos.

Habían unido más de lo perdido por el chico, y las más chicas, que no tenían dinero, se abrían paso entre las mayores brindando sus ramitos de flores, por dar también algo.

Poco después llegó la portera, gritando: — ¡La señora Directora!

Las chicas se desperdigaron en todas orientaciones como desbandada de pájaros, permaneciendo el pequeño deshollinador solo en medio de la calle, enjugándose los ojos, muy alegre, con las manos llenas de dinero y con ramitos de flores en los ojales de la chaqueta, en los bolsillos, en el sombrero, habiendo no pocas flores incluso por el suelo, cercando sus pies.

EL DÍA DE LOS DIFUNTOS

Miércoles, 2

Este día está bendecido a la evocación de los fieles difuntos. ¿Sabes, Enrique, a quiénes, de los que ya no están, debéis consagrar un recuerdo especial vosotros los muchachos? A aquellos que más se distinguieron durante la vida en su amor a los niños y a los jóvenes. ¡Cuántas de esas personas beneméritas sucumben de continuo! ¿Has pensado alguna vez en los muchísimos padres que consumieron su existencia en el trabajo, y en las madres que bajaron al sepulcro apresuradamente extenuadas por las carencias que soportaron para sustentar a sus hijos? ¿No sabes que ha habido padres que llegaron al fin de su vida desesperados por ver a sus hijos en la miseria, y que muchas mujeres perecieron de pena o se volvieron locas ante la pérdida de un hijo? Piensa hoy en todos esos muertos,

Enrique. Piensa en tantas maestras que sucumbieron jóvenes dilapidadas por el diario quehacer escolar para bien de los niños, de los cuales no quisieron separarse; piensa en los médicos que murieron de enfermedades infecciosas de las que no se precavían por curar a los niños; piensa en todos aquellos que en los desastres, en los incendios, en las épocas de hambre, en un instante de supremo peligro, cedieron a la infancia el último pedazo de pan, la última tabla de salvación, la última cuerda para librarse de las llamas, y expiraron satisfechos de su sacrificio que almacenaba la vida de un pequeño inocente. Son innumerables, Enrique, esos muertos; todo cementerio encierra centenares de santas criaturas, que, si pudieran alzarse por un momento de la sepultura, nos dirían el nombre de algún niño al que sacrificaron los placeres de la juventud, el sosiego de la vejez, los sentimientos, la inteligencia, la vida; esposas de veinte años, hombres en la flor de la edad, ancianas octogenarias, jovencitos —heroicos y tenebrosos mártires de la infancia—, tan grandes y gallardos, que no produce la tierra tantas flores como debiéramos poner en sus sepulcros. ¡Cuánto se quiere a los niños! Piensa hoy con gratitud en esos muertos y serás mejor y más simpático con los que te quieren y trabajan por ti, dichoso hijo mío, tú que en el día de los fieles difuntos no tienes aún que llorar a ninguno.

Tu madre

MI AMIGO GARRONE

Viernes, 4

No han sido más que dos los días de vacaciones y me parece que he estado cuantioso tiempo sin ver a Garrone. Cuanto más lo conozco, tanto más lo aprecio, y lo mismo les ocurre a los demás, con excepción de los preciados y altaneros, aunque a su lado no puede haberlos, porque no permite que ninguno se haga el mandón. Cada vez que uno de los mayores levanta la mano sobre un pequeño, grita éste: «¡Garrone!» y el mayor no osa pegarle.

Garrone es el más alto de la clase; levanta un banco con una mano; no para de comer. Su padre es maquinista del tren y él comenzó a ir tarde a la escuela porque estuvo enfermo dos años. Es muy servicial: cualquier cosa que se le pida, un lápiz, una goma, papel o el cortaplumas, lo presta o lo da. Es muy serio, y en clase ni habla ni se ríe; está muy quieto en el banco, que resulta minúsculo para él, debiendo tener la espalda agachada y la cabeza como metida en los hombros. Cuando lo miro, me dirige una sonrisa y entorna los ojos, cual si quisiera decirme: «¿Qué, Enrique? Somos amigos, ¿no?»

Da risa verle tan grandote y grueso, con su chaqueta, pantalones, mangas y todo excesivo estrecho y corto; el sombrero no le cubre la cabeza; lleva el pelo rapado, botas pesadas y la corbata siempre arrollada como un cordel. ¡Cuánto quiero a ese muchacho! Basta ver una vez su cara para tomarle cariño. Todos los más pequeños anhelarían tenerlo junto a sí como compañero de banco. Sabe mucho de Aritmética. Lleva los libros atados con una correa de cuero encarnado. Tiene una navajita con mango nacarado que se halló el año pasado en la plaza de Armas, y un día se cortó un dedo hasta el hueso, pero ninguno se lo notó en clase, y en su casa no dijo nada para no espantar a sus padres. Consiente que le digan cualquier cosa sin tomarlo nunca a mal; pero, ¡ay si le dicen «no es verdad» cuando asevera algo! Entonces echa chispas por los ojos y da puñetazos capaces de partir el banco.

El sábado por la mañana dio una moneda a un chiquito de la primera superior que estaba sollozando en medio de la calle porque le habían quitado el suyo y ya no podía comprarse el cuaderno que precisaba.

Hace tres días que está afanado en escribir una carta de ocho páginas, con dibujos hechos a pluma en los lados, para el onomástico de su madre, que viene con frecuencia a esperarlo; una mujer alta y gorda como él, muy afectuosa.

El maestro está siempre mirándole, y cada vez que pasa a su lado le da palmaditas en el cuello afectuosamente.

Me gusta estrecharle la mano, que, por lo grande y gorda, parece la de un hombre. Yo le quiero mucho.

Estoy seguro de que expondría su vida por salvar a un compañero y que hasta se dejaría matar por defenderlo. Aunque por su hablar recio parezca que refunfuñe, su voz viene, en vez, de un corazón noble y generoso.

El carbonero y el señor

Lunes, 7

Garrone no habría dicho nunca lo que ayer por la mañana dijo Nobis para zaherir a Betti. Carlos Nobis se muestra vanidoso por ser hijo de padres adecuados. Su padre, un señor alto, con barba negra, muy serio, acude casi todos los días a la puerta de la escuela para acompañar a su hijo hasta casa.

Ayer Nobis se peleó con Betti, uno de los más chicos de nuestra clase, hijo de un carbonero, y no sabiendo ya qué replicarle, porque no llevaba razón, le dijo en voz muy alta: —Tu padre es un harapiento.

Betti se puso muy rojo y no respondió; pero le saltaron las lágrimas y, al llegar a su casa, le contó lo acaecido a su padre, un honesto carbonero, hombre de poca talla, que parece negro por lo tiznado que va. El ofendido padre se presentó por la tarde con su pequeño de la mano a quejarse al maestro.

Mientras esto ocurría, estando todos nosotros muy callados, el padre de Nobis, que le estaba quitando la capa a su hijo en la puerta, según su hábito, oyó pronunciar su nombre y entró a solicitar una explicación.

—Este señor —dijo el maestro señalando al carbonero— ha venido a lamentarse de que su hijo, Carlos, dijera ayer al suyo: «Tu padre es un andrajoso».

El padre de Nobis frunció el ceño y se puso algo colorado. Después preguntó a su hijo: — ¿Es verdad que has dicho eso?

El chico, de pie en medio de la clase, con la cabeza baja delante del pequeño Betti, no rechistó. El padre entendió entonces que era cierto; le agarró de un brazo, le obligó a que se aproximase más al ofendido, poniéndole frente a él, y le dijo: — ¡Pídele perdón!

El carbonero quiso interponerse, diciendo:

—¡No, no, de ninguna forma!

Pero el señor Nobis no lo consintió, y retiró a su hijo:

—¡Pídele perdón! Repite esto: Te ruego me perdones por las frases injuriosas, insensatas y groseras que te dije ayer, insultando a tu padre, al cual tiene el mío el honor de apretar la mano.

El carbonero hizo un gesto resuelto, como expresando:

—No, por favor, ya está bien.

Pero el señor Nobis se conservó firme en su propósito, y su hijo, aunque espaciosamente y con un hilillo de voz, sin alzar la vista del suelo, fue diciendo:

—Te ruego me absuelvas... por las frases injuriosas... insensatas... y groseras... que te dije ayer, insultando a tu padre... al cual tiene el mío el honor... de apretar la mano.

El señor Nobis alargó la mano al carbonero, quien se la apretó con fuerza, y enseguida empujó a su hijo hacia los brazos de su compañero Carlos.

—Le agradeceré —dijo el padre de Nobis al señor maestro— que los coloque juntos, en el mismo banco.

Nuestro maestro accedió y le dijo a Betti que se sentara al lado de Nobis.

Cuando estuvieron juntos, el padre de Carlos saludó y salió.

El carbonero permaneció un instante pensativo, observando a los dos escolares en el mismo banco; después se les aproximó, miró a Nobis con expresión de afecto y de arrepentimiento a la vez, como si quisiera decirle algo, pero no le dijo nada; alargó la mano para hacerle una caricia y se contuvo, limitándose a rozarle levemente la frente con sus toscos dedos. Luego se acercó a la puerta y, volviéndose una vez más para mirarlo, desapareció.

—Acordaos bien de lo que acabáis de ver —dijo el señor maestro—; es la mejor lección del año.

LA MAESTRA DE MI HERMANO

Jueves, 10

El hijo del carbonero fue alumno de la maestra Delcati, que hoy ha venido a casa a visitar a mi hermanito, que está indispuesto, y nos ha hecho reír al decirnos que la madre de ese chico hace dos años, le llevó, como presente, una gran espuerta de carbón, para darle las gracias por la medalla que había dado a su hijo; la mujer se obstinaba en no quererse transportar el carbón a su casa, y casi sollozaba cuando tuvo que volverse con el regalo.

También nos ha dicho que otra pobre mujer le ofreció un gran ramo de flores, dentro del cual había un puñadito de monedas.

Nos hemos entretenido mucho oyéndola, y, gracias a ella, mi hermanito se ha tomado la medicina que en un principio no quería ingerir. Cuánta paciencia deben tener con los parvulitos, sin dientes en la boca, como los ancianos, que no saben pronunciar erre, ni ajo; la clase resulta un guirigay: el uno tose, el otro echa sangre por la nariz, hay quien pierde los zapatitos debajo del banco, otro chilla porque se ha punzado su manecita de manteca, o por otra cosa cualquiera. Apenas pueden estar unos minutos atentos. ¡Qué trabajo más pesado tener cincuenta o más criaturas encerradas en un aula, que no saben estarse inmóviles ni hacer nada ellas solitarias! Hay madres que ambicionaran que a sus hijitos de tres y cuatro años les enseñasen a leer y escribir; pero con justa razón no les hacen caso las maestras, y les enseñan muchas cosas provechosos fuera de eso, pero como jugando.

Los peques llevan en los bolsillitos terrones de azúcar, botones, tapones de botella, pedacitos de tejos, toda clase de menudencias que la maestra busca y no siempre halla porque saben esconderlas hasta en los sitios más imposibles, incluso en el calzado.

Una maestra de parvulitos debe hacer de mamá con esa gentecilla, ayudarles a vestirse, vendarles las heriditas que se originan o que se hacen unos a otros en sus frecuentes riñas y peleas, recoger las gorritas que tiran, cuidar de que no cambien los abriguitos, pues luego todo son rabietas y llantos.

¡Pobres maestras! Y aún van las mamás a lamentarse. «¿Cómo es, señorita, que mi nene ha perdido la carterita?» «¿Por qué no aprende casi nada?» «¿Por qué no le da un premio a mi nena, que sabe tanto?» «¿Cómo es que no se ha ocupado de quitar del banco el clavo que ha roto los calzones de mi Pedrín?»

Alguna vez se enoja con los críos la maestra de mi hermanito y, cuando no puede aguantar más, se muerde un dedo para no propinar ningún cachete ni azotito; pero, cuando pierde la paciencia, se arrepiente enseguida y acaricia al nene que ha reprendido: a veces se ve obligada a despachar de la clase a un pequeño, pero contiene su pena y va a desahogarse con los padres, que por castigo dejan sin comer a sus niños.

La maestra Delcati es joven y alta; viste con gusto; es morena y vivaracha, y todo lo hace como meneada por un resorte; se emociona por cualquier cosa, hablando entonces con gran ternura.

—¿La quieren todos los niños? —le ha preguntado mi madre.

—Mucho, sí; pero luego, cuando acaba el curso, si te he visto no me acuerdo. Cuando pasan a otras clases superiores, casi se abochornan de decir que han sido estudiantes míos. Al cabo de dos años que suelo tenerlos, me encariño mucho con ellos y me duele que debamos separarnos… Hay chicos de los que digo: «Éste no será como otros, y siempre me mostrará su cariño». Pero pasan las vacaciones, comienzan el nuevo curso, le veo ir tan tieso a una clase superior, salgo a su encuentro y le digo: «Hola, pequeñín…», y él vuelve la cara hacia otra parte. —La maestra, inquietada, no puede proseguir.

—Tú no harás así, ¿verdad monín? —ha dicho por último, al levantarse, mirando a mi hermanito con los ojos mojados y besándole—. Tú no te volverás para otro lado ni considerarás jamás una extraña a tu pobre amiga. ¿No es cierto?

MI MADRE

Jueves, 10

En presencia de la maestra de tu hermanito faltaste al respeto a tu madre. Procura que esto no vuelva a repetirse, Enrique. Tu irrespetuosa palabra ha penetrado en mi corazón como punta de acerado cuchillo. Yo cavilaba en tu madre cuando hace unos años, estando tú enfermo, pasó toda la noche ladeada sobre tu cama observando tu respiración, derramando lágrimas de angustia y tiritando de miedo por creer que iba a perderte; yo temía que llegase a enloquecer de pena, y ante tal evento experimenté cierta ojeriza hacia ti. ¡No ofendas nunca en lo más mínimo, ni siquiera con el pensamiento, a tu madre, que gustosamente daría un año de felicidad por evitarte una hora de dolor, que sería idóneo de mendigar por ti y se dejaría matar por protegerle la vida!

Mira, Enrique, graba bien en tu imaginación este pensamiento. Piensa también que te aguardan en la vida muchos días amargos, y el más afligido de todos será aquél en que pierdas a tu madre.

Cuando ya seas un hombre hecho y derecho y estés probado en toda clase de decepciones, la invocarás mil veces, abrumado por el colosal deseo de volver a oír su voz por un instante y verle abrir de nuevo sus brazos para arrojarte en ellos sollozando, como tierno niño falto de protección y de consuelo.

¡Cómo te acordarás entonces de todos los sinsabores que le hubieras causado, y con qué arrepentimientos los irás expiando todos!

No esperes sosiego en tu vida si hubieres entristecido a tu madre. Te lamentarás, le pedirás perdón, venerarás su reminiscencia, pero todo será inútil, pues la conciencia no te dejará vivir en paz; su bondadosa y dulce imagen tendrá eternamente para ti una expresión de desconsuelo y de reconvención que torturará tu alma. ¡Mucho cuidado, Enrique! Se trata del más sagrado de los apegos humanos. ¡Desgraciado del que lo pisotea!

El asesino que respeta a su madre aun tiene algo de honesto y de noble en su corazón; el hombre más insigne qué la haga sufrir y la ofenda no será más que una vil criatura. Que no salga de tu boca jamás una palabra dura para la que te ha dado el ser. Y si alguna se te escapa, no sea el temor a tu padre, sino un impulso del alma lo que te haga lanzarse a sus pies, suplicándole que con el beso del perdón borre de tu frente la mancha de la ingratitud.

Yo te quiero, hijo mío, eres la mayor ilusión de mi vida; pero preferiría verte muerto antes que un desagradecido con tu madre. Por algún tiempo abstente de mostrarme tu afecto, pues no podría corresponderte con cariño.

Tu padre

CORETTI, UN COMPAÑERO DE CLASE

Domingo, 13

Mi padre me perdonó, aunque yo me quedé bastante afligido, y mi madre me ordenó dar un paseo con el hijo mayor del portero. A mitad del paseo, cuando estábamos cerca de un carro detenido delante de una tienda, oigo que me llaman por mi nombre, y me vuelvo.

Era Coretti, mi compañero de clase, con su jersey color chocolate y su gorra de piel, transpirando y alegre, que llevaba un gran haz de leña al hombro. Un hombre subido al carro le arrojaba un brazado de leña vez por vez; él lo cogía y lo llevaba a la tienda de su padre, donde los iba acumulando de prisa y corriendo.

—¿Qué haces, Coretti? —le pregunté.

—Pues ya lo ves —respondió, estirando los brazos para recibir la carga—; repaso la lección.

Me hizo reír. Pero conversaba en serio, y después de coger la leña, comenzó a decir corriendo:

—Llámense accidentes del verbo… sus variaciones según el número…, según el número y la persona —luego, echando y acumulando la leña—…según el tiempo…, según el tiempo al que se refiere la acción.

Y volviendo hacia el carro para recibir otro brazado:

—…según el modo con que se expresa la acción.

Era nuestra lección de Gramática para el día siguiente.

—¿Qué quieres que haga? —me dijo—. Aprovecho el tiempo. Mi padre ha salido con el dependiente para cierto asunto; mi madre está enferma, y tengo que ocuparme de la descarga. Mientras tanto repaso la lección para mañana. Mi padre me ha dicho que estará aquí a las siete para pagarle a usted —dijo después al hombre del carro.

Al marcharse el carro, me dijo Coretti:

—Entra un momento al almacén.

Era un local suficiente amplio, con cúmulos de haces de leña recia y gavillas para encender. A un lado vi una romana.

—Hoy es día de mucho trabajo, te lo aseguro —añadió Coretti—; por eso tengo que hacer los deberes de clase a ratos y como pueda. Estaba escribiendo las oraciones gramaticales que nos ha mandado cuando tuve que parar para despachar lo que me pedía la gente. Al renovar el trabajo, se ha exhibido el carro. Esta mañana ya he ido dos veces al mercado de leña, que está en la plaza de Venecia. Tengo las piernas quc no me las siento, y las manos infladas. Menos mal que no he de hacer ningún dibujo. ¡Para eso estoy yo ahora! —y mientras conversaba iba limpiando las hojas secas y las pajillas que cercaban el montón.

—¿Y dónde haces los deberes, Coretti? —le pregunté.

—Aquí no, desde luego —respondió—; ven a verlo.

Enseguida me llevó a una habitación en el interior del almacén, que servía de cocina y de comedor, con una mesa a un lado, donde había libros y cuadernos y estaba el trabajo empezado.

—Necesariamente aquí —dijo— he dejado en el aire la segunda respuesta: con el cuero se hacen zapatos, cinturones…; ahora añadiré maletas. —Y, tomando la pluma, se puso a escribir con su buena caligrafía.

—¿No hay nadie? —se oyó gritar en aquel momento a la entrada del almacén.

—Allá voy —respondió Coretti. Y saltó de allí. Pesó la leña, la cobró y corrió a un lado para anotar la venta en un cuaderno. Después volvió a su trabajo escolar, diciendo:

—A ver si me dejan acabar el período. —Y escribió: bolsas de viaje y mochilas para los soldados.

—¡Ay! ¡Se me está saliendo el café! —gritó de pronto y corrió al fogón para apartar la cafetera del fuego. Luego añadió: — Es el café para mamá; he tenido que aprender a hacerlo. Espera un poco y se lo llevaremos; así te verá y se entusiasmará. Hace siete días que está en cama. ¡Accidentes del verbo! Siempre me quemo los dedos con esta venturosa cafetera. ¿Qué he de poner después de las mochilas para los soldados? Hace falta más, pero no se me ocurre de instante. Ven a ver a mamá.

Abrió una puerta y entramos en otro aposento chico, donde estaba la madre de Coretti en una cama grande, con un pañuelo blanco en la cabeza.

—Aquí tienes tu café, mamá —dijo Coretti, ofreciéndole la taza—. Este chico es un compañero mío de la escuela.

—¡Cuánto me alegro! —me dijo la mujer—; acostumbras a visitar a los enfermos, ¿no es verdad?

Entretanto Coretti componía las almohadas que tenía su madre por detrás, componía la ropa de la cama, atizaba el fuego y echaba al gato de la cómoda.

—¿Quieres algo más, mamá? —Preguntó después, al retirar la taza—. ¿Te has tomado las dos cucharaditas de jarabe? Cuando no quede, haré una escapada a la farmacia. La leña ya está aligerada. A las cuatro pondré la carne a cocer, como me has dicho, y, cuando pase la mujer de la mantequilla, le daré su dinero. Todo se hará: Tú no tienes que preocuparte.

—Gracias, hijo mío —respondió la mujer—; mi pobre hijo —añadió— está en todo.

Quiso que tomara un terrón de azúcar, y luego Coretti me enseñó el retrato de su padre en una foto instalada en un cuadrito con marco, exhibiendo en el pecho la medalla al mérito, que ganó en 1866, sirviendo en la división del príncipe Humberto. Tenía la misma cara del hijo, con sus ojos vivarachos y su sonrisa tan amable.

Volvimos a la cocina.

—Ya me acuerdo de otra cosa que faltaba —dijo Coretti, y añadió en el cuaderno: también se hacen guarniciones para los caballos—. Lo demás lo haré esta noche; me acostaré algo tarde. ¡Venturoso tú que dispones de todo el tiempo que quieres para estudiar, y aún te sobra para ir de paseo!

Siempre está contento y preparado para el trabajo. En cuanto entramos en la tienda-almacén, comenzó a poner trozos de leña gruesa en el caballete y a serrarlos por la mitad, diciendo entretanto:

—¡Esto sí que es gimnasia y no los movimientos de brazos que hacemos en la escuela! Quiero que cuando vuelva mi padre halle toda esta leña serrada; se entusiasmará. Lo malo es que, después de este trabajo, hago unos tés y unas eles que, como dice nuestro maestro. Parecen serpientes. ¿Qué quieres? Le diré que he tenido que menear los brazos. Lo significativo es que mi madre se ponga bien pronto, eso sí. Hoy, gracias a Dios, está mucho mejor. La Gramática la estudiaré mañana al levantarme. ¡Ah, ahora viene el carro con los troncos! ¡Al trabajo!

Un carro lleno de troncos se paró ante el almacén. Coretti salió para conversar con el hombre que lo llevaba y luego volvió.

—Ahora no puedo hacerte compañía —me dijo—, así es que hasta mañana. Has hecho bien en venir a verme. ¡Buen paseo, Enrique! ¡Dichoso tú!

Nos apretamos las manos, corrió a cargar el primer tronco y comenezó a hacer viajes del carro al almacén y recíprocamente, con su cara sonrosada, su gorrita de piel en la cabeza, siempre tan viva que da gusto verlo.

«¡Venturoso tú!», me había dicho. Ah, no, Coretti, tú tienes mayor dicha, porque eres más útil a tu padre y a tu madre, cien veces mejor que yo, y un chico de mucho valor, querido compañero mío.

EL DIRECTOR DE LA ESCUELA

Viernes, 18

Coretti estaba muy alegre esta mañana por haber venido a presenciar los exámenes mensuales su maestro de la segunda, el señor Coatti, un hombretón con cuantioso pelo muy crespo, gran barba negra, ojos grandes oscuros y una voz de trueno, que acostumbra a amenazar a los niños con hacerlos pedazos y llevarlos de la oreja a la prevención, pone el semblante adusto; pero nunca castiga a nadie, y se sonríe por detrás de su barba, sin que los pequeños se adviertan.

Con el señor Coatti son ocho los maestros del grupo, incluyendo también un sustituto, imberbe, que parece un chiquillo. Hay un maestro, el de la sección cuarta, algo cojo, arropado en una gran bufanda de lana, siempre con dolores adquiridos cuando era maestro rural, pues ejercía en una escuela rociada, cuyas paredes destilaban.

Otro maestro, el de la cuarta B, es ya viejo, muy canoso y ha sido profesor de ciegos. Hay uno bien vestido, con lentes y bigotitos, al que designan el abogadillo, porque siendo ya maestro se hizo abogado, cursó la licenciatura de Derecho y es autor de un libro para enseñar a escribir cartas.

En cambio, el que nos da la gimnasia tiene tipo de soldado, estuvo sirviendo con Garibaldi y se le ve en el cuello la cicatriz de una herida de sable que recibió en la batalla de Milazzo.

Luego está el Director, un hombre alto, calvo, que usa gafas con armazón de oro, y tiene una barba que le llega al pecho; viste de negro y siempre va abrochado hasta la barbilla; es tan bueno con los chicos, que, cuando van a la dirección tiritando para recibir una reprimenda, no les grita, sino que los toma de la mano y les dice afectuosamente que no deben portarse como lo hacen, que deben lamentarse, prometer ser buenos. Habla con modos tan suaves y con una voz tan dulce, que todos salen con los ojos enrojecidos y más confusos que si los hubiese castigado. ¡Pobre Director! Es el primero que llega por la mañana al grupo para esperar a los alumnos y conversar con los padres; y cuando los maestros ya se han ido a su casa, todavía da una vuelta alrededor de la escuela para ver si hay chicos que se cuelgan en la trasera de los coches o se distraen por las calles a jugar o llenando las carteras de arena o de piedras; cada vez que aparece por una esquina, tan alto y enlutado, escapan bandadas de muchachos en todas direcciones, suspendiendo al momento el juego de bolas o de peonza, y él les amenazaba desde lejos con el índice, pero sin perder su aire afable y tristón.

—Nadie le ha visto reír —dice mi madre— desde que sucumbió su hijo, que era voluntario en el ejército, y tiene eternamente a la vista su retrato sobre la mesa de la dirección.

No quería seguir practicando su profesión después de similar desgracia; había extendido la petición para jubilarse y la tenía de continuo en la mesa; pero no la exhibía porque le disgustaba separarse de los niños. Sin embargo, el otro día parecía decidido, y mi padre, que se encontraba con él en la dirección, le decía:

—Es una lástima que usted se vaya, señor Director.

En esto entró un hombre con un hijo suyo que pasaba de otro colegio al nuestro por haber transformado de domicilio.

Al ver a aquel chico, el Director hizo un gesto de asombro; le miró un ratito, luego observó el retrato que tenía en la mesa, volvió a fijarse en el muchacho, lo sentó en sus rodillas, haciéndole alzar la cara. Aquel chico se parecía mucho a su hijo, y dijo el Director:

—Está bien —acto seguido hizo la matrícula, despidió al padre y al hijo, y se quedó meditabundo.

—Es una lástima que se vaya —repitió mi padre. Y entonces el Director tomó su petición de jubilación, la rompió en dos pedazos, y dijo:

—Me quedo.

LOS SOLDADOS

Martes, 22

Su hijo era voluntario del ejército cuando sucumbió; por eso el Director va siempre a la plaza a ver franquear a los soldados cuando surgimos de la escuela. Ayer pasaba un regimiento de infantería y cincuenta muchachos se pusieron a saltar alrededor de la música, cantando y llevando el compás con las reglas sobre la cartera. Nosotros estábamos en un grupo, en la acera, mirando. Garrone, abrumado entre su estrecha ropa, mordía un pedazo de pan; Votini, aquel tan elegantito, que siempre está quitándose las motas; Precossi, el hijo del forjador, con la chaqueta de su padre; el calabrés; el albañilito; Crossi, con su roja cabeza; Franti, con su aire insolente, y también Robetti, el hijo del capitán de artillería, el que salvó al niño del ómnibus y que ahora anda con muletas. Franti se echó a reír de un soldado que cojeaba. Pero de pronto sintió una mano sobre el hombro; se tornó: era el Director.

—Óyeme —le dijo el Director—, burlarse de un soldado cuando está en las filas, cuando no puede vengarse ni responder, es como insultar a un hombre atado; es una villanía.

Franti desapareció. Los soldados franqueaban de cuatro en cuatro, sudorosos y cubiertos de polvo, y las puntas de las bayonetas relumbraban con el sol. El Director dijo:

—Debéis querer mucho a los soldados. Son nuestros defensores. Ellos irían a hacerse matar por nosotros si mañana un ejército extranjero amenazase nuestro país. Son también muchachos, pues tienen pocos más años que vosotros, y también van a la escuela: hay entre ellos pobres y ricos, como entre vosotros, y vienen también de todas partes de Italia. Vedlos, casi se les puede reconocer por la cara: pasan sicilianos, sardos, napolitanos, lombardos. Éste es un regimiento veterano, de los que han combatido en 1848. Los soldados no son ya aquéllos, pero la bandera es siempre la misma. ¡Cuántos habrán muerto por la patria cerca de esa bandera, antes que hubierais nacido vosotros!

—¡Ahí viene! —dijo Garrone. Y en consecuencia, se veía ya cerca la bandera, que sobresalía por arriba de la cabeza de los soldados.

—Haced una cosa, hijos —dijo el Director—; saludad con respeto la bandera tricolor.

La bandera, transportada por un oficial, pasó delante de nosotros, rota y desteñida, con sus medallas sobre el asta. Todos a la vez llevamos la mano a las gorras. El oficial nos miró sonriendo y nos devolvió el saludo con la mano.

—¡Bien, chiquillos! —dijo uno detrás de nosotros. Nos volvimos a verlo: era un anciano que llevaba en el ojal la cinta azul de la campaña de Crimea; un oficial retirado—. ¡Bravo! —Dijo—; habéis hecho una cosa que os exalta.

Entretanto, la banda del regimiento volvía por el fondo de la plaza, rodeada de una turba de chiquillos, y gritos alegres acompañaban los ecos de las trompetas, como un canto de guerra.

—¡Bravo! —repitió el bravo oficial mirándonos—. El que de chiquillo respeta la bandera, sabrá protegerla cuando sea mayor.

EL PROTECTOR DE NELLY

Miércoles, 23

También Nelli, el pobre jorobadito, estuvo observando ayer el paso del regimiento; pero de un modo así, como cavilando: «¡Yo no podré nunca ser soldado!» Es un buen chico y, además, estudioso; pero demacrado y cadavérico, le cuesta trabajo respirar. Su madre es una señora chica y rubia, vestida de negro, que acostumbra a acudir a la puerta de la escuela a la salida para evitar que salga en tropel con los demás, y lo acaricia mucho.

Como tiene la desdicha de ser jorobado, muchos chicos se burlaban de él en los primeros días y hasta le adherían en la espalda con las bolsas; pero él jamás se enojaba ni decía nada a su madre, para no darle el disgusto de saber que su hijo era objeto de burla por parte de sus compañeros. Se mofaban de él y el pobre chico sufría y sollozaba en silencio, descansando la frente sobre el banco.

Pero una mañana se levantó Garrone y dijo:

—¡Al primero que toque a Nelli o se meta con él, le doy un tortazo que le hago rodar por el suelo!

Franti no hizo caso; Garrone le propinó un tortazo y el burlador dio tres vueltas sobre el piso. A partir de entonces, nadie se metió con el jorobadito.

El maestro le puso cerca de Garrone, en el mismo banco, y se han hecho muy amigos. Nelli ha tomado mucho cariño a su corpulento compañero; apenas entra en la escuela, le busca, y jamás se va sin decirle: «Adiós, Garrone». Y lo mismo hace éste con él.

Cuando a Nelli se le cae una pluma o un libro debajo del banco, Garrone se inclina y se los recoge, y después le ayuda a ordenar la bolsa y a ponerse el abrigo. Por todo ello, Nelli le quiere mucho, le mira asiduamente y, cuando el maestro lo enaltece, se pone tan contento como si le enalteciese, a él. Nelli tuvo que referírselo todo a su madre, tanto las burlas y lo que le hacían sufrir los primeros días como el comportamiento del compañero que le defendió y a quien tanto quiere; debe habérselo dicho por lo sucedido esta mañana.

El maestro me mandó llevar al Director el programa de la lección media hora antes de la salida. Estando yo en su despacho entró la señora rubia, vestida de negro, madre de Nelli, que dijo:

—Señor Director, ¿hay en la clase de mi hijo un chico llamado Garrone?

—Sí, señora.

—¿Tendría la misericordia de hacerle venir un instante? Es que deseo decirle algo.

El Director llamó al bedel y lo mandó al aula. Un minuto después llegó Garrone, muy extrañado, a la puerta. Apenas lo vio, salió la señora a su encuentro, le echó los brazos al cuello, le dio muchos besos en la frente y le dijo:

—¿¡Eres tú Garrone, el amigo de mi hijo, su preservador!?

Después buscó precipitosamente en sus bolsillos y en su bolso y, no hallando nada, se quitó del cuello una cadenilla con una crucecíta y se la puso a Garrone por debajo de la corbata, diciéndole:

—Tómala, llévala en recuerdo mío, querido niño, en evocación de la madre de Nelli, que te da un millón de gracias y te consagra.

EL PRIMERO DE CLASE

Viernes, 25

Garrone capta el cariño de todos, y Derossi, la sorpresa. Ha obtenido el primer galardón y, con toda seguridad, será también el primero de la clase este año, pues nadie puede competir con él; todos reconocen su supremacía en todas las asignaturas.

Es el primero en Aritmética, en Gramática, en Redacción, en Dibujo… Todo lo comprende al vuelo, tiene una reminiscencia prodigiosa, en todo sobresale sin esfuerzo; parece que el estudio es un juego para él. El maestro le dijo ayer:

—Has recibido grandes dones de Dios; procura únicamente no malgastarlos.

Es también, además, alto, guapo, de pelo rubio y rizado, muy ágil, capaz de brincar por encima de un banco sin apoyar más que una mano sobre él; y ya sabe esgrima. Tiene doce años; es hijo de un negociante; va siempre vestido de azul, con botones dorados; es vivaracho, alegre, amable con todos, ayuda a los que puede en el examen y nadie se atreve a menospreciar o decirle una palabra malsonante.

Simplemente le miran de reojo Nobis y Franti, y a Votini le salta la envidia por los ojos; pero él no parece darse cuenta. Todos le sonríen y le dan la mano o le cogen afectuosamente el brazo cuando pasa a recoger, con su acostumbrada amabilidad, los trabajos que hemos hecho. Regala periódicos ilustrados, dibujos, cuanto a él le regalan en su casa; para el calabrés ha hecho un pequeño mapa de Calabria; todo lo da sonriendo, sin pretensiones, a lo gran señor, y sin hacer distinciones. Resulta improbable no envidiarlo y no sentirse menor a él en todo.

Ah, yo también lo envidio, como Votini, y alguna vez experimento cierta amargura y siento una especie de inquina hacia él cuando apenas logro hacer los deberes en casa y pienso que Derossi los habrá terminado con muy poco esfuerzo. Pero luego, al volver a clase, viéndole tan humilde, sonriente y afable; oyéndole objetar con tanta seguridad a las preguntas del maestro, arrojo de mi pecho todo rencor, y me abochorno de haber dado cabida a tales impresiones. Entonces quisiera estar siempre a su lado y seguir todos los estudios con él. Su presencia, su voz, su camaradería me origina valor, ganas de trabajar, alegría y placer.

El maestro le ha dado a copiar el cuento mensual que leerá mañana: El pequeño vigía lombardo. Lo estaba copiando esta mañana, y estaba conmovido por el hecho heroico que se relata; se le veía el rostro encendido, los ojos húmedos y la boca temblona. Yo le observaba admirando sus divinas cualidades, y con mucho gusto le habría dicho en su cara con toda franqueza: «Derossi, ¡me aventajas en todo! ¡Te respeto y admiro!»

EL PEQUEÑO VIGÍA LOMBARDO

· Cuento mensual ·

Sábado, 26

En 1859, durante la guerra de emancipación de Lombardía, pocos días después de la batalla de Solferino y San Martino, ganada por los franceses e italianos contra los austríacos, en una hermosa mañana del mes de junio, iba un pequeño escuadrón de caballería de Saluzzo por estrecha senda solitaria hacia las posiciones enemigas, examinando atentamente el terreno.

Mandaban el escuadrón un oficial y un sargento; todos miraban a lo lejos, delante de sí, con los ojos fijos y taciturnos, preparándose para ver enlucir de un momento a otro, entre los árboles, los uniformes militares de las adelantadas enemigas.

Llegaron así a una casita rústica, cercada de fresnos, delante de la cual sólo había un chico de unos doce años, que descortezaba una ramita con una navaja para hacerse un bastoncito; en una de las ventanas de la casa tremolaba una bandera tricolor; dentro no había nadie; los campesinos, después de izar la bandera, habían desaparecido por miedo a los austríacos.

En cuanto el chico divisó la caballería, tiró el bastón y se quitó la gorra. Era un guapo muchacho, de aire atrevido, con ojos grandes y azules, el pelo rubio y largo; estaba en mangas de camisa y se le veía el desnudo pecho.

—¿Qué haces aquí? —le preguntó el oficial, parando el caballo—. ¿Por qué no te has ido con tu familia?

—Yo no tengo familia —respondió el muchacho—. Soy huérfano. Trabajo para todos. Me he quedado aquí para ver la guerra.

—¿Has visto pasar a los austríacos?

—No, señor, desde hace tres días.

El oficial se quedó reflexivo; luego se apeó del caballo, y, dejando a los soldados allí, frente al enemigo, entró en la casa y subió al tejado… La casa era baja y desde el tejado sólo se abarcaba una pequeña extensión de terreno. «Hay que subir a los árboles», dijo para sí el oficial; y bajó.

Necesariamente delante de la era había un fresno muy alto y delgado, cuya copa se mecía en el azul del cielo.

El oficial persistió un momento indeciso, mirando ya al árbol, ya a los soldados; después preguntó, de pronto, al muchacho: —¿Tienes buena vista, rapaz?

—¿Yo? —respondió el interpelado—. Le aseguro que veo un pajarillo a una legua de distancia.

—¿Te osarías a subir a lo alto de ese árbol?

—¿Dice usted a la copa? En medio minuto estoy arriba.

—¿Y sabrás decirme lo que veas desde allí, si hay soldados austríacos por esa parte, nubes de polvo, fusiles que resplandecen, caballos…?

—¡Claro que sí!

—¿Qué debo darte por prestarme este servicio?

—¿A mí? ¡Qué ocurrencia! —dijo el chico, sonriéndose—. ¡Nada, naturalmente! ¡Faltaría más! Si fuese por los alemanes, ¡ni hablar!; pero se trata de los nuestros, y yo soy lombardo.

—Bueno. Sube, pues.

—Espere que me descalce.

Se quitó el calzado, se oprimió el cinturón, tiró la gorra a unas matas de hierba y se ciñó al tronco del fresno.

—Pero oye… —exclamó el oficial con ánimo de detenerlo como pasmado por repentino temor.

El chico se volvió hacia él, mirándole con sus hermosos ojos azules, en actitud interrogante.

—Nada, nada —dijo el oficial—. Sube.

El chico se encaramó como un gato.

—Vosotros —dijo el oficial a los soldados— mirad hacia adelante.

En un instante estuvo el chiquillo en lo más alto del árbol, abrazado al tronco, con las piernas entre las hojas, pero dejando al descubierto su pecho; dábale el sol en la rubia cabeza, que relumbraba como el oro. El oficial apenas le veía, por lo pequeño que resultaba a aquella altura.

—Mira todo derecho a lo lejos —díjole el militar.

El chico, para ver mejor, sacó la mano derecha del árbol y se la puso sobre la frente a modo de visera.

—¿Qué ves? —preguntó el oficial.

El muchacho inclinó la cara hacia él y, haciendo cuerno con una mano, respondió: —Dos hombres a caballo en lo blanco del camino.

—¿A qué distancia de aquí?

—Sobre media legua.

—¿Se agitan?

—Están detenidos.

—¿Qué más ves? —le volvió a preguntar tras un instante de silencio—. ¡Mira hacia la derecha!

El chico volvió la vista hacia el lado conveniente, y luego dijo: —Cerca del cementerio, entre los árboles, se ve relucir algo. Parecen bayonetas.

—¿Ves gente?

—No, señor. Se habrán escondido en los sembrados.

En aquel instante un silbido de bala muy agudo se escuchó por el aire, yendo a perderse lejos, detrás de la casa.

—¡Bájate, muchacho! —Gritó el oficial—. Te han visto. No quiero saber más. Baja.

—Yo no tengo miedo —respondió el valiente chico.

—¡Baja!... —repitió el oficial—. ¿Qué más ves a la izquierda?

—¿A la izquierda?

—Sí, a la izquierda.

El chico volvió la cabeza hacia la izquierda; en aquel momento otro silbido más penetrante y más bajo que el primero cortó el aire. El niño se encogió todo lo que pudo.

—¡Vaya! —exclamó—. ¡La han tomado conmigo! —La bala le había pasado muy cerca.

—¡Abajo! —gritó el oficial con energía y rabioso.

—Bajo enseguida —respondió el chico—; pero el árbol me protege; no tenga usted cuidado. ¿A la izquierda quiere usted saber?

—A la izquierda —repuso el oficial—; ¡pero bájate!

—A la izquierda —gritó el niño inclinando el cuerpo hacia aquella parte—, donde hay una capilla, me parece ver...

Un tercer silbido colérico pasó por lo alto, y casi al momento se vio al muchacho venir abajo, deteniéndose un segundo en el tronco y en las ramas, para luego caer al suelo de cabeza con los brazos abiertos.

—¡Maldición! —gritó el oficial, asistiendo en su ayuda.

El chico había caído de espaldas, quedando tendido con los brazos abiertos, hacia arriba; un reguero de sangre le salía del pecho por la parte izquierda. El sargento y dos soldados se descendieron de sus caballos; el oficial se agachó y le separó la camisa: la bala le había penetrado en el pulmón izquierdo.

—¡Está muerto! —exclamó el oficial.

—No, ¡vive! —replicó el sargento.

—Ah, ¡pobre niño, valiente chico! —Gritó el oficial—. ¡Animo, ánimo!

Pero mientras decía «ánimo» y le oprimía el pañuelo sobre la lesión, el chico giró los ojos e inclinó la cabeza: había fallecido.

El oficial descoloró y estuvo contemplándole unos momentos; luego lo acomodó poniéndole la cabeza sobre la hierba; se levantó y permaneció un instante mirándole. También le miraban, inmóviles, el sargento y los dos soldados; los demás estaban vueltos hacia el enemigo.

—¡Pobre muchacho! —Repitió desconsoladamente el oficial—. ¡Pobre y valiente!

Luego se aproximó a la casa, quitó de la ventana la bandera tricolor y la extendió como paño fúnebre sobre el niño muerto, dejándole la cara al descubierto. El sargento instaló junto al muerto el calzado, la gorra, el bastoncito y la navajita.

Aún permanecieron un instante silencioso; después el oficial se dirigió al sargento y le dijo: —Mandaremos que venga a recogerle la ambulancia; ha muerto como soldado, y justo es que como a tal le demos sepultura.

Dicho esto, envió con la mano un beso al muerto, y gritó: —¡A caballo!

Todos ajustaron, reuniéndose el escuadrón, y renovaron la marcha.

Pocas horas después se rindieron los honores de guerra al valiente muchacho.

Al ponerse el sol, toda la línea de la vanguardia italiana avanzaba hacia el enemigo, y por el mismo camino que había recorrido por la mañana el batallón de caballería marchaba en dos filas un batallón de «bersalleros», el cual pocos días antes había regado, valientemente, de sangre la colina de San Martino. La noticia de la muerte del muchacho se había propagado ya entre aquellos soldados antes de que dejaran sus campamentos. El sendero, flanqueado por un arroyuelo, pasaba a poca distancia de la casa. Cuando los primeros oficiales del batallón vieron el cadáver del chico tendido a los pies del fresno y cubierto por la bandera tricolor, lo saludaron con sus sables, y uno de ellos cogió en la orilla del arroyo un manojo de flores y se las difundió por encima del cuerpo.

A continuidad, conforme iban pasando todos los «bersalleros» cogían flores que arrojaban sobre el muerto; así es que en pocos minutos estuvo cubierto el muchacho de flores silvestres, y tanto los oficiales como los soldados le saludaban al pasar, diciendo al mismo tiempo: —¡Bravo, pequeño lombardo! ¡Adiós, chiquito! ¡Para ti, rubito! ¡Viva el héroe! ¡Loor a ti! ¡Adiós, precioso!

Un oficial le puso la medalla al mérito, otro le besó en la frente. Y continuaban lloviendo las flores sobre sus desnudos pies, sobre el ensangrentado pecho y sobre la rubia cabeza. Él parecía dormido sobre la hierba, envuelto en su bandera, con el rostro cadavérico y casi sonriente, como si se advirtiese de los saludos y estuviese alegre de haber dado la vida por su Lombardía.

LOS POBRES

Martes, 29

Dar la vida por la patria, como el chico lombardo, es una gran integridad; pero tú, hijo mío, no desatiendas otras más humildes. Esta mañana, yendo delante de mí cuando volvíamos de la escuela, pasaste junto a una pobre que tenía en sus rodillas a un niño escuálido y pálido, que te pidió una limosna. La miraste y no le diste nada, aunque transportabas dinero en el bolsillo.

Mira, hijo mío, no te acostumbres a pasar con indolencia ante la miseria que tiende la mano, y mucho menos por delante de una madre que implora algo para su hijo. Piensa en que quizá aquel niño tuviese hambre; piensa en la desesperanza de aquella mujer. Imagínate la inconsolable congoja que sufriría tu madre si un día se viese obligada a decirte: «Enrique, hoy no puedo darte ni un pedazo de pan».

Cuando doy una moneda a un indigente y él me dice: «Que Dios se lo pague y les dé mucha salud a usted y a los suyos», no puedes comprender la dulzura que experimenta mi corazón ante tales frases y lo agradecida que le quedo al necesitado. Me parece que con similar augurio voy a poder conservaros con buena salud durante mucho tiempo; vuelvo a casa contenta y pienso: «¡Oh, aquel pobre me ha dado suficiente más de lo que yo le he cedido!»

Pues bien, haz que pueda escuchar alguna vez ese pronóstico provocado y merecido por ti; prívate de algo o saca de vez en cuando unas monedas de tu bolsillo para ponerlo en la mano de un anciano sin amparo, de una madre sin pan, de un niño sin madre.

A los pobres les gusta la limosna de los pequeños porque no los humilla y porque se parecen a ellos al tener necesidad de otros. Por eso suele haber pobres cerca de las escuelas.

La limosna de un hombre es acto de caridad; pero la de un niño, además de caridad, es también como una caricia, ¿alcanzas? Es como si de su mano se desglosasen al mismo tiempo una moneda y una flor.

Piensa que a ti nada te falta, y que a ellos les falta todo; que mientras tú ambicionas ser feliz, ellos se satisfacen con poder seguir viviendo. Piensa que es una injusticia social que en medio de tantos palacios, por las mismas calles que pasan lujosos coches y niños galanamente vestidos, haya mujeres y niños que no tienen qué comer.

¡Qué horror, Dios mío, que chicos como tú, tan buenos e perspicaces como tú, viviendo en numerosas ciudades, no tengan qué llevarse a la boca y arrastren una existencia infrahumana, parecida a las fieras perdidas en un desierto! ¡Ay, Enrique! No pases nunca por delante de una madre que pide limosna sin dejar en su mano una moneda!

Tu madre

Diciembre

EL NEGOCIANTE

Jueves, 1

Mi padre ambiciona que cada día de fiesta o sin clase traiga a casa a uno de mis compañeros o que vaya yo a buscarlo, para ir haciéndome más amigo de todos. El próximo domingo iré de paseo con Votini, el chiquillo bien vestido, que siempre se está atusando y que tanto envidia a Derossi.

Esta tarde ha venido a casa Garoffi, el chico alto y delgado, con la nariz de pico de loro y los ojos pequeños y picaruelos, que parecen buscar por todas partes. Es hijo de un droguero. Un tipo muy original. Siempre está contando el dinero que lleva en el bolsillo: cuenta muy de prisa con los dedos y hace cualquier multiplicación sin recurrir a la tabla. Hace economías, y tiene ya una libreta de la Caja de Ahorros escolar. Yo creo que no se gasta nada y, si se le cae algo o una monedita bajo el banco, es capaz de estar buscando una semana entera. Derossi dice que hace como las urracas. Todo lo que halla, plumas gastadas, sellos usados, alfileres, trocitos de velas, lo recoge solícitamente. Hace más de dos años que recopila sellos de correos, y ya tiene centenares de diferentes países en su gran álbum, que después venderá al librero cuando esté completo. Entretanto el librero le da los cuadernos gratis porque le lleva muchos pequeños a la tienda.

En la escuela no para de comerciar; todos los días vende cosas, hace rifas y subastas; después se lamenta y quiere de nuevo sus mercancías; lo que compra por dos lo da por cuatro; juega a las aleluyas y nunca pierde; revende periódicos atrasados al pirotécnico y al estanquero, y tiene una libreta, llena de sumas y restas, donde anota todas las operaciones que realiza. Sólo le interesa la Aritmética, y si anhela premios es para entrar sin pagar en el teatro de marionetas.

A mí me gusta y me divierte. Hemos jugado a vender con pesos y medidas; sabe el precio exacto de las cosas, conoce las pesas, y lía las cosas en papel de estraza con la destreza y prontitud del mejor tendero. Dice que se establecerá en cuanto salga de la escuela, y se dedicará a un negocio nuevo que ha imaginado.

Se ha puesto muy contento porque le he dado algunos sellos extranjeros, habiéndome dicho al momento el precio a que se venden para las colecciones. Mi padre, haciendo como que leía el periódico, le oía y se distraía escuchandole. Siempre lleva los bolsillos llenos de pequeñas mercancías, que cubre con un largo delantal lóbrego, y parece en todo momento preocupado y pensativo, como los comerciantes ya mayores. Pero lo que más estima es su colección de sellos de correos: es su tesoro y habla de él como si fuese a sacar una auténtica fortuna. Los compañeros dicen que es un avaro y un avaro. Yo no sé qué pensar de él. Le quiero, me enseña muchas cosas y me parece un hombrecito.

Coretti, el hijo del revendedor de tronco, dice que Garoffi no daría los sellos que posee ni para salvar la vida de su madre. Mi padre no lo cree así.

—Espera aún para juzgarlo —me ha dicho—; siente pasión por las ganancias, pero tiene buen corazón.

VANIDAD

Lunes, 5

Ayer fui a pasear por la ronda de Rívoli con Votini y su padre. Al pasar por la calle Dora Grossa, vimos a Stardi, el que no permite que le entretengan en clase, parado, muy tieso, delante del escaparate de una librería con los ojos fijos en un mapa. Sabe Dios desde cuándo estaría allí, porque estudia hasta en la calle; apenas sí nos devolvió el saludo que le dirigimos.

Votini, como siempre, iba muy elegante, quizás demasiado; llevaba botas de tafilete con pespuntes encarnados, un traje con bordado y borlitas de seda, un sombrero de castor blanco y reloj. ¡Había que ver el postín que se daba el chico! Pero esta vez iba a acabar mal su engreimiento.

Después de haber andado buen trecho por una calle, dejando muy atrás a su padre, que andaba pausadamente, nos detuvimos en un banco de piedra, junto a un chico moderadamente vestido, que parecía cansado y estaba pensativo, con la cabeza gacha. Un hombre, que debía ser su padre, paseaba bajo los árboles leyendo un periódico.

Nos sentamos. Votini se puso entre aquel chico y yo. De pronto se acordó de que iba muy majo y quiso que le asombrara y envidiara su vecino.

Levantó un pie y me dijo:

—¿Te has fijado en mis botas de militar?

Lo dijo para llamar la atención del otro chico. Pero éste no miró.

Entonces bajó el pie, y me enseñó las borlitas de seda, diciéndome, mirando de reojo al desconocido, que no acababan de gustarle y que prefería botones de plata. Pero el otro chico tampoco se fijó en las borlitas.

Votini se puso a hacer girar sobre la punta del dedo índice su bello sombrero de castor blanco. Mas el otro parecía que lo hiciese adrede y ni siquiera se dignó dirigir una mirada al sombrero.

Votini comenzaba a enfadarse, sacó el reloj, lo abrió y mc enseñó la maquinaria. Tampoco volvió esta vez la cabeza el vecino del banco.

—¿Es de plata dorada? —le pregunté.

—No, hombre —me respondió—. Es de oro.

—Pero no será todo de oro —le repuse—; tendrá también algo de plata.

—¡No, no! —replicó; y para obligar al otro pequeño a mirar, le puso el reloj delante de sus ojos, diciéndole: —Oye, tú, fíjate, ¿verdad que es de oro?

El interpelado respondió secamente: —No lo sé.

—¡Vaya, vaya! —Expresó Votini lleno de rabia—. ¡Qué soberbia! Mientras decía esto, llegó su padre, que había oído su expresión. Miró firmemente al niño desconocido y dijo rudamente a su hijo: —¡Cállate! —E inclinándose a su oído, añadió—: ¡Es ciego!

Votini se puso de pie de un salto y miró la cara del chico. Tenía las pupilas apagadas, sin expresión, sin mirada.

Votini se quedó desanimado, sin palabra, con los ojos bajos. Después balbuceó: —¡Lo siento; no lo sabía!

El cieguecito, que todo lo había comprendido, dijo

sonriendo bondadosa y nostálgicamente: —¡Oh, no importa!

Ciertamente Votini es vanidoso; pero después de todo no tiene mal corazón. Durante el resto del recorrido no se volvió a reír.

LA PRIMERA NEVADA DEL AÑO

Sábado, 10

¡Adiós, paseos por Rívoli! Ha llegado la hermosa amiga de los chicos. Ya ha caído la primera nevisca. Desde ayer tarde, a última hora, no han cesado de caer copos a granel, tan gruesos como flores de jazmín. Esta mañana daba gusto, cuando estábamos en clase, verlos pegar en los cristales y acumularse en los repechos; también observaba el maestro el espectáculo y se frotaba las manos. Todos estábamos contentos cavilando hacer bolas y deslizarnos por el hielo, para luego tener el placer de calentarnos junto a la lumbre en casa. Exclusivamente no se distraía Stardi, totalmente absorto en la lección y sosteniéndose las sienes con los puños.

¡Qué hermosura! ¡Cuánta alegría hubo a la salida! Todos comenzamos a correr y saltar por las calles, gritando, gesticulando, cogiendo bolas de nieve y hundiéndonos en ella como perritos en el agua. Los padres que esperaban fuera tenían los paraguas blancos; los guardias municipales también estaban cubiertos de nieve, y blancas se colocaron enseguida nuestras bolsas y carteras. Todos parecían fuera de sí por la alegría, incluso Precossi, el hijo del herrero, el paliducho, que jamás se ríe, y Robetti el que salvó al niño del ómnibus, que brincaba con sus muletas.

El calabrés, que nunca había tocado la nieve, hizo una pelota y empezó a comérsela como si fuera un melocotón. Crossi, el hijo de la verdulera, se llenó de nieve la bolsa; y el albañilito nos hizo reír cuando mi padre le invitó a que fuese mañana a nuestra casa; tenía la boca llena de nieve, y, no sabiendo si escupirla o tragarla, se quedó asombrado sin responder nada. También las maestras salían corriendo y riéndose de la escuela; mi maestra de la primera superior, ¡pobrecilla!, corría por la nieve, resguardándose la cara con su velo verde y sin parar de toser.

Entretanto centenas de muchachas de la escuela vecina pasaban como chillando y pisando la blanca alfombra; los maestros, los bedeles y los guardias gritaban:

—¡A casa, a casa! —tragando copos de nieve y blanqueándose los bigotes y la barba. Pero también se reían de la turba de chiquillos que festejaban el invierno.

Mucho festejáis la venida del tiempo invernal... Pero hay pequeños que escasean de abrigo, de calzado y no tienen lumbre para calentarse. Hay millares que bajan al poblado, tras largo camino, cargando en sus manos ateridas de frío una poca de leña para calentar la escuela. Hay centenares de escuelas rurales casi enterradas en la nieve, tan desnudas y lóbregas como cavernas, donde los chicos se ahogan por el humo o dan diente con diente por el frío, mirando con terror los blancos copos que caen sin cesar, que se amontonan sin tregua sobre sus distantes cabañas, amenazadas por los aludes. Mientras vosotros festejáis el invierno, pensad en las miles de criaturas a quienes esta estación les trae miseria y les origina la muerte.

Tu padre

EL PEQUEÑO ALBAÑIL

Domingo, 11

El albañilito ha venido hoy a casa, vestido con una chaqueta y vieja ropa del padre, todavía blanco por la cal y el yeso. Mi padre apetecía que viniese aún más que yo. ¡Qué gusto nos ha dado! Al entrar se ha quitado el viejísimo sombrero, tapado de nieve, y se lo ha metido en el bolsillo; después ha venido hacia mí con su andar descuidado de trabajador cansado, volviendo a una y otra parte su cabeza redonda como una manzana y con su nariz achatada. En el comedor, después de echar una mirada a los muebles, se ha detenido mirando un cuadrito que personifica a Rigoletto, un gracioso jorobado, y le ha puesto la cara con su habitual «hocico de liebre». Es imposible no reírse al verle hacer esa mueca.

Luego nos hemos puesto a jugar con palitos. Tiene una destreza asombrosa para hacer torres y viaductos, que parece no se caen de milagro; trabaja en eso muy serio y con la paciencia propia de un hombre. Entre una y otra construcción me ha ido hablando de su familia: viven en una buhardilla; su padre va a la escuela de adultos, de noche, para aprender a leer; su madre es de Biella. Deben quererle mucho, porque, aunque va vestido pobremente, está bien resguardado del frío con ropa solícitamente remendada y el lazo de la corbata hecho con exquisito gusto. Me ha dicho que su padre es un hombretón, un enorme que apenas cabe por las puertas, pero bonachón; acostumbra a llamar a su hijo «hocico de liebre»; él, por el contrario, es más bien bajo para la edad que tiene.

A las cuatro hemos merendado pan y pasas, sentados en el sofá el uno junto al otro, y al terminar, no sé por qué, mi padre no ha querido que limpiase el respaldo manchado de blanco por el albañilito con su chaquetón. Me ha estancado la mano y luego lo ha limpiado él sin que le advirtiéramos. Jugando, al albañilito se le ha caído un botón de la cazadora, y mi madre se lo ha cosido, poniéndose él muy rojo, admirado y confuso, sujetando el aliento. Después le he enseñado el álbum de caricaturas, y él, sin darse cuenta, imitaba las muecas de aquellas caras tan bien, que mi padre no ha podido contener la risa. Tan contento estaba al irse, que se ha olvidado de ponerse su viejo sombrero y, al llegar a la escalinata, para mostrarme su reconocimiento, me ha hecho una vez más la gracia de poner el «hocico de liebre». Se llama Antonio Rabucco, y tiene ocho años y ocho meses…

¿Sabes, hijo mío, por qué no quise que limpiaras el sofá? Porque hacerlo viéndolo tu compañero era casi reñirlo por haberlo ensuciado. Y no convenía, inicialmente porque no lo había manchado adrede, y, luego, porque lo había ensuciado con ropa de su padre, que se la había enyesado trabajando: y lo que se mancha trabajando no es suciedad, sino polvo, cal o lo que quieras; todo menos suciedad. El trabajo no mancha. No digas jamás de un obrero que sale del trabajo: «Está sucio». Debes decir: «Lleva en su ropa las señales, las huellas de su trabajo». Recuérdalo bien. Quiere mucho al albañilito, ante todo porque es compañero tuyo, y posteriormente porque es hijo de un trabajador.

Tu padre

LA BOLA DE NIEVE

Viernes, 16

Continúa nevando sin cesar. Esta mañana, a causa de la nieve, ha pasado un serio contratiempo cuando salíamos de la escuela. Un tropel de chiquillos, en cuanto llegaron a la plaza, comenzaron a tirar bolas de nieve acuosa tan duras y pesadas como piedras. Por la acera pasaba mucha muchedumbre. Un señor gritó: — ¡Alto, chavales!

Pero en aquel justo instante se oyó por otra parte un penetrante chillido, viéndose a un anciano que había perdido el sombrero y andaba indeciso, cubriéndose la cara con las manos, y junto a él un niño que gritaba: —¡Auxilio! ¡Auxilio!

Rápidamente acudió gente de todas partes. Le había adherido una bola en un ojo. Todos los chiquillos escaparon a la desbandada, corriendo como flechas. Yo estaba delante de la librería, adonde había entrado mi padre, y vi llegar de prisa a varios compañeros míos, que se combinaron entre los demás aparentando que miraban los escaparates: eran Garrone con su habitual panecillo en el bolsillo, Coretti, el albañilito, y Garoffi, el de los sellos de correos.

Mientras tanto se había reunido mucha gente en torno del anciano; un guardia y otros corrían de una parte a otra amenazando y preguntando: —¿Quién ha sido? ¿Quién? ¡Decid quién ha sido! —y miraban las manos de los muchachos para ver si las tenían mojadas por la nieve.

Garoffi estaba a mi lado; me di cuenta de que tiritaba y estaba tan cadavérico como un muerto.

—¿Quién? ¿Quién ha sido? —continuaba gritando la gente.

Entonces oí a Garrone que decía por lo bajo a Garoffi: —Anda, ve a presentarte; sería una cobardía consentir que se lo cargasen a otro.

—¡Pero si yo no lo he hecho adrede! —respondió Garoffi, tiritando como una hoja de árbol.

—No importa, cumple con tu obligación —repitió Garrone.

— ¡No me atrevo!

—Date ánimos, yo te escoltaré.

El guardia y los otros gritaban cada vez más fuerte: —¿Quién es el culpable? ¿Quién ha sido? ¡Le han metido un cristal de las gafas en un ojo! ¡Lo han dejado ciego! ¡Granujas!

Yo creí que Garoffi se iba a desmayar.

—Ven —le dijo Garrone de forma imperiosa—, yo te protegeré.

Y cogiéndole por un brazo le empujó hacia adelante, sosteniéndole como a un enfermo. La gente, viéndolo, lo comprendió todo enseguida, y algunos asistieron con los puños en alto. Pero Garrone se interpuso, gritando: —¿Serán capaces de atacar diez hombres contra un niño?

Entonces se contuvieron; un guardia municipal tomó a Garoffi de la mano y lo condujo abriéndose paso entre la multitud a una pastelería, donde habían llevado al herido. Al verlo, reconocí de inmediato al viejo empleado que vive con su sobrinillo en el cuarto piso de nuestra casa. Lo habían recostado en una silla, poniéndole un pañuelo sobre los ojos: —¡No lo he hecho adrede, ha sido sin querer! —decía, llorando, Garoffi, medio muerto de miedo—. ¡Ha sido sin querer!

Dos o tres entraron con violencia en la tienda y lo tiraron al suelo, gritando: —¡Baja esa cabeza y pide indulgencia!

Pero de pronto dos fornidos brazos le colocaron de pie, oyéndose una voz resuelta que dijo: — ¡No, señores!

Era nuestro Director que lo había presenciado todo.

—Puesto que ha tenido el valor de presentarse —añadió—, nadie tiene derecho a maltratarlo.

Todos guardaron silencio.

—Pide perdón —le dijo el Director.

Garoffi, sollozando a lágrima viva, abrazó las rodillas del anciano, y éste buscando con la mano la cabeza del niño, le acarició el pelo.

— ¡Ea, muchacho, vete a casa!

Mi padre me sacó de allí y por el camino me dijo: —Enrique, en un asunto análogo, ¿habrías tenido el valor de efectuar con tu deber e ir a confesar tu culpa?

Yo le respondí que sí.

El me replicó:

—Dame tu palabra de honor de que así lo harías.

—Te doy mi palabra, padre.

LAS MAESTRAS

Sábado, 17

Garoffi estaba hoy muy atemorizado, esperando una regañina del maestro; pero el maestro no ha concurrido y, como faltaba también el suplente, ha venido a dar la clase la señora Cromi, la más vieja de las maestras, que tiene dos hijos mayores y ha enseñado a leer y a escribir a diversas señoras que ahora van a llevar a sus niños a la escuela Baretti. Hoy estaba triste porque tenía un hijo enfermo. Apenas la vieron, comenzaron a meter ruido. Pero ella, con voz calmada y serena, dijo:

—Respetad mis canas; yo casi no soy ya una maestra, sino una madre.

Y entonces ninguno se atrevió a conversar más, ni siquiera aquel alma de cántaro de Franti, que se contentó con hacerle burla sin que lo viera. A la clase de la señora Cromi ordenaron a la señora Delcati, maestra de mi hermano; y al puesto de ésta, a la que llaman la monjita, porque va siempre vestida de oscuro, con una falda negra; su cara es pequeña y la voz tan gangosa, que parece está musitando oraciones.

—Y es cosa que no se comprende —dice mi madre—: tan mansa y tan tímida, con aquel hilito de voz siempre igual, que apenas suena, sin incomodarse nunca; y, sin embargo, los niños están tan quietos, que no se les oye, y hasta los más osados inclinan la cabeza en cuanto les amenaza con el dedo; parece una iglesia su clase, y por eso también la llaman la monjita.

Pero hay otra que me gusta mucho: la maestra de primera enseñanza básica número tres; una joven con la cara encendida, que tiene dos lunares muy graciosos en las mejillas, y que lleva una pluma roja en el sombrero y una crucecita amarilla al cuello. Siempre está alegre; y alegre también tiene su clase; sonríe y, cuando grita con aquella voz argentina, parece que canta; pega con la regla en la mesa y da palmadas para imponer silencio; después, cuando salen, corre como una niña detrás de unos y de otros para ponerlos en fila; y a éste le tira del babero, al otro le abrocha el abrigo para que no se resfríe; los sigue hasta la calle para que no se alboroten; ruega a los padres que no les sancionen en casa; lleva pastillas a los que tienen tos; presta su manguito a los que tienen frío, y está continuamente angustiada por los más pequeños, que le hacen caricias y le piden besos, tirándola del velo y del vestido; pero ella se deja acariciar y los besa a todos riendo, y todos los días vuelve a casa desgreñada y ronca, agitada y tan contenta, con sus graciosos lunares y su pluma roja. Es también maestra de dibujo de las niñas, y sostiene con su trabajo a su madre y a su hermano.

EN CASA DEL ANCIANO HERIDO

Domingo, 18

El sobrinillo del anciano empleado que resultó lesionado en un ojo por la bola de nieve que arrojara Garoffi está con la maestra de la pluma roja; lo hemos visto hoy en casa de su tío, que lo tiene como a un hijo. Yo había acabado de escribir el cuento mensual para la próxima semana, titulado El pequeño escribiente florentino, que me había dado el maestro a copiar, cuando me ha dicho mi padre: —Vamos a subir al cuarto piso para ver cómo tiene el ojo aquel señor.

Hemos ingresado en una habitación casi lóbrega, donde estaba acomodado el viejo, sentado en la cama, teniendo varios cojines por detrás. A la cabecera se hallaba su mujer, y el sobrinillo se hallaba a un lado, entreteniéndose con unos juguetes.

El viejo tenía un ojo vendado.

Se ha entusiasmado mucho al ver a mi padre; le ha hecho sentarse y le ha dicho que se halla mejor, que no perderá el ojo y que le había asegurado el médico que dentro de unos días estará sanado del todo.

—Fue una desgracia —añadió—. Siento el susto que debió llevarse aquel chiquito.

Después nos ha platicado del médico, que debía venir a esa hora. En ese preciso momento suena el timbre.

—Debe ser el médico —dijo el ama.

Se abre la puerta… y ¿qué veo? Al mismísimo Garoffi, con su capote largo, la cabeza gacha y sin atreverse a entrar.

—¿Quién es? —pregunta el enfermo.

—El chico que tiró la bola de nieve —dice mi padre.

El viejo expresa entonces:

—¡Pobre criatura! Ven aquí. Has venido a preguntar cómo estoy, ¿verdad? Pues estate quieto, que me encuentro mucho mejor y casi curado. Acércate.

Garoffi, cada vez más confuso, se acerca a la cama, esforzándose por no llorar; el viejo le acaricia, pero sin poder conversar.

—Gracias —le dice al fin el anciano—; puedes decir a tu padre y a tu madre que todo va bien y que no tienen que preocuparse.

Pero Garoffi no se mueve, pareciendo querer decir algo, a lo que no se osa.

—¿Tienes algo que decirme?

—Yo, nada.

—Está bien, chiquito. Puedes irte en paz.

Garoffi se ha ido hasta la puerta; allí se ha parado y luego se ha aproximado donde está el sobrinillo, que le ha seguido y mirado con curiosidad. De pronto se saca algo de debajo del capote y se lo ofrece al pequeño, diciéndole:
—Esto para ti.

El niño enseña el regalo a sus tíos y todos nosotros quedamos sorprendidos.

Es el famoso álbum, con su colección de sellos, lo que el pobre Garoffi acaba de dejar, el tesoro sobre el que tantas esperanzas tenían fundadas y que tanto esfuerzo le ha costado lograr.

¡Pobre muchacho! Ha regalado la mitad de su propia vida a cambio del perdón.

EL PEQUEÑO ESCRIBIENTE FLORENTINO

· Cuento mensual ·

Estaba en la cuarta clase. Era un apuesto florentino de doce años, de cabellos azabaches y tez blanca, hijo mayor de un empleado de ferrocarriles que, por tener cuantiosa familia y poco sueldo, vivía con suma estrechez. Su padre le quería mucho y se le mostraba misericordioso e indulgente en todo, menos en lo tocante a la escuela; en esto era muy exigente y rígido, porque el chico debía estar pronto dispuesto para obtener un empleo con que ayudar al sostenimiento de la familia. Y ya se sabe que para lograr pronto alguna colocación hay que trabajar mucho en poco tiempo. Aunque el chico era estudioso, el padre le estimulaba siempre más y más a estudiar.

El hombre era de bastante edad, pero el excesivo trabajo le había envejecido prematuramente. Con todo, para suministrar a las necesidades de la familia, además del trabajo que le solicitaba su empleo, todavía se procuraba de un lado y de otro trabajos asombrosos de copista, pasando sin descansar en su mesa buena parte de la noche.

Finalmente había recibido de una editorial, que publicaba libros y periódicos, el encargo de escribir en las fajas los nombres y dirección de los abonados, ganando tres liras por cada quinientas de aquellas tiras de papel escritas con caracteres grandiosos y regulares.

La pesada tarea le cansaba y con reiteración se lamentaba de ello con la familia a la hora de comer.

—Estoy perdiendo la vista —decía—. Este trabajo noctámbulo acaba conmigo.

El chiquillo le dijo un día:

—Papá, déjame que trabaje en tu lugar; sabes que escribo como tú. Nadie podrá advertir ninguna discrepancia.

Pero el padre le respondió:

—No, hijo; tú debes estudiar; tu instrucción es bastante importante que mis fajillas; sentiría arrepentimiento si te privara de una hora de estudio; te lo agradezco, pero no quiero. Y no conversemos más del asunto.

El hijo sabía sobradamente que con su padre era infructuoso insistir en aquellas cosas, y no insistió. Pero he aquí lo que hizo. Su padre dejaba de escribir a media noche, saliendo entonces del despacho para ir a la alcoba. Lo había oído alguna vez. En cuanto el reloj daba las doce, sentía rápidamente el ruido de la silla que se agitaba y el lánguido paso de su padre.

Una noche esperó a que se fuese a dormir; se vistió sin hacer ruido y se dirigió a tientas al escritorio. Incendió el candil, se sentó a la mesa, donde había un montón de fajas en blanco y la lista de los suscriptores, y comenzó a escribir imitando con exactitud la grafía de su padre. Escribía con gusto y contento, aunque con cierto temor. Las fajas escritas iban amontonándose y de vez en cuando dejaba la pluma para frotarse las manos; luego volvía a empezar con más intrepidez, atento el oído y sonriente. Escribió ciento setenta direcciones, que importaban ¡una lira! Entonces se contuvo; dejó la pluma donde estaba antes, apagó la luz y se fue de puntillas a la cama.

Aquel día su padre se sentó a la mesa con mejor humor. No había advertido nada. Ejecutaba aquel trabajo mecánicamente, teniendo en cuenta el tiempo empleado, sin pensar en más, y no contaba las fajillas escritas hasta el día siguiente.

Tomó asiento de buen humor y golpeando levemente el hombro de su hijo, le dijo:

—Eh, Julio, tu padre es mejor trabajador de lo que puedes figurarte. En dos horas hice anoche un tercio más de lo que acostumbraba. Aún está ágil mi mano, y los ojos saben resistir la fatiga.

Julio, alegre, pero taciturno, decía entre sí: «¡Pobre padre! Además de la ganancia, le he proporcionado también la satisfacción de creerse rejuvenecido».

Alentado por el triunfo obtenido, la noche siguiente, en cuanto dieron las doce, se levantó otra vez y comenzó a trabajar. Así continuó haciendo diversas noches. Su padre no se daba cuenta de tal cosa. Simplemente una vez, cuando estaban cenando, hizo la siguiente observación:

—No sé, pero de algún tiempo a esta parte venimos derrochando más petróleo de lo habitual. Debe ser de baja calidad.

Julio tuvo un susto, mas la cosa no pasó de allí.

Lo que ocurrió fue que por levantarse a hora tan extemporánea, Julio no descansaba lo suficiente, y por la noche, al hacer los deberes de la escuela, le costaba trabajo tener los ojos abiertos. Una noche, por primera vez en su vida, se quedó dormido sobre el cuaderno.

—Julito, espabílate —le dijo su padre al tiempo que le daba unas palmaditas— y haz tu deber.

El chico se despertó y restauró su tarea. Pero a la noche siguiente y durante algunos días continuaba sucediendo lo mismo y aún peor: daba cabezadas sobre los libros, se levantaba más tarde de lo acostumbrado, estudiaba las lecciones con dejadez, pareciendo que le contrariaba el quehacer escolar. Su padre comenzó a observarlo; luego, a preocuparse y al fin tuvo que reprenderlo. ¡Jamás lo hubiera hecho!

—Julio —le dijo cierta mañana—, me estás desilusionando; no eres el mismo de antes, y eso no me gusta nada. Ten en cuenta que todas las esperanzas de la familia están situadas en ti. Estoy muy disgustado, ¿comprendes?

Ante tal reprimenda, la primera realmente rígida que había recibido, el chico se turbó. «Sí, es verdad —dijo para sí—; no puedo continuar de este modo; es preciso que acabe el engaño». Pero aquel día, por la noche, estando todos a la mesa, dijo el padre con alegría:

—¡Este mes he ganado treinta y dos liras más que el pasado con las fajillas!

Y expresando esto, sacó de debajo de la mesa una caja de dulces que había comprado para celebrar con sus hijos la ganancia asombrosa, cosa que todos protegieron con el gozo que es de suponer.

Julio cobró ánimo y dijo para sí: «No, querido padre; seguiré engañándote; haré mayores esfuerzos para estudiar durante el día y no dejaré de continuar trabajando de noche por ti y por los demás».

El padre añadió: —¡Treinta y dos liras más! Estoy alegre… Pero ése —y señaló a Julio— me causa no pocos disgustos.

El aludido recibió el chaparrón en mutismo, sujetando dos lágrimas que querían salir, pero sintiendo al mismo tiempo cierta satisfacción.

Y continuó escribiendo fajillas con ahínco. Sin embargo, acumulándose el cansancio, le resultaba cada vez más difícil resistir.

La cosa persistía ya dos meses. El padre continuaba reprendiendo al buen muchacho, mirándole con aumentado enojo. Un día se presentó en la escuela para pedir informes sobre su hijo, y el maestro le dijo:

—Sí, va cumpliendo, porque es un chico perspicaz. Pero no tiene la misma aplicación de antes. Se duerme, bosteza y está distraído. Hace composiciones cortas, pudiéndose evidenciar que escribe de prisa y con mala caligrafía. Desde luego que tiene capacidades para hacer más, mucho más.

Aquella noche el padre llamó a su hijo aparte y le dirigió unas frases más duras de las que hasta entonces había escuchado.

—Ya ves, Julio, que me sacrifico por la familia, y tú no me colaboras. No piensas lo más mínimo en tus hermanos, en tu madre, ni en mí.

—¡No digas eso, papá! —exclamó el hijo ahogado en llanto y decidido a explicarlo todo. Pero su padre lo interrumpió, diciendo:

—Conoces cabalmente la situación de la familia; sabes que todos debemos hacer lo que nos corresponda y sacrificarnos cuanto sea preciso. Yo mismo tengo que doblar mi trabajo. Este mes esperaba una gratificación de cien liras en el ferrocarril, y hoy he sabido que no puedo contar con nada.

Ante similar noticia Julio se contuvo para que no saliese de su boca la confesión que se disponía a hacer, y se dijo audazmente: «No, padre, me enmudeceré y guardaré el secreto para poder trabajar por ti; de ese modo te compensaré de la pena que te causo; en cuanto a la escuela, siempre estudiaré lo suficiente para aprobar el curso; lo significativo es ayudarte para salir adelante y aligerarte de la labor que te mata».

Siguió adelante, transcurriendo otros dos meses de trabajo noctámbulo y de abatimiento durante el día, de esfuerzos exasperados por parte del hijo y de amargos reprendas por parte del padre. Pero lo peor era que éste se mostraba cada vez más frío con el muchacho; extraordinariamente le dirigía la palabra considerándolo un hijo poco menos que desnaturalizado, del que poco o nada cabía esperar, y casi procuraba no cruzarse con su mirada. Julio se daba cuenta de todo y sufría íntimamente, y cuando su padre le volvía la espalda, le enviaba un beso furtivamente con expresión de ternura sensible y triste. Mientras tanto, por su gran pena y el mucho cansancio, Julio iba adelgazando y demacrándose, viéndose obligado muy a pesar suyo a desatender cada vez más sus estudios.

Comprendía que todo aquello tendría que acabar. Cada noche se decía: «Hoy no me levantaré». Pero al dar las doce, cuando habría debido confirmar enérgicamente su propósito, sentía arrepentimiento, pareciéndole que, si continuaba en la cama, faltaba a una obligación, qué robaba una lira a su padre y a la familia. Y se levantaba cavilando que si su padre se despertaba y le sorprendía alguna noche, o si se enteraba por eventualidad del engaño contando dos veces las fajas, entonces acabaría, naturalmente, todo, sin un acto de su voluntad, para el que no se sentía con ánimos. Y continuaba ejecutando el no pequeño sacrificio.

Mas una noche, en la cena, el padre articuló una palabra que fue decisiva para él. Su madre le miró y, pareciéndole más escuálido y pálido que de costumbre, le dijo:

—Tú estás malo, Julio —luego, dirigiéndose al padre, añadió—: Nuestro hijo está enfermo. ¿No adviertes su palidez? ¿Qué te pasa, Julito mío?

El padre le miró de reojo y dijo:

—La mala conciencia hace que tenga también mala salud. No estaba así cuando era un chico muy aplicado y un hijo cariñoso.

—¡Pero está malo! —replicó la madre.

—¡No me importa! —replicó el padre.

Aquella palabra fue como una cuchillada en el corazón del desdichado chico. ¡Ah! ¡No le interesaba ya su salud a su padre, que antes temblaba con sólo oírle toser! Así, pues, no lo quería; había muerto en el corazón de su padre…

«¡No, no!, padre mío —dijo entre sí el chiquillo oprimido por la inquietud—; esto se ha concluido de verdad; yo no puedo vivir sin tu cariño; lo quiero íntegro para mí; te lo diré todo, no te engañaré más, pase lo que pase, padre mío, para que vuelvas a quererme. ¡Esta vez estoy del todo resuelto!»

No obstante, todavía se alzó aquella noche, más por hábito que por otra causa; y cuando se levantó quiso ir a visitar, a volver a ver unos minutos, en el silencio de la noche, por última vez, la pequeña habitación donde tanto había trabajado secretamente, lleno de gozo y de ternura. Y cuando volvió a hallarse en la mesa, habiendo encendido el candil, viendo las fajas en blanco que ya no llenaría escribiendo unos nombres de ciudades y de personas que ya se sabía de remembranza, le irrumpió una gran tristeza, y tomó con decisión la pluma para reanudar su habitual trabajo. Más, al extender la mano, tropezó con un libro que se cayó al suelo. Le dio un vuelco el corazón. ¡Si su padre se despertaba!… Claro está que no le asombraría cometiendo ninguna mala acción, y que él mismo había decidido contárselo todo; sin embargo... el oír aproximarse aquellos pasos en la oscuridad, el ser sorprendido a hora tan intempestiva, el que su madre se despertara y se asustara, el pensamiento de que tal vez experimentara su padre una degradación ante él al quedar todo descubierto... casi le aterraba. Aguzó el oído, contuvo la respiración... no oyó nada...; escuchó por la cerradura de la puerta que tenía a sus espaldas: nada. Todos dormían. Su padre no había oído. Se apaciguó y empezó a escribir de nuevo.

Las fajillas se acumulaban unas sobre otras. Oyó el paso cadencioso de la guardia municipal por la desierta calle; luego, el ruido de un coche, que cesó al cabo de un rato; después, pasado cierto tiempo, el estrépito de una hilera de carros que rodaban lánguidamente por el empedrado; por último, un mutismo profundo interrumpido de vez en cuando por el distante ladrido de algún perro. Y continuó escribiendo.

Mientras tanto, su padre se encontraba detrás de él: se había levantado al oír caer el libro, y estuvo esperando buen rato; el ruido de los carros había hecho pasar inadvertido el roce de sus pies y el liviano chirrido de las hojas de la puerta; allí estaba con su blanca cabeza sobre la negra de Julio; había visto correr la pluma sobre las fajas, prediciendo, recordando, comprendiéndolo todo, y un desesperado remordimiento, una grandiosa ternura, habían invadido su alma, y le tenían clavado detrás de su heroico hijo.

Julio dio, de pronto, un grito muy agudo: dos brazos temblorosos le habían estrechado la cabeza.

—¡Oh, padre, perdóname! —gritó al reconocer a su padre con lágrimas en los ojos.

—¡Tú eres el que debes perdonarme! —Respondió el padre, sollozando y cubriéndole de besos la frente—. Lo he entendido todo, lo sé todo, ¡por eso te pido perdón, santo hijo mío! ¡Ven, ven conmigo! —y le empujó, o más bien le llevó a la cama de su madre, que estaba despierta; se lo echó a sus brazos y le dijo:

—¡Besa a este ángel de hijo, que desde hace tres meses no duerme y trabaja por mí, y al que he afligido cuando nos ganaba el pan!

La madre lo abrazó vigorosamente contra su pecho, sin poder pronunciar palabra; posteriormente le dijo:

—¡Vete a dormir y a descansar, hijo mío! ¡Llévalo a la cama!

El padre lo tomó en brazos, lo llevó a su habitación, lo acostó, acariciándole, y le arregló las almohadas y la ropa.

—Gracias, padre —repetía el hijo—, gracias; pero acuéstate; ya estoy alegre; vete a la cama, papá.

Mas su padre quería verle dormido; sentase junto a él, le agarró la mano y le dijo:

—¡Duerme, duerme, hijo mío!

Julio, rendido, se durmió y se despertó mucho después, gozando por primera vez, al cabo de unos meses, de un sueño sereno, soñando cosas alegres. Cuando abrió los ojos, hacía un buen rato que resplandecía el sol. Primariamente notó y luego vio la blanca cabeza de su padre, que había pasado la noche apoyándola en el borde de la cama cerca de su pecho, y que todavía dormía con la frente ladeada junto a su corazón.

LA VOLUNTAD

Miércoles, 28

Mi compañero Stardi sería capaz de copiar al pequeño florentino. Esta mañana ocurrieron en la escuela dos sucesos famosos: Garoffi estaba loco de gozo porque le habían restituido su álbum con la gratificación de tres sellos de la república de Guatemala, que él indagaba desde hacía tres meses. Stardi, por su parte, ha obtenido la segunda medalla. ¡Casi nada! ¡Stardi el primero de la clase después de Derossi!

Todos quedamos asombrados. Quién lo habría dicho en octubre cuando le llevó su padre metido en el capote verde, diciendo al maestro en presencia de todos nosotros: «¡Tenga mucha paciencia con él, pues es bastante rígido de mollera!» Al principio se le creía un perfecto adoquín. Pero él se dijo: «O reviento o triunfo»; y comenzó a estudiar con empeño de día y de noche, en casa, en la escuela, en el paseo, apretujando los dientes y con los puños cerrados, tan paciente como un buey, terco como un mulo, y así, a fuerza de machacar, sin hacer caso de las burlas, y dando patadas o codazos a los que le entretenían, el terco ha adelantado a los demás.

No comprendía lo más mínimo de Aritmética; llenaba de disparates las composiciones, no lograba aprender de memoria un período y ahora soluciona los problemas, escribe cabalmente y canta las lecciones como un papagayo. Visiblemente se ve que posee una voluntad de hierro si uno se fija en su facha: cabeza cuadrada y sin cuello, las manos cortas y gorditas, y una voz áspera. Estudia incluso en los pedazos de periódico y en los anuncios de los teatros; en cuanto reúne unas monedas se compra un libro, habiéndose ya formado, de ese modo, una pequeña biblioteca, y en un instante de buen humor me dijo que me transportaría a su casa para que la viera. No habla con nadie, ni enreda; siempre se le ve en el banco con los puños en las sienes, tan firme como una piedra, oyendo la explicación del maestro. ¡Cuánto se ha debido esforzar el pobre Stardi!

Aunque el maestro estaba esta mañana inquieto y de mal humor, al concederle la medalla, le dijo:

—Te felicito, Stardi, el que la sigue la consigue.

Pero él no parecía estar enorgullecido; ni siquiera ha sonreído, y en cuanto ha regresado al banco, con su medalla, ha vuelto a apoyar las sienes en los puños, a estar más inmóvil y con mayor cuidado que antes.

Pero lo mejor ha pasado a la salida. Le esperaba su padre, un sangrador, grueso y tosco como él, de cara ancha y voz de trueno. El hombre no se esperaba aquella medalla, ni lo quería creer; fue necesario que se lo afirmase el maestro, y entonces se arrojó a reír de gusto, dio una suave manotada en el pescuezo de su hijo, diciendo en voz alta:

—¡Muy bien, querido ceporrón mío!

Y le miraba intensamente complacido, aturdido y riéndose de gusto. También nos sonreíamos todos los que estábamos a su alrededor; pero no él, que estaba serio cavilando ya en la lección del día siguiente.

GRATITUD

Sábado, 31

Yo creo que tu compañero Stardi no se quejará jamás de su maestro. Has escrito: «El maestro estaba esta mañana inquieto y de mal humor», y lo dices en tono de resentimiento. Piensa en las veces que tú te inquietas, ¿y con quién? Con tu padre y con tu madre, lo cual convierte tu inquietud en una falta bastante peor. ¡Tiene sobrada razón tu maestro para mostrarse impaciente alguna que otra vez! Ten en cuenta que lleva muchos años trabajando con chicos y que si es cierto que algunos son afectuosos y corteses, también hay otros, la mayoría, desagradecidos, que abusan de su bondad y no se acuerdan de sus cuidados, resultando que, en definitiva, recibe más amarguras que satisfacciones.

Cavila que el hombre más santo de la tierra, puesto en su lugar, se dejaría llevar a veces por la ira. Y, además, ¡si supieses cuántos días, aun estando enfermo, acude a clase, por no ser su enfermedad lo bastantemente grave para dispensarse de su obligación, inquietándose porque sufre molestias y le apena que vosotros no lo advirtáis o abuséis de él...! Respeta y quiere a tu maestro, hijo mío.

Quiérele porque tu padre lo quiere y lo respeta; porque consagra su vida al bien de muchos chicos que luego no se acordarán de él, porque despierta e ilumina tu inteligencia y te instruye el corazón; porque un día, cuando seas hombre y ya no estemos en el mundo ni él ni yo, su imagen se exhibirá con asiduidad en tu recuerdo al lado de la mía, y entonces, ciertas expresiones de dolor y de agotamiento en su rostro de hombre apacible y honrado, en las que ahora no reparas, las recordarás y te producirán pena, aun pasados treinta años; y te abochornarás, sentirás tristeza por no haberle querido como se merecía y por haberte portado mal con él.

Quiere a tu maestro, porque pertenece a la gran familia de cincuenta mil docentes principales, esparcidos por toda la geografía de Italia, y que son como los padres intelectuales de los millones de chicos que crecen contigo, unos trabajadores no conceptuados meritoriamente y mal pagados, que disponen para nuestra patria una generación mejor, más próspera y desarrollada que la presente.

No me satisfará el afecto que me tienes si no lo profesas también a todos los que te hacen algún bien, y entre ellos ha de invadir el primer lugar tu maestro, después de tus padres. Quiérele como querrías a un hermano mío; quiérele cuando te complace y cuando te regaña, cuando a tu parecer, obra con justicia y cuando creas que es indebido; quiérele cuando se muestre afectuoso y de buen humor, pero más todavía cuando lo veas triste. Quiérele siempre. Pronuncia en todo minuto con respeto el nombre de maestro que, después del de padre, es el más noble y dulce que un hombre puede dar a otro.

Tu padre

Enero

EL MAESTRO

Miércoles, 4

Tenía razón mi padre al decir que el maestro estaba de malhumor porque no se hallaba bien, y desde hace tres días, positivamente, le sustituye el suplente, el joven imberbe que parece poco más que un chiquillo.

Esta mañana sucedió una cosa desagradable. Ya el primer día y el segundo habían alborotado en la clase porque el suplente tiene mucha paciencia y no se hace respetar. No para de decir: « ¡Estaos quietos y en silencio, por favor!» Pero esta mañana los chicos se han pasado de la raya. Tanto y tan fuerte se conversaba, que no se oían sus frases; él reprendía y suplicaba, mas no le hacían caso. Dos veces se asomó el Director y, al irse, crecía el murmullo, como en un mercado.

Garrone y Derossi hacían señas a sus compañeros para que almacenasen buena compostura, ya que era una vergüenza lo que estaba sucediendo; pero inútilmente. Simplemente estaban quietos y callados, Stardi, con los codos en el pupitre y los puños en las sienes, cavilando, quizá, en su famosa biblioteca, y Garoffi, el de la nariz en forma de gancho y apasionado por los sellos, que estaba muy atareado extendiendo papeletas para la rifa de un tintero de bolsillo. Los demás charlaban y reían, hacían sonar plumas clavadas por la punta en los bancos, y se tiraban bolitas de papel utilizando las ligas de los calcetines.

El suplente agarraba por el brazo ya a uno, ya a otro, los zarandeaba y hasta puso a uno de cara a la pared. Todo resultaba inútil.

No sabiendo ya qué hacer, ni a qué santo rogar, decía:

—¿Pero por qué hacéis esto? ¿Queréis obligarme a castigaros? —después daba fuertes puñadas en la mesa y gritaba con voz de rabia y de impotencia:

—¡Silencio! ¡Silencio! ¡Silencio!

Daba verdaderamente pena oírle; pero el griterío seguía acrecentando.

Franti le tiró una flecha de papel; unos imitaban el maullar de los gatos; otros se daban pescozones; era un desbarajuste improbable de describir. De pronto entró el bedel y dijo:

—Señor maestro, le llama el Director.

El maestro se levantó y salió de prisa exasperado. El alboroto se hizo entonces más fuerte.

Mas he aquí que sube Garrone al estrado, podrido y apretando los puños, gritando, ahogado por la ira:

—¡Acabad de una vez! Sois unos perfectos botarates. Abusáis porque es bueno. Si os pulverizase los huesos, estaríais más sumisos que los perros. Sois una cuadrilla de truhanes. Al primero que haga ahora lo más mínimo, le espero fuera y le rompo los dientes, ¡aunque sea en presencia de su padre!

Acto seguido, reinó el silencio más recóndito.

¡Qué gusto daba ver a Garrone echando centellas por los ojos! Parecía un leoncillo furioso. Miró uno a uno a los más díscolos y todos ellos bajaban la cabeza. Cuando el suplente volvió a la clase con los ojos enrojecidos, se podía oír el vuelo de una mosca. Se quedó sorprendido. Pero después, al ver a Garrone muy rojo y agitado, lo comprendió todo, y le dijo con expresión de gran apego, como se lo habría dicho a un hermano:

—¡Muchas gracias, Garrone!

LOS LIBROS DE STARDI

Viernes, 6

He ido a casa de Stardi, que vive enfrente de la escuela, y he sentido realmente envidia al ver su biblioteca. No es en forma alguna rico, no puede comprar muchos libros, pero conserva con gran cuidado los de la escuela y los que le regalan sus padres; y, además, cuantas monedas le dan las pone aparte y las derrocha en la librería; de este modo ha reunido ya una pequeña biblioteca, y cuando su padre ha advertido esta afición, le ha comprado un bonito estante de nogal con cortinas verdes, y ha hecho encuadernar todos los volúmenes en los colores que a él más le gustan. Así, ahora él tira de un cordoncito, la cortina verde se descorre y se ven tres filas de libros de todos los colores, muy bien acicalados, limpios, con los títulos en letras doradas en el lomo: libros de cuentos, de viajes y de poesías, y algunos ilustrados con láminas. El sabe combinar cabalmente los colores; pone los volúmenes blancos junto a los encarnados, los amarillos al lado de los negros, y junto a los blancos los azules, de modo que se vean de lejos y presenten buen aspecto; luego se distrae variando las combinaciones. Ha hecho un catálogo, y está como el de un bibliotecario. Siempre anda a vueltas con sus libros, limpiándoles el polvo, hojeándolos, examinando sus encuadernaciones: hay que ver con qué cuidado los abre con sus manos chicas y rechonchas, soplando las hojas: parece que todos están nuevos todavía. ¡Yo en cambio tengo tan maltratados los míos! Para él cada libro nuevo que compra es una delicia abrirlo, colocarlo en su sitio y volver a tomarlo para mirarlo por todos lados y guardarlo después como un tesoro. No hemos visto otra cosa en una hora. Tiene los ojos malos de tanto leer. Estando yo allí, entró en el cuarto su padre, que es grueso y tosco como él, y tiene la cabeza como la suya. Le dio dos o tres palmadas en el cuello, y me dijo con aquel vozarrón: —¿Qué me dices de esta cabeza de hierro? Es intransigente, llegará a ser algo: yo te lo aseguro.

Y Stardi entornaba los ojos al recibir aquellas rudas caricias, como un perro de caza.

Yo no sé por qué, pero no me oso a bromear con él; no me parece cierto que tenga simplemente un año más que yo; y cuando me dijo: «Hasta la vista», en la puerta, con aquella cara redonda, siempre bronceada, poco me faltó para responderle: —A su disposición.

Se lo dije después a mi padre en casa.

—No lo entiendo: Stardi no tiene capacidad, carece de buenas maneras, su figura es casi ridícula, y sin embargo me infunde respeto.

—Porque tiene carácter —respondió mi padre.

Y añadí yo:

—En una hora que he estado con él no ha pronunciado cincuenta frases, no me ha enseñado un juguete, no se ha sonreído una vez, y sin embargo, he estado tan alegre.

—Porque lo aprecias —añadió mi padre.

EL HIJO DEL HERRERO

Lunes, 9

Sí, pero también aprecio a Precossi, y me parece insuficiente decir que le aprecio. Es el hijo del herrero, el chico cadavérico, de mirada misericordiosa y triste, tan tímida, que pide perdón por cualquier cosa; siempre enfermucho y, sin embargo, tan aplicado.

No es raro que regrese su padre a casa borracho. Le pega sin motivo, le tira de un revés los libros y cuadernos, y el pobrecito va a la escuela con la expresión pálida, algunas veces hinchado, y los ojos enardecidos de tanto llorar.

Pero nunca jamás se le oye expresar que su padre le ha pegado.

—Tu padre te ha dado una tunda —le dicen los compañeros.

—No es verdad, no es verdad —responde para no dejar en mal lugar a su padre.

—Esta hoja no la has quemado tú —le dice el maestro, mostrándole el cuaderno medio chamuscado.

—Sí, señor —responde con voz trémula—. He sido yo. Se me ha caído sin querer a la lumbre.

Pero todos sabemos muy bien que su padre, estando borracho, ha dado un puntapié a la mesa y a la luz cuando el pequeño estaba haciendo los obligaciones de la escuela.

Vive en una buhardilla de nuestra casa, pero de la otra escalera; la portera se lo cuenta todo a mi madre. Mi hermana Silvia le oyó gritar el otro día desde la terraza, cuando le hacía bajar la escalera dando tumbos, porque le había pedido dinero para comprar la Gramática. Su padre bebe y apenas trabaja, por lo que la familia pasa hambre. ¡Cuántas veces va el pobre Precossi a clase en ayunas, y se come a encubiertas un mendrugo de pan que le da Garrone, o una manzana que le entrega la maestrita de la pluma representada, que lo conoce bien por haberle tenido de alumno en primero inferior! Pero él jamás dice: «Tengo hambre; mi padre no me da de comer».

Su padre asiste alguna vez a buscarlo cuando pasa por eventualidad delante de la escuela, pálido, tambaleándose, con cara torva, el pelo en los ojos y la gorra al revés. El pobre chico tiembla cuando le ve en la calle, pero, sin embargo, corre a su encuentro riendo, y el hombre hace como si no lo viera y cavilase en otra cosa. ¡Pobre Precossi! Recose sus cuadernos desbarajustados o rotos; pide prestados los libros para estudiar, se sujeta con alfileres los jirones de la camisa y da lástima verle hacer gimnasia con zapatos que parecen hechos para dos, con pantalones que se le caen de anchos y el chaquetón tan largo, con mangas que ha de subirse hasta los codos.

Estudia con empeño y probablemente sería uno de los primeros si pudiese atender en su casa las faenas escolares con alguna tranquilidad.

Esta mañana se ha mostrado en clase con la señal de un rasguño en la cara, y los compañeros le han dicho: —Eso te lo ha hecho tu padre. Vamos, no digas que no. Esta vez no lo puedes negar.

Pero él ha contestado, poniéndose escarlata y con la voz ahogada por la irritación: —¡No es cierto! ¡Mi padre no me pega nunca!

Mas luego, durante la lección, se le bajaban las lágrimas sobre el banco, y cuando alguno le observaba, se esforzaba en sonreír para disimular. ¡Es un chico digno de piedad!

Mañana irán a mi casa Derossi, Coretti y Nelli; yo quisiera que viniese también Precossi para hacerle merendar conmigo, regalarle algunos libros y procurar por todos los medios distraerle y llenarle los bolsillos de fruta para ver alegre siquiera una vez a mi buen compañero que tan sumiso es.

VISITA AGRADABLE

Jueves, 12

Hoy ha sido uno de los jueves más agradables del año para mí. A las dos en punto han llegado a casa Derossi y Coretti, en compañía de Nelli, el jorobadito. A Precossi no le ha dejado venir su padre.

Derossi y Coretti apenas lograban aguantar la risa contándome que por la calle habían visto a Crossi, el hijo de la verdulera —el pelirrojo del brazo inmóvil— que trasladaba a vender un repollo descomunal, la mar de contento porque con lo que le dieran pensaba comprarse una pluma y alguna otra cosita, y, además, porque habían recibido carta de su padre, que se halla en América, diciéndoles que le esperasen de un día para otro.

¡Qué dos horas más felices hemos pasado juntos! Derossi y Coretti son los dos más entusiasmes de la clase; mi padre estaba contento al verles en mi compañía. Coretti llevaba su inseparable jersey marrón lóbrego y su gorra de piel. Es un diablillo que siempre ambicionara estar haciendo algo. Por la mañana, temprano, ya se había cargado en las espaldas media carretada de leña; sin embargo, no paró un momento, recorriendo toda la casa, observándolo todo y sin parar de conversar, con la prontitud y viveza de una ardilla. Al pasar por la cocina preguntó a la cocinera cuánto le costaban diez kilos de leña, cosa que su padre vendía por cuarenta y cinco céntimos. Siempre está conversando de su padre, de cuando sirvió en el regimiento cuarenta y nueve y tomó parte en la batalla de Custoza, a las órdenes del príncipe Humberto. Es un chico de modales más finos de lo que cabría esperar de él. Aunque ha nacido y se ha criado entre los leños, según mi padre, tiene distinción en la sangre.

Derossi nos ha entretenido mucho; sabe la Geografía como un maestro. Cerrando los ojos decía: «Estoy viendo toda Italia, los Apeninos, que recorren la Península hasta el mar Jónico, los ríos que van de un lado para otro, fecundizando la tierra por donde pasan; las blancas urbes, los golfos, los azules lagos, las verdes islas», y, al mismo tiempo, iba diciendo los correspondientes nombres, por su orden y con gran rapidez, como si hubiese estado leyéndolos en el mapa. Estábamos asombrados de oírle y verle tan gallardo, con sus rubios rizos, los ojos cerrados, vestido de azul, con botones dorados, tan esbeltos y bien suministrados como una estatua… En una hora se había asimilado de memoria casi tres páginas que deberá recitar pasado mañana en los funerales de Víctor Manuel. Nelli también le miraba con admiración y cariño, sonriéndose con sus ojos claros y melancólicos.

Me ha gustado mucho la visita, que me ha dejado gratas impresiones, como chispazos, en la mente y en el corazón. También me ha satisfecho ver al pobrecito Nelli entre los otros dos, altos y robustos, cuando se han ido, haciéndole reír como hasta ahora nunca lo había hecho.

Al volver a entrar en nuestro comedor, me he dado cuenta de que no se encontraba en el sitio habitual el cuadro que representa a Rigoletto, el bufón jorobado. Lo había quitado mi padre para evitar que lo viese Nelli.

LOS FUNERALES POR VÍCTOR MANUEL

Martes, 17

Esta tarde, a las dos, apenas habíamos entrado en clase, llamó el maestro a Derossi, que se colocó junto a la mesa, frente a nosotros, empezando a decir con acento sonoro, alzando cada vez más su clara voz y animándose sucesivamente:

«Hace ahora cuatro años, tal día como hoy y a la misma hora, llegaba delante del Panteón, en Roma, el carro fúnebre con el cadáver de Víctor Manuel II, primer rey de Italia, muerto después de veintinueve años de reinado, durante los cuales la gran patria italiana, dividida en siete Estados, oprimida por extranjeros y tiranos, quedó formada en uno solo, independiente y libre, tras veintinueve años de reinado que él había ilustrado y dignificado con su valor, con su lealtad, con su sangre fría en los riesgos, con la sensatez en los éxitos y la perseverancia en la adversidad.

Llegaba el carro fúnebre, cargado de coronas, tras haber recorrido toda Roma bajo una lluvia de flores, en medio del mutismo de una enorme multitud afligida, originario de todas partes de Italia, precedido por un numeroso grupo de generales, de ministros y de príncipes, seguido por un cortejo de inválidos y mutilados de guerra, de un boscaje de banderas, de los representantes de trescientas ciudades, de todo lo que tiene significado del poderío y de la gloria de un pueblo, deteniéndose ante el augusto templo en el que le esperaba la tumba.

En ese preciso instante doce coraceros sacaban el ataúd del carro, y por medio de ellos daba Italia el último adiós de despedida a su rey muerto, al viejo monarca que tan embelesado de ella había estado, el último saludo a su caudillo y padre, a los veintinueve años más venturosos y fructíferos de su historia. Fueron unos instantes grandiosos y solemnes. La mirada, el alma de todos tiritaba de emoción entre el féretro y las entristecidas banderas de los ochenta regimientos portadas por otros tantos oficiales, formados a su paso; porque estaba personificada toda Italia en aquellas ochenta enseñas, que conmemoraban los millares de muertos, los torrentes de sangre, nuestras glorias más sagradas, nuestros mayores inmolaciones, nuestros más enormes dolores.

Pasó el féretro llevado por coraceros, y ante él se inclinaron a un mismo tiempo todas las banderas de los regimientos, en señal de saludo, tanto las nuevas como las viejas rotas en Goito, Pastrengo, Santa Lucía, Novara, Crimea, Palestro, San Martino y Casteifidardo; cayeron ochenta velos negros; cien medallas colisionaron contra el armón, y aquel estrépito sonoro y vago que hizo zarandearse a todos fue como el eco de cien voces humanas que decían a un tiempo: «¡Adiós, buen rey, valiente caudillo, magnífico soberano! Vivirás en el corazón de tu pueblo mientras alumbre el sol de Italia».

Después se volvieron a enderezar las banderas, con el asta hacia el cielo, y el rey Víctor Manuel entró en la gloria inmortal de la tumba.

FRANTI ES EXPULSADO DEL COLEGIO

Sábado, 21

Simplemente uno era capaz de reírse mientras Derossi declamaba el discurso por los funerales del rey, y fue, necesariamente, Franti. Lo detesto. Es malo, Cuando un padre viene a la escuela a reñir a su hijo delante de todos, él disfruta; si alguien llora, él se ríe. Tiembla ante Garrone, molesta y pega al albañilito porque es chico; atormenta a Crossi porque tiene impedido un brazo; se burla de Precossi, a quien todos veneramos, y hasta se ríe de Robetti, el de segundo, que anda con muletas por haber salvado a un niño. Provoca a los que son más endebles que él y, cuando pega, se irrita y procura hacer el mayor daño posible.

Hay algo que inspira asco en su frente baja, en sus torvos ojos, que quedan ocultos por la visera de su gorra de hule. No respeta a nadie. Se ríe del maestro, hurta cuanto puede, niega descaradamente, siempre ha de estar peleándose con alguien, lleva alfileres para pinchar a los que están cerca de él, se arranca los botones de la chaqueta, se los arranca a otros y luego se los juega; no se esmera en nada; su cartera, sus libros, sus cuadernos, son una verdadera pena y da desagrado verlos, por lo deslustrados, destrozados y sucios que los tiene; su regla está mellada y la pluma las más de las veces deteriorado; se come las uñas; lleva la ropa llena de manchas y de rotos que se hace en las peleas.

Dicen que su madre está enferma de los disgustos que le suministra, y que su padre lo ha echado ya tres veces de su casa; su madre acude a la escuela de vez en cuando a pedir informes y se va sollozando. El odia la escuela, a los compañeros y al maestro. Nuestro maestro finge alguna vez que no ve sus fechorías; pero no por eso se enmienda, sino que, por el contrario, es cada vez peor. Ha pretendido reprenderle por las buenas, pero él se sonríe de lo que le dice o sugiere. Si le dice, regañándole, palabras enormes, se cubre la cara con las manos como si llorara, pero se está riendo por lo bajo. Estuvo desterrado tres días de la escuela, y volvió más granuja y más insolente que antes. Un día le dijo Derossi: —Pero hombre, ¿por qué no te enmiendas? ¿No ves que haces sufrir demasiado al señor maestro?

Por toda contestación le amenazó con meterle un clavo en la barriga.

Pero esta mañana hizo que le arrojaran como a un perro. Mientras el maestro daba a Garrone el borrador del Tamborcillo sardo, el cuento mensual correspondiente a enero, para que lo pusiese en limpio, Franti tiró al suelo un petardo que estalló, haciendo estremecerse las paredes. Toda la clase advirtió una sacudida. El maestro se puso en pie y gritó: —¡Fuera de la escuela, Franti!

El respondió:

—¡No he sido yo! —pero se reía.

El maestro repitió:

—¡He dicho que te vayas!

—¡Yo no me meneo! —replicó.

El maestro perdió los estribos, se fue hacia él, lo cogió de un brazo y lo arrancó del banco. Franti se revolvía, chirriaba los dientes, y tuvo que arrastrarlo a viva fuerza. El maestro lo transportó casi en vilo a la dirección, y luego volvió solo a la clase, y, sentado a su mesa, cogiéndose la cabeza con las manos, todo convulsivo, con una expresión de agotamiento y de pena, que daba com-

pasión, meneando melancólicamente la cabeza, exclamó:
—¡Después de treinta años de profesión todavía no me había pasado cosa parecida!

Todos aguantábamos la respiración.

Le temblaban las manos, y la rugosidad recta que tiene en la frente se le profundizó de tal forma, que parecía una gran herida. Daba pena verlo. Derossi se levantó y dijo:
—¡No sufra usted, señor maestro! Nosotros le queremos mucho.

Entonces se apaciguó y algo después dijo: —Reanudemos la lección, muchachos.

EL TAMBORCILLO SARDO

· Cuento mensual ·

El 24 de julio de 1848, primer día de la batalla de Custoza, unos sesenta soldados de un regimiento de infantería de nuestro ejército, remitidos a una colinita para ocupar cierta casa solitaria, se vieron de repente acometidos por dos compañías de soldados austríacos que, disparándoles desde varios sitios, apenas les dieron tiempo para refugiarse en la casa y cerrar precipitadamente las puertas, reforzándolas, después de haber dejado en el campo algunos muertos y lesionados.

Una vez trancadas las puertas, los nuestros acudieron rápidamente a las ventanas de la planta baja y del piso de arriba, y comenzaron a hacer fuego cerrado sobre los asaltantes, quienes, aproximandose poco a poco, colocados en forma de semicírculo, objetaban vigorosamente con sus disparos.

A los sesenta soldados italianos los mandaban dos oficiales subordinados y un capitán viejo, alto, delgado y severo, con el pelo y el bigote blancos. Estaba con ellos un tamborcillo sardo, chico de poco más de catorce años, que simulaba tener escasamente doce, de cara morena trigueña, con ojos negros y hundidos, que parecían desprender chispas.

Desde una habitación del primer piso dirigía la defensa el capitán, cursando órdenes como pistoletazos, sin que en su cara de hierro se notase signo alguno de emoción. El tamborcillo, un poco pálido, pero firme sobre sus piernas, subido a una mesa, extendía el cuello, apoyándose en la pared, para mirar al exterior por las ventanas; por los campos, a través del humo, veía los blancos uniformes de los austríacos, que avanzaban lánguidamente. La casa se encontraba en lo alto de empinada pendiente, y por la parte de la cuesta sólo tenía una ventanilla alta, único hueco de una pequeña habitación del último piso; por eso los austríacos no amenazaban la casa por aquella parte; simplemente se hacía fuego contra la fachada y los dos flancos.

Pero era un fuego infernal, una auténtica granizada de balas, que desde el exterior agrietaba las paredes, hacía trizas las tejas y destrozaba en el interior techumbres, muebles, puertas, lanzando al aire astillas, nubes de yeso y fragmentos de vasijas de barro y de vidrios, silbando, rebotando, rompiéndolo todo con un fragor aterrador. De vez en cuando caía al suelo alguno de los que disparaban por las ventanas, siendo llevado aparte. Otros iban indecisos, de habitación en habitación apretándose las heridas con las manos. En la cocina había ya un muerto, con la frente perforada. El cerco enemigo se iba estrechando.

En cierto instante se vio al capitán, hasta entonces impasible, dar muestras de inquietud y salir precipitosamente del cuarto, seguido de un sargento. Al cabo de tres minutos volvió corriendo el sargento y llamó al tamborcillo, haciéndole señas para que le acompañase. El muchacho le siguió, subiendo apresuradamente por una escalera de madera, y entró con él en un desván desmantelado, donde estaba el capitán escribiendo con lápiz en una hoja de papel, apoyándose en la ventanilla; a sus pies, enrollada en el suelo, había una soga de las que se usan en los pozos.

El capitán dobló la hoja, y clavando en el chiquillo sus ojos, grises y fríos, ante los cuales tiritaban todos los soldados, le dijo a bocajarro:

—¡Tambor!

El chico se llevó la mano a la visera, y el capitán le preguntó:

—¿Tú eres valiente?

—Sí, mi capitán —respondió el chico, relampagueándole los ojos.

—Mira allá a lo lejos —dijo el capitán, llevándole a la ventanita—, al llano que hay cercano a las casas de Villafranca donde relumbran bayonetas. Allí están los nuestros inmóviles. Toma este papel, agárrate a la cuerda, baja por la ventanita, atraviesa a toda prisa la cuesta, ve corriendo a campo traviesa, procura llegar cuanto antes a los nuestros y entregas el papel al primer oficial que veas. Quítate enseguida el cinturón y la mochila.

El tamborcillo se quitó el cinturón y la mochila y se metió el papel en el bolsillo del pecho; el sargento echó la cuerda fuera y agarró con ambas manos uno de los extremos; el capitán ayudó al chico a salir por la ventana, de espaldas al campo.

—¡Ten cuidado! —le dijo—; la protección del destacamento depende de tu valor y de tus piernas.

—Confíe en mí, capitán —respondió el tamborcillo descolgándose.

—Agáchate mientras bajas —añadió el capitán, agarrando la cuerda, juntamente con el sargento.

—¡No tenga usted cuidado!

—¡Que Dios te ayude!

En unos momentos estuvo el tamborcillo en el suelo; el sargento subió la cuerda y él desapareció. El capitán se asomó precipitosamente a la ventanita y vio al muchacho corriendo cuesta abajo.

Ya confiaba que hubiese conseguido pasar inadvertido, cuando cinco o seis nubecillas de polvo, que se enaltecieron del suelo por delante y detrás del chico, le dieron a entender que le habían visto y le lanzaban desde un alto. Las pequeñas nubes eran de tierra levantada por las balas. Pero el chico continuaba corriendo precipitosamente sin reparar en nada. De pronto, exclamó consternado:

—¡Le han dado!

No había terminado de decir la palabra cuando vio levantarse de nuevo al tamborcillo.

«¡Ah, no ha sido más que una caída!», dijo para sí y respiró. El muchacho, evidentemente, volvió a correr con todas sus fuerzas, aunque cojeaba. «¡Se ha debido torcer un pie!», pensó el capitán. Todavía se levantó alguna que otra nubecilla de polvo en torno del valiente soldadito, pero cada vez más lejos de él. ¡Estaba a salvo! El capitán lanzó una exclamación de alivio. Con todo le siguió con la vista y tiritando, porque era cuestión de unos minutos; de no llegar a tiempo con el escrito en el que pedía contigua ayuda, o todos sus soldados caerían muertos o tendría que rendirse con los supervivientes, como prisionero. El pequeño sardo corría ágilmente un rato, mas luego disminuía la marcha, cojeando; después reanudaba la carrera, pero con indudables muestras de consunción, deteniéndose a cada instante. «¡Le habrá rozado un pie alguna bala!», pensó el capitán. No le quitaba ojo, sumamente angustiado, y le daba ánimos como si le pudiera oír. Medía perennemente con la vista la distancia que le faltaba para llegar al sitio donde se veían relucir bayonetas, allá en el llano, en medio de unos trigales dorados por el sol.

Entretanto escuchaba el silbido y el estrépito de las balas en las dependencias de abajo, las voces de mando y los gritos de rabia de los oficiales y sargentos, los penetrantes quejidos de los lesionados, el ruido de los muebles y de los desconchados de pared que se iban desasiendo.

— ¡Ánimo, valor! —gritaba siguiendo con la mirada al tamborcillo, que ya apenas divisaba—. ¡Adelante! ¡Corre! ¡Se para! ¡Maldición! ¡Ah, vuelve a correr!...

Un oficial se aproxima para decirle que los enemigos, sin interrumpir el fuego, ondean un pañuelo blanco estimulando a la rendición.

—¡Que no se responda! —grita el capitán sin apartar la vista del muchacho, que ya había alcanzado al llano, pero que no corría y parecía moverse a duras penas.

—¡Anda!... ¡Corre! —Decía el capitán oprimiendo los puños y los dientes—. ¡Desángrate, muere si es exacto, pero entrega el papel!

Después lanzó una horrible maldición.

— ¡El infame perezoso se ha sentado!

El chico, en efecto, cuya cabeza había visto sobresalir hasta entonces por encima de un campo de trigo, había desaparecido, como si se hubiese caído. Mas, pasados unos momentos, su cabeza volvió a emerger. Finalmente se perdió por detrás de los setos y ya no le vio más.

Entonces bajó impulsivamente; las balas entraban a granizadas; las habitaciones estaban llenas de heridos, algunos de los cuales se enroscaban como extasiados, agarrándose a los muebles; las paredes y el pavimento estaban teñidos de sangre; había cadáveres en los umbrales de las puertas; el teniente tenía el brazo derecho desgarrado por una bala, y todo estaba cubierto por el humo y el polvo.

—¡Ánimo! —Gritó el capitán—. ¡Persistid en vuestros puestos! ¡Van a llegar refuerzos! ¡Un poco de valor todavía!

Los austríacos se habían aproximado más, y a través del humo se veían sus caras descompuestas. En medio de los tiros se les oía gritar salvajemente, vilipendiando a los nuestros e intimándoles a que se venciesen, so pena de degollarlos. Algún que otro soldado, incitado por el miedo, se retiraba de las ventanas y los sargentos le empujaban hacia adelante.

De todas formas iba reduciendo la resistencia de los envueltos y el desaliento se declaraba en todos los rostros, no pareciendo posible que pudiese continuar la defensa. En cierto momento, el ataque de los austríacos fue remitiendo, y una voz de trueno gritó, primariamente en alemán y luego en italiano:

—¡Rendíos!

—¡No! —respondió el capitán desde una ventana. Y el tiroteo se renovó con mayor rabia por ambas partes. Cayeron otros soldados, y ya había más de una ventana sin defensores. El momento fatal parecía inminente. El capitán gruñía entre dientes con voz que se le ahogaba en su garganta: «¡No vienen! ¡No vienen!». Corría rabioso de un lado para otro, doblando el sable con mano convulsa, resuelto a morir, hasta que un sargento, bajando apresuradamente del desván, gritó con voz estentórea: —¡Ya llegan, ya llegan!

Ante semejante anuncio, los sanos y los heridos, los sargentos y los oficiales, acudieron rápidos a las ventanas, y se prosiguió la resistencia con renovado esfuerzo.

En poco tiempo se advirtió una especie de incertidumbre y un principio de desconcierto entre los enemigos. De pronto, a toda prisa, reunió el capitán un grupo de soldados en el piso bajo para ejecutar una salida con bayoneta calada; luego subió a la planta superior. Apenas llegó, los defensores comenzaron a dar saltos de alegría y a lanzar hurras por haber visto desde las ventanas entre el humo de la pólvora los sombreros de dos picos de los «carabineros» italianos, un escuadrón arrastrándose por tierra y un radiante chisporroteo de espadas arremolinadas por encima de las cabezas, sobre los hombros y las espaldas. Entonces el pequeño grupo ordenado por el capitán salió de la casa con la bayoneta calada, los enemigos se perturbaron, dieron media vuelta y se batieron en retirada. El terreno quedó despejado, la casa, libre, y poco después ocupaban la altura dos batallones de infantería italianos que disponían de dos cañones.

El capitán, con los soldados que le quedaban, se incorporó al regimiento, continuó luchando, y fue levemente herido en la mano izquierda por una bala que rebotó en el último ataque a la bayoneta.

La jornada acabó con el triunfo de los nuestros.

Pero al día siguiente, habiéndose renovado la lucha, los italianos fueron derrotados, a pesar de su incuestionable valor, por la abrumadora mayoría de los austríacos; y en la mañana del veintiséis tuvieron que iniciar la retirada hacia el Mincio.

El capitán, aunque herido, fue a pie juntamente con sus soldados, cansados y taciturnos, y llegando al ponerse el sol a Goito, a orillas del Mincio, buscó enseguida a su teniente, que había sido recogido por una ambulancia con el brazo roto y debía haber llegado allí antes que él. Le enseñaron una iglesia, donde se había improvisado un hospital de campaña. Entró y vio que el sagrado recinto se encontraba lleno de heridos ubicados en dos hileras de camas y de colchones extendidos en el suelo; dos médicos y varios practicantes iban de un lado para otro codiciosamente oyéndose gemidos y lamentos ahogados.

Al entrar el capitán, se detuvo y dirigió la mirada en torno suyo en busca de su oficial.

En aquel instante oyó que le decían con una voz apagada:

—¡Mi capitán!

Se volvió. Era el tamborcillo.

Estaba echado sobre un catre, cubierto hasta el pecho por una tosca cortina de ventana, de cuadros rojos y blancos con los brazos fuera: pálido, demacrado, pero con sus ojos siempre radiantes, como dos preciosas gemas.

—¿Aquí estás tú? —le preguntó el capitán, extrañado, pero con rudeza—. ¡Bravo, muchacho! Has cumplido con tu deber.

—He hecho lo que he podido —le respondió el tamborcillo.

—¿Estás lesionado? —dijo el capitán, tratando de ver a su teniente en las camas próximas.

—¡Qué vamos a hacer! —dijo el chico, a quien daba alientos para hablar la honra de estar herido por primera vez, y sin lo cual no se hubiera atrevido a abrir la boca delante de aquel capitán—; a pesar de que procuré ocultarme, no pude impedir que me viesen enseguida. Si no me alcanzan, habría llegado veinte minutos antes. Afortunadamente, encontré pronto a un capitán de Estado Mayor, a quien entregué el papel. Pero me costó gran trabajo llegar después de la caricia recibida. Me moría de sed; temía no poder llegar donde estaban los nuestros, y sollozaba de ira cavilando que cada minuto de retraso se iba al otro mundo uno de los de arriba. En fin, he hecho lo que he podido. Estoy contento. Pero mire usted, y dispense, mi capitán, está perdiendo sangre.

Positivamente, de la palma de la mano, mal vendada, del capitán salían algunas gotas, que se escurrían por los dedos.

—¿Quiere que le prense la venda, mi capitán? Acérquese un poco más.

El capitán le dio la mano izquierda, y alargó la derecha para ayudarle a soltar el nudo y volverlo a hacer; pero el chico se puso más cadavérico en cuanto se alzó de la almohada y tuvo que volver a apoyar la cabeza sobre ella.

—¡Basta, basta! —dijo el capitán mirándolo y retirando la mano vendada que el soldadito quería sujetar—. Cuida de lo tuyo en vez de pensar en los demás, porque las cosas ligeras, si se desatienden, pueden traer malas consecuencias.

El tamborcillo movió la cabeza.

—Pero tú —repuso el capitán, mirándolo más atentamente—, has debido perder numerosa sangre para estar tan débil.

—¿Mucha sangre dice usted? —respondió el chico, sonriendo—. Algo más que sangre. ¡Mire!

Y se apartó algo la colcha.

El capitán dio un paso atrás despavorido.

El chico no tenía más que una pierna; la izquierda se

la habían mutilado por encima de la rodilla; el muñón estaba vendado con tiras ensangrentadas.

En aquel momento pasó el médico militar, pequeño y regordete en mangas de camisa.

—He aquí, señor capitán —comenzó a decirle, enseñando al muchacho—, un caso realmente desgraciado; esa pierna se habría salvado con facilidad si él no la hubiese forzado tan bárbaramente como hizo; se produjo una malhadada hinchazón y al fin se le tuvo que cortar para salvarle la vida. Pero le aseguro que es un muchacho muy valiente; no ha derramado una sola lágrima ni se le ha oído ningún grito. ¡Palabra de honor que me sentía orgulloso dc quc fuese un chico italiano! A fe mía que es de buena raza.

Dicho esto, reanudó su camino.

El capitán arrugó sus grandes cejas blancas y miró fijamente al tamborcillo, subiéndole la colcha con cautela; después lánguidamente, casi sin darse cuenta y sin parar de mirarlo, levantó la mano hasta la altura de la cabeza y se quitó el quepis.

—¡Mi capitán! —exclamó el chico, admirado—. ¿Qué hace usted? ¿Es por mí?

Entonces aquel rudo militar, que nunca había dicho una palabra suave a un subordinado suyo, le respondió con una voz considerablemente dulce y cariñosa:

—Yo no soy más que un simple capitán; tú, en cambio, eres un héroe.

Luego se lanzó con los brazos abiertos sobre el tamborcillo y le besó tres veces en la parte del corazón.

El amor a la Patria

Martes, 24

Puesto que el cuento del Tamborcillo te ha conmovido, fácil te será escribir esta mañana la redacción sobre el tema del examen: « ¿Por qué se ama a la Patria? ¿Por qué quiero a mi Patria?» ¿No se te han ocurrido enseguida cien respuestas? Amo a mi Patria porque mi madre ha nacido en ella, porque sangre suya es la que camina por mis venas, porque es la tierra donde están enterrados los muertos por los que reza mi madre y a los que venera mi padre, porque la ciudad donde he visto la luz, la lengua que converso, los libros que me enseñan, mi hermano y mi hermana, mis compañeros, el pueblo del que formo parte, el bello paisaje que me rodea, cuanto veo, lo que amo, lo que estudio y lo que admiro concierne a mi Patria.

¡Tú no puedes sentir todavía ese gran afecto en toda su intensidad! Lo sentirás cuando seas un hombre, cuando regreses a ella tras un largo viaje, después de una alargada ausencia, y asomándote una mañana desde la cubierta del buque, observes en el horizonte las grandes montañas azules de tu país; entonces lo sentirás con el arrebato de ternura que te llenará los ojos de lágrimas y te arrancará un grito.

Lo advertirás en alguna gran ciudad distante por el impulso del alma que, entre la desconocida muchedumbre, te llevará hacia un trabajador desconocido, al que, pasando, le habrás oído decir alguna palabra en tu propia lengua.

Lo sentirás en la dolorosa y profunda ira que te hará subir la sangre a la cabeza, cuando de la boca de algún extranjero salgan expresiones injuriosas para la tierra que te vio nacer, y con mayor violencia y transformación todavía si la amenaza de un pueblo enemigo levanta una tormenta de fuego sobre tu Patria y veas el desasosiego por doquier, a los jóvenes que acuden en masa a tomar las armas, a los padres besar a sus hijos gritando: «¡Adiós! ¡Volved triunfantes!»

Lo sentirás con inmejorable júbilo si tuvieres la dicha de hallarse en tu ciudad los regimientos diezmados, cansados, con el uniforme destrozado, con aire terrible, con el brillo de la victoria en los ojos y las banderas cruzadas por las balas, seguidos por un número interminable de valientes que llevarán sus cabezas vendadas y brazos sin manos, entre una multitud enfervorecida por el frenesí, que los cubrirá de flores, de bendiciones y de besos. Entonces alcanzarás lo que es el amor a la Patria, Enrique.

La Patria es algo tan grande y sagrado, que si un día te viese regresar salvo y sano de una batalla en la que te hubieses encontrado, por haberte escondido para conservar la vida, a pesar de ser carne de mi carne y alma de mi alma, yo, tu padre, que te recibo con tanta alegría cuando vuelves de la escuela, te acogería con la inquietud de no poderte querer, y moriría con ese puñal clavado en el corazón.

Tu padre

ENVIDIA

Miércoles, 25

El que ha hecho mejor la composición sobre la Patria ha sido Derossi. ¡Y Votini, que creía seguro el primer galardón! Yo quería mucho a Votini, aunque es algo vanidoso y presumido; pero me contraría ahora que estoy con él en el banco ver cómo envidia a Derossi. Y estudia para competir con él; pero no puede en forma alguna, porque el otro le da cien giros en todas las asignaturas, y a Votini se le ponen los dientes largos. También siente envidia de Carlos Nobis; pero éste tiene tanto orgullo, que la misma altivez no le deja descubrir. Votini, por el contrario, se traiciona, se queja de las notas en su casa y dice que el maestro comete injusticias; y cuando Derossi responde a las preguntas tan pronto y tan bien como siempre, él pone la cara hosca, baja la cabeza, finge no escuchar y se esfuerza por reír, pero con la risa del conejo. Y como todos lo saben, en cuanto el maestro ensalza a Derossi todos se vuelven a mirar a Votini que traga veneno, y el albañilito le hace la mueca de hocico de liebre. Esta mañana, por ejemplo, lo ha demostrado. El maestro entró en la escuela e informó el resultado de los exámenes: —Derossi: diez y la primera medalla.

—Votini estornudó. El maestro le miró, porque la cosa estaba bien clara.

—Votini —le dijo—, no dejes que se apodere de ti la serpiente de la envidia: es una serpiente que roe el cerebro y corrompe el corazón.

Todos le miraron, menos Derossi. Votini quiso responder y no pudo; quedó como absorto y con el semblante cadavérico. Después, mientras el maestro daba la lección, se puso a escribir, en gruesos caracteres, en una hoja: «Yo no tengo envidia de los que ganan la primera medalla por enchufe y con injusticia». Este papel quería mandárselo a Derossi. Pero mientras observé que los que estaban junto a Derossi maquinaban algo entre sí y se hablaban al oído, y uno hacía con el cortaplumas una medalla de papel, sobre la cual habían dibujado una serpiente negra. Votini no advirtió nada. El maestro salió por breves momentos. Enseguida, los que estaban junto a Derossi se levantaron para salir del banco y mostrar solemnemente la medalla de papel a Votini. Toda la clase se disponía para presenciar una escena desagradable. Votini estaba temblando. Derossi gritó:

—¡Dádmela!

—Sí, es mejor —respondieron los demás—; tú eres el que debe llevársela.

Derossi recogió la medalla y la hizo mil pedazos. En aquel momento volvió el maestro y se renovó la clase. Yo no quitaba ojo a Votini, que estaba rojo de vergüenza. Tomó el papel despacito, como si lo hiciese descuidadamente, lo hizo mil dobleces a encubiertas, se lo puso en la boca, lo mascó un poco y después lo echó debajo del banco. Al salir de la escuela y pasar por delante de Derossi, Votini, que estaba un poco vago, dejó caer el arrugado papel. Derossi, siempre noble, lo recogió y se lo puso en la cartera, ayudándole a abrocharse el cinturón. Votini no se atrevió a levantar la cabeza.

LA MADRE DE FRANTI

Sábado, 28

Votini es incorregible. Ayer, en la clase de religión, en presencia del Director, el maestro examinó a Derossi si se sabía de memoria las dos estrofas del libro de lectura que empiezan con las frases: «Doquiera la mente mía, sus alas rápidas lleva...» Derossi dijo que no las sabía y Votini se aceleró a decir que él sí las sabía. Lo dijo sonriendo, para mortificar a Derossi, pero el mortificado fue él, pues no pudo recitar la poesía, por entrar en el aula, mientras tanto, la madre de Franti, angustiada, desgreñados sus grises cabellos, toda llena de nieve, llevando como a la fuerza a su hijo, que ocho días antes había sido expulsado de la escuela.

¡Qué escena más triste tuvimos que presenciar!

La pobre señora se hincó casi de rodillas delante del Director, con las manos atravesadas y diciéndole en tono solicitante:

—¡Tenga la bondad, señor Director, de admitir de nuevo a mi hijo en la escuela! Hace tres días que está en casa, pero lo he tenido oculto. ¡No permita Dios que su padre lo revele, porque es capaz de matarlo! ¡Tenga compasión de esta madre infeliz, que no sabe qué hacer! ¡Se lo pido con toda el alma!

El Director procuró llevarla fuera, pero ella se resistía sin dejar de suplicarle y de sollozar.

— ¡Si usted supiese lo que este hijo me hace sufrir, tendría compasión de mí! ¡Por favor, admítalo! Yo creo que alcanzará a enmendarse. No espero vivir mucho tiempo, pues llevo la muerte dentro de mí. Pero antes de expirar anhelaría verle cambiar, porque…

El llanto ahogó sus frases y no pudo acabar la frase; luego añadió:

—Es mi hijo, lo quiero y moriría de pena; admítalo de nuevo, señor Director, para que no sobrevenga una desdicha en la familia. ¡Hágalo por caridad hacia una pobre madre! —y se cubrió el rostro con ambas manos, sin parar de sollozar.

Franti persistía impasible, con la cabeza baja. El Director le miró, estuvo un rato pensativo y, al fin, le dijo:

—Vete a tu sitio.

La madre se quitó entonces las manos de la cara, muy confortada, y comenzó a darle las gracias, sin dejar de hablar al Director, y se marchó hacia la puerta, enjugándose los ojos y diciendo atropelladamente:

—Hijo mío, sé bueno. Tengan aguante con él. Muchas gracias, señor Director; ha hecho usted una gran obra de caridad. Adiós, hijo. Pórtate bien. Buenos días, niños. Gracias, señor maestro; hasta la vista. Perdonen tanta molestia. ¡Soy una madre…!

Y dirigiendo desde el umbral una ojeada más de súplica a su hijo, se fue, recogiendo el chal que le iba arrastrando, pálida, encorvada, temblorosa, y aún la oímos toser cuando bajaba por la escalera.

El señor Director miró firmemente a Franti en medio del mutismo de la clase, y le dijo con voz que hacía temblar:

—¡Franti, estás matando a tu madre!

Todos miramos a Franti, y el sinvergüenza se sonrió.

ESPERANZA

Domingo, 29

Mucho me ha complacido, Enrique, el gesto que has tenido cuando, al volver de la clase de religión, te has echado en mis brazos. ¡Qué cosas tan hermosas y tan alentadoras te ha dicho el maestro! Dios, que nos ha puesto al uno en los brazos del otro, no nos separará nunca; cuando sucumbamos tu padre y yo, no nos diremos las enormes y desalentadoras palabras: «Madre, padre, Enrique, ¡no te veré ya más!» Nos volveremos a encontrar en otra vida, y el que hubiere sufrido mucho en ésta, quedará grandemente recompensado; quien ame intensamente en la tierra estará con las almas de los seres queridos en un mundo sin culpas, ni desconsuelos, ni muerte. Pero debemos hacernos todos dignos de esa otra vida.

Mira, hijo mío: cada buena acción tuya, cada expresión de cariño para quien bien te quiere, cada acto de cortesía hacia tus compañeros, cada pensamiento noble tuyo, es como un paso adelante hacia aquel mundo. Y también te enaltecen hacia él todas las desdichas y las penas, porque las penas son la expiación de una culpa y toda lágrima borra una mancha. Proponte cada día ser mejor y más amable que el día anterior. Di todas las mañanas: «Hoy quiero hacer algo que pueda ensalzarme la conciencia y contente a mi padre, algo que acreciente el aprecio de tal o cual compañero, el afecto del maestro, de mi hermano o de otros».

Pide a Dios que te dé fuerzas para poner en práctica tus buenas intenciones. Dile: «Señor, quiero ser bueno, tener nobles impresiones, ser animoso, afable y sincero. ¡Ayudadme! ¡Haced que cada noche, al darme mi madre el último beso, pueda decirle: Esta noche besas a un chico mejor, más digno que el que besaste ayer!» Ten siempre en tu pensamiento al Enrique sobrehumano y feliz que podrás ser después de esta vida. ¡Y reza! No puedes imaginar la dulzura y la complacencia que experimenta una madre cuando ve a su hijo arrodillado y con las manos juntas en actitud de oración. Cuando te veo rezando, me parece imposible que no haya quien te esté viendo y escuchándote. Creo entonces más fijamente que hay una Bondad suprema y una Misericordia infinita; te quiero más; trabajo con mayor ardor, sufro con más fortaleza, perdono de todo corazón y pienso en la muerte con serenidad.

¡Qué dicha, Dios mío, volver a oír después de la muerte la voz de mi madre, volver a hallar a mis hijos, ver de nuevo a mi Enrique, a mi Enrique bendito e inmortal, y estrecharlo en un abrazo que ya no tendrá fin nunca jamás, en una permanencia…!

¡Reza, recemos; querámonos, seamos buenos, y llevemos en el alma, adorado hijo mío, esa celestial esperanza!

Tu madre

Febrero

MEDALLA BIEN CONCEDIDA

Sábado, 4

Esta mañana vino a repartir los premios el Inspector, un señor de barba blanca y vestido de negro. Entró con el Director poco antes de acabar las clases y tomó asiento al lado del maestro. Hizo algunas preguntas y luego entregó la primera medalla a Derossi. Antes de dar la segunda, estuvo escuchando al Director y al maestro, que le conversaban en voz baja. Todos nos preguntábamos para quién sería la segunda.

El Inspector dijo en voz alta:

—Esta vez se ha hecho meritorio de la segunda medalla el alumno Pedro Precossi por lo que ha trabajado en su casa, por las lecciones, la caligrafía, el comportamiento y todo en general.

Todos miramos a Precossi, pudiéndose estimar que aprobábamos tal elegancia en la locución de nuestros rostros. Precossi se levantó, pero estaba tan confuso que no sabía a dónde ir. El Inspector lo llamó y él salió del banco, yendo a situarse al lado del maestro.

El Inspector se fijó en la cara color de cera, en el desmedrado cuerpo enfundado en ropa no hecha a su medida de nuestro ejemplar compañero, así como en sus bondadosos y tristones ojos que evitaban enfrentarse con los suyos, dejando predecir una historia de grandes sufrimientos. Al prenderle después la medalla en el pecho, le dijo con voz llena de cariño:

—Precossi, te otorgo la medalla. Nadie más digno que tú para llevarla, no sólo por tu clara inteligencia y la buena voluntad de que has dado pruebas, sino también por tu corazón, por tu valor, por ser un hijo ostentoso. ¿No es verdad —añadió, dirigiéndose a nosotros— que también la merece por eso?

—Sí, sí —respondimos a coro.

Precossi movió su garganta como para pasar algo, y giró la mirada por los bancos para expresarnos su agradecimiento.

—Puedes retirarte, querido muchacho —le dijo el Inspector—, y que Dios te proteja.

Era la hora de salir, y los de mi clase fuimos los primeros. Apenas salimos, ¡quién lo dijera!, vimos en el gran zaguán, necesariamente junto a la puerta, al padre de Precossi, el herrero, pálido como de costumbre, con su torva mirada, con el pelo hasta los ojos, la gorra ladeada y tambaleándose.

El maestro lo reconoció enseguida y dijo unas frases al oído del Inspector, quien se fue presuroso en busca de Precossi, le tomó de la mano y lo llevó a su padre. El chico tiritaba. También se aproximaron el maestro y el Director, y muchos niños les hicieron corro.

—Usted es el padre de este pequeño, ¿no es verdad? —preguntó el Inspector al herrero con aire jovial, como si hubiesen sido amigos. Sin esperar la respuesta, añadió:

—Le felicito. Mire, ha ganado la segunda medalla a cincuenta y cuatro de sus compañeros; se la ha merecido por la Redacción, la Aritmética y por todo. Es un chiquillo de inteligencia despierta y de gran voluntad, que, sin duda, hará carrera; todos lo aprecian; le aseguro que puede usted estar orgulloso de él.

El herrero, que había permanecido oyendo con la boca abierta, miró firmemente al Inspector y al Director, y luego a su hijo, que estaba delante de él con la vista baja, sin parar de tiritar; y como si conmemorase o entendiese entonces por primera vez lo que había hecho padecer a su hijo, así como la bondad y la heroica constancia con que le había aguantado, se le advirtió de pronto en su cara cierta pasmada admiración, luego una apesadumbra pena, y por fin, una ternura violenta y triste; agarró con rápido gesto al muchacho por la cabeza y lo estrechó vigorosamente contra su pecho. Todos nosotros franqueamos por delante de él. Yo le invité a que viniese a casa el jueves con Garrone y Crossi: otros le saludaron; unos le daban golpecitos cariñosos, otros se limitaban a tocar la medalla; todos le decían algo. El padre nos miraba con cara de admiración, apretando contra su pecho la cabeza del hijo, que no paraba de sollozar.

BUENAS INTENCIONES

Domingo, 5

La medalla dada a Precossi ha despertado en mí cierto arrepentimiento. ¡Yo todavía no he ganado ninguna! De un tiempo a esta parte no estudio lo suficiente y estoy insatisfecho de mí, de igual modo que también lo están el maestro, mi padre y mi madre. Ni siquiera me divierto con la misma complacencia que antes, cuando trabajaba de buena gana. Recuerdo que de la mesa corría a mis juegos llenos de gozo, como si no hubiera jugado en un mes entero. Ahora no me siento con los míos a la mesa con el mismo gusto de tiempos atrás. Parece que me persigue una sombra y que una voz interior me dice: «Esto no marcha, no va de ninguna forma».

Cuando a primeras horas de la noche veo pasar por la plaza a tantos jóvenes y mayores, que regresan del trabajo, visiblemente cansados, pero alegres y satisfechos, que apresuran el paso para llegar pronto a su casa, lavarse y ponerse a comer, conversando fuerte, riendo y golpeándose las espaldas con las manos sombreadas por el carbón o enlucidas por el yeso y la cal, y pienso que han estado trabajando de sol a sol en los tejados, delante de los hornos, entre máquinas o dentro del agua, o bajo la tierra, sin comer, quizá, más que un pedazo de pan, me siento humillado, ya que en todo ese tiempo no me ha faltado nada y me he limitado a emborronar de mala gana cuatro paginuchas.

Sí. Estoy insatisfecho, me encuentro descontento.

Yo veo que mi padre está de mal humor y quisiera decírmelo, pero aguanta con pena y espera todavía. Querido padre, ¡tú que tanto trabajas!

Tuyo es cuanto veo y toco en casa. Todo lo que me abriga y alimenta, lo que me instruye y me divierte, fruto es de tu trabajo, y yo, en cambio, no me esfuerzo; todo te ha costado preocupaciones, privaciones, sinsabores, fatigas, y yo no te incumbo cumpliendo apropiadamente mi obligación. Ah, esto es demasiado injusto y me roba la paz.

Desde hoy quiero comenzar una nueva vida, estudiar, como Stardi, con los puños y los dientes apretados, trabajar en los quehaceres de la escuela con toda la fuerza de mi voluntad y de mi corazón; quiero vencer el sueño por la noche, tirarme temprano de la cama, avivar mi inteligencia sin cesar, dominar completamente mi pereza, fatigarme y hasta sufrir, para no arrastrar ya más esta vida de debilidad y de desgana, que me envilece y llena de tristeza a mis padres.

¡Animo y a trabajar! ¡A trabajar con toda el alma y las fuerzas de que soy capaz! El trabajo me dará tranquilo reposo, juegos alegres y comidas gratas; me traerá de nuevo la atenta sonrisa de mi maestro y el cariño de mis padres.

EL TREN DE JUGUETE

Viernes, 10

Ayer vinieron a casa Precossi y Garrone. Yo creo que no se les habría recibido con mayor alborozo y atenciones si hubiesen sido hijos de príncipes. Garrone era la primera vez que venía, porque es bastante huraño y se abochorna un tanto de ser compañero nuestro de clase siendo tan grandón. Todos los de casa asistimos a abrirles la puerta en cuanto llamaron. Crossi no vino, porque al fin ha llegado su padre de América, después de seis años de ausencia. Mi madre besó rápidamente a Precossi, y mi padre le presentó a Garrone, diciéndole:

—Aquí tienes a este compañero de tu hijo, que no es simplemente un buen muchacho, sino todo un gentil hombre.

Garrone bajó su afeitada cabeza, sonriéndose a encubiertas conmigo. Precossi llevaba su medalla, y estaba contento porque su padre ha renovado el trabajo y hace cinco días que no prueba la bebida, quiere que esté con él en la herrería, y parece otro.

Yo saqué todos mis juguetes y empezamos a entretenernos. Precossi quedó entusiasmado ante el trenecito que anda cuando se le da cuerda; nunca lo había visto, y devoraba con la vista la maquinita y los vagoncitos rojos y amarillos. Le concedí la llave para que se divirtiera a sus anchas; se arrodilló y ya no volvió a levantar la cabeza.

Nunca le había visto tan contento. A cada momento nos decía:

—Perdonad, perdonad.

Y nos retiraba las manos si intentábamos detener la máquina; luego cogía y ponía los vagoncitos con mucho cuidado, como si fueran de quebradizo vidrio. Temía estropearlos hasta con el aliento, y los limpiaba mirándolos por arriba y por abajo, sin dejar de sonreír con complacencia.

Todos nosotros estábamos de pie, sin cesar de mirar con la mayor satisfacción aquel cuello tan delgadito, las torturadas orejas que yo había visto sangrar cierto día, aquel chaquetón con las bocamangas vueltas, por donde salían los dos bracitos de enfermo que tantas veces se habían levantado para defender la cara de los golpes.

¡Oh! En aquel instante le habría regalado todos mis juguetes y todos mis libros, me habría quitado de la boca el último pedazo de pan para dárselo, me habría despojado de mi ropa para vestirlo y me habría arrodillado para besarle las manos. «Por lo menos he de entregarle el trenecillo», pensé entre mí; pero tendría que pedir la debida autorización a mi padre. Entonces noté que me ponían un papelito en una mano; lo había escrito mi padre con lápiz y en él decía: «A Precossi le gusta tu tren. Él no tiene juguetes. ¿No te dice nada el corazón?» Al momento cogí con ambas manos la máquina y los vagoncillos, y se lo puse todo en sus brazos, diciéndole:

—Tómalo, es tuyo.

El se quedó mirándome sin entender.

—Es tuyo —le repetí—; te lo regalo.

Precossi miró a mi padre y a mi madre, la mar de aturdido, y les preguntó:

—Pero, ¿por qué?

Mi padre le respondió:

—Te lo regala Enrique porque es amigo tuyo, porque te estima… y para celebrar que te hayan entregado la medalla.

El chico preguntó con vergüenza:

—¿Podré llevármelo… a mi casa?

—¡Pues claro! —le expresamos todos.

Ya estaba en la puerta y aún no se atrevía a marcharse. ¡Se sentía muy feliz! Pedía disculpa y su boca tiritaba y reía al mismo tiempo. Garrone le ayudó a envolver el trenecillo en el pañuelo, y al inclinarse, se notó el ruido que causaban los trozos de pan al chocar entre sí en su bolsillo.

—Un día —me dijo Precossi— tienes que ir a la herrería para ver cómo trabaja mi padre. Te daré unos clavos.

Mi madre puso un ramo en el ojal de la chaqueta de Garrone para que se lo concediese a su madre.

—Gracias —le contestó, sin levantar la barbilla del pecho, pero brillándole en los ojos su alma noble y llena de piedad.

SOBERBIA

Sábado, 11

¡Y pensar que Carlos Nobis se limpia con afectación la manga cuando le toca Precossi al pasar! Es la soberbia representada, y todo porque su padre es un ricachón. ¡También es rico el padre de Derossi! Carlos apetecería tener un banco para él solo; teme que todos lo ensucien, mira a los compañeros por encima del hombro y siempre tiene a flor de labios una sonrisa de desdén. ¡Ay si se le pisa un pie cuando salimos en fila de dos! Por nada lanza al rostro una palabra injuriosa o amenaza con hacer venir a su padre a la escuela. ¡Y cuidado que su padre le regañó cuando trató de andrajoso al hijo del carbonero! Jamás he visto semejante vanidad. Nadie le habla ni se despide de él a la salida, ni hay quien le apunte lo más mínimo cuando no se sabe la lección. El no se interesa por nadie, y finge desatender a todos, en especial a Derossi, por ser el primero, y luego a Garrone porque todos le quieren. Pero Derossi ni siquiera repara en él, y en cuanto a Garrone, cuando le dijeron que Nobis conversaba mal de él, contestó: —Me importa un higo ese orgulloso tonto. A decir verdad ni merece que le toque, ni siquiera con mis puños.

El mismo Coretti, un día que se burlaba de su gorra de piel de gato, llegó a decirle: —Vete con Derossi para aprender a tener educación.

Ayer fue a quejarse al maestro porque el calabrés le había tocado una pierna con el pie. El maestro preguntó al calabrés si lo había hecho adrede, y al responderle con toda sinceridad que no, dijo al querelloso: —Eres demasiado quisquilloso, Nobis.

Éste, con su acostumbrado aire de mimado, contestó: —Se lo diré a mi padre.

El maestro se encolerizó entonces y repuso: —Tu padre no te hará caso, como ha pasado otras veces. Además, en la escuela es el maestro quien solamente juzga y sanciona —luego añadió con dulzura—. Vamos, Nobis, cambia de modales, sé bueno y cortés con tus compañeros. Aquí hay hijos de trabajadores y de señores, de ricos y de pobres; todos se estiman y se tratan como hermanos… ¿Por qué no haces tú lo mismo que los demás? ¡Qué poco te costaría hacerte querer por todos y hallarte más contento en este ambiente…! ¿Qué? ¿No tienes nada que contestar?

Nobis, que había escuchado las reflexiones del profesor con su acostumbrada sonrisa despectiva, le respondió indiferentemente: —No, señor.

—Siéntate —le dijo el maestro—; te compadezco. Eres un chico sin corazón.

Todo parecía haber acabado; pero el albañilito, que está en el primer banco, volviendo su cara redonda hacia Nobis, que se sienta en el último, le hizo la acostumbrada mueca, poniéndole hocico de liebre, con tanta exactitud y gracia, que en toda la clase explotó una sonora carcajada. El maestro le regañó, pero tuvo que taparse la boca para ocultar su risa. Nobis también se rió, si bien su risa no pasaba de los dientes.

HERIDOS EN EL TRABAJO

Lunes, 13

Nobis puede hacer pareja con Franti: ni uno ni otro se conmovieron esta mañana ante lo que pasó delante de nuestras narices.

Fuera ya de la escuela, estaba yo con mi padre mirando a unos pilluelos de la sección segunda que se arrodillaban para restregar el hielo con las carpetas y las gorras y poder resbalar mejor, cuando vimos venir por medio de la calle una muchedumbre de gente con paso precipitado, serios, espantados, conversando en voz baja. En medio venían tres guardias municipales, y detrás de éstos dos hombres que transportaban una camilla. De todas partes acudieron los muchachos. La muchedumbre adelantaba hacia nosotros. Sobre la camilla venía tendido un hombre, blanco como un muerto, con la cabeza caída sobre un hombro, el pelo enredado y lleno de sangre, que también le salía de la boca y de los oídos. Al lado de la camilla venía una mujer con un niño en brazos; parecía loca; a cada paso gritaba:

— ¡Está difunto! ¡Está difunto! ¡Está difunto!

Seguía a la multitud un muchacho con su cartera bajo el brazo y sollozando.

—¿Qué ha pasado? —preguntó mi padre.

Alguien contestó que era un pobrc albañil que se había caído de un cuarto piso donde estaba trabajando. Los que transportaban la camilla se detuvieron un instante. Muchos volvieron la cabeza horrorizados. Vi que la maestrita de la pluma roja sostenía a mi maestra de clase superior, casi desmayada. Al mismo tiempo sentí que me tocaban en el codo: era el pobre albañilito, pálido y tembloroso de pies a cabeza. Pensaba probablemente en su padre; también yo pensé en él. Por mi parte, tengo al menos el ánimo tranquilo cuando estoy en la escuela, porque sé que mi padre está en casa, sentado a su mesa, lejos de todo riesgo; pero ¡cuántos de mis compañeros cavilarán que sus padres trabajan sobre un alto puente o cerca de las ruedas de una máquina y que sólo un gesto o un paso en falso les puede costar la vida! Son como otros tantos hijos de soldados que tienen a sus padres en la guerra. El albañilito miraba y remiraba tiritando cada vez más, y, al advertirlo mi padre, le dijo: —Vete a casa, muchacho, vete a escape con tu padre, a quien hallarás sano y tranquilo; anda.

El hijo del albañil se marchó, tornando la cara hacia atrás a cada paso que daba. Entretanto la muchedumbre se puso en movimiento, y la pobre mujer despedazaba el corazón gritando: —¡Está muerto! ¡Está muerto! ¡Está muerto!

—No, no está muerto —le decían todos.

Ella no hacía caso y se arrancaba los cabellos. Oigo en esto una voz indignada que dice: —¡Te ríes!

Era un hombre con barba que miraba cara a cara a Franti, el cual seguía sonriendo. El hombre, entonces, de un cachetazo le arrojó la gorra al suelo, diciendo: — ¡Descúbrete, mal nacido! ¡Pasa un lesionado del trabajo!

Toda la muchedumbre había pasado ya, y se veía en la calle un largo reguero de sangre.

EL PRISIONERO

Viernes, 17

He aquí el acontecimiento quizá más raro de todo el año.

En la mañana de ayer me llevó mi padre a los alrededores de Moncalieri para ver una casa que quería tomar en renta durante el próximo verano, porque este año no vamos a Chieri. Tenía las llaves de la finca el maestro, que, aparte de su labor escolar, transportaba la administración de los bienes del dueño. Nos hizo ver la casa y luego nos acompañó a su despacho, donde nos obsequió con unas copas.

Sobre la mesa escritorio había un tintero de madera, de forma cónica, esculpido de forma singular. Viendo que mi padre lo miraba, le dijo el maestro:

—Ese tintero es algo preciado para mí. ¡Si usted supiese su historia…! —Y nos la refirió:

—Hace algunos años, siendo yo maestro en Turín, fui a dar clase todo un invierno a los presos de la cárcel. Expresaba las lecciones en la capilla del establecimiento penitenciario, una estancia redonda, de paredes altas y desnudas con muchas ventanitas cuadradas, obstruidas por dos barras de hierro cruzadas, cada una de las cuales daba al interior de una reducida celda. Explicaba las lecciones vagando por la fría y oscura capilla, estando los alumnos asomados por sus correspondientes agujeros, con sus cuadernos apoyados en los hierros, sin que se les viera más que los rostros entre sombras, unas caras escuálidas y ceñudas, con barbas desordenadas y grises, con ojos fijos de homicidas y ladrones. Entre todos, en el número 78, había uno que prestaba mayor cuidado, estudiaba mucho y me miraba con muestras de respeto y hasta de gratitud. Era un joven de barba negra, más desgraciado que malvado, un ebanista que, en un momento de arrebato, había dado con un cepillo a su patrón, que desde algún tiempo le acosaba de mil maneras, dejándole mortalmente herido, por lo cual le habían condenado a varios años de reclusión. En tres meses aprendió a leer y escribir, y no cesaba de leer; cuanto más aprendía tanto más parecía que se hacía mejor y se lamentaba de su delito. Un día, al acabar la clase, me hizo señas para que me acercase a su ventanita, y me dijo con tristeza que al día siguiente lo sacarían de Turín para llevarlo a Venecia a terminar de cumplir su reclusión. Después de darme el adiós de despedida me suplicó con acento sumiso y conmovido que le dejase tocar mi mano. Yo se la alargué y él me la besó. Me dio las gracias y desapareció. Cuando retiré la mano evidencié que estaba cubierta de lágrimas. Desde entonces lo perdí de vista. Pasaron seis años. Lo que menos pensaba yo era en aquel desdichado, cuando ayer por la mañana veo que se presenta en mi casa un desconocido, con gran barba negra, un poco entrecana y pobremente vestido.

—¿Es usted —me dijo— el maestro que daba clase en la cárcel de Turín?

—El mismo. Pero, ¿quién es usted? —le examiné.

—Yo soy —me dijo— el preso del número 78. Usted me enseñó a leer y escribir hace ahora seis años. Si se acuerda, en la última lección me dio usted su mano; ahora, que he cumplido la condena, vengo a verle… y le ruego que haga el favor de aceptar un recuerdo mío, una baratija que he hecho en la cárcel. ¿Quiere recibirla como recuerdo mío, señor maestro?

Me quedé sin saber qué expresar. El creyó que no quería aceptar el regalo, y me miró como queriendo decirme: «¡Seis años de padecimientos no han bastado, pues, para purificar mis manos!» Fue tal y tan vivo el dolor de su mirada, que tendí la mano y tomé rápidamente lo que me traía. Y aquí lo tiene.

Inspeccionamos atentamente el tintero; parecía haber sido trabajado con la punta de un clavo, a fuerza de grandísima paciencia. Tenía tallada una pluma atravesando un cuaderno y aparecía escrito a su alrededor: «A mi maestro. Recuerdo del número 78. ¡Seis años!» Y por debajo, en pequeños caracteres: «Estudio y esperanza»… El maestro no dijo nada más y nos marchamos.

En todo el trayecto, desde Moncalieri a Turín, yo no podía quitarme de la cabeza aquel preso asomado a la ventanita, el adiós de despedida, el tintero labrado en la cárcel, que tantas cosas revelaba. Por la noche soñé con él y esta mañana todavía cavilaba que lo tenía delante… ¡Cuán lejos estaba de imaginar la sorpresa que me esperaba en la escuela! Entretanto apenas me había situado en mi nuevo banco, junto a Derossi, después de copiar el problema de Matemáticas para el examen mensual, conté a mi compañero toda la historia del preso y del tintero, refiriéndole cómo estaba hecho, con la pluma atravesando el cuaderno y la inscripción grabada a su alrededor: «¡Seis años!» Derossi se sobresaltó ante similares palabras y comenzó a mirar tan pronto a mí como a Crossi, el hijo de la verdulera, que estaba en el banco de delante, dándonos la espalda, enteramente absorto en el problema.

— ¡Cállate! —me dijo en voz baja, cogiéndome un brazo—. Crossi me dijo anteayer que había visto por eventualidad un tintero de madera en las manos de su padre, recién llegado de América; un tintero cónico, hecho a mano, con un cuaderno y una pluma. ¡Es el mismo del que me has conversado! «¡Seis años!» El decía que su padre estaba en América, pero lo cierto es que se encontraba en la cárcel. Crossi era muy chico cuando se cometió el delito; no lo recuerda. Su madre le ha venido engañando, y él no sabe nada. ¡Pero que no se te escape ni una sola palabra de esto!
Yo me quedé sin habla, mirando firmemente a Crossi. Derossi resolvió el problema y lo pasó a Crossi por debajo del banco. Le entregó una hoja de papel, le quitó de las manos El enfermero del Tata, cuento mensual que el maestro le había dado a copiar, para escribirlo él; le regaló plumas, le dio unos golpecitos afectuosos en la espalda, me hizo prometer bajo palabra de honor que no diría nada a nadie y, cuando salimos de clase, me dijo rápidamente:

—Ayer vino su padre por él; probablemente habrá venido ahora a esperarlo; tú haz lo que haga yo.

Al salir a la calle, vimos que, efectivamente, estaba el padre de Crossi en lugar algo separado. Era un hombre de barba negra, con algunas canas, mal vestido, de semblante cadavérico y pensativo. Derossi apretó la mano de Crossi, para que le viese, y le dijo en voz alta:

—Hasta mañana, Crossi —y le pasó la mano por debajo de la barbilla. Yo hice lo mismo. Pero Derossi, al hacer aquello, se puso rojo como una amapola, y yo también. El padre de Crossi nos miró atentamente, con ojos de benevolencia, pero en ellos se reflejaba una expresión de intranquilidad y de sospecha, que nos congeló el corazón.

EL ENFERMERO DEL TATA

· Cuento mensual ·

En la mañana de un día pluvioso de marzo, un chico vestido de campesino, calado hasta los huesos y lleno de barro, se presentó en la portería del Hospital de los Peregrinos de Nápoles, con un fajo de ropa bajo el brazo, para preguntar por su padre. Llevaba una carta en la mano. Tenía una encantadora cara ovalada de color moreno pálido, ojos reflexivos y gruesos labios entreabiertos, que consentían ver sus blanquísimos dientes. Procedía de un pueblecito de las cercanías de la ciudad. Su padre había salido de casa hacía un año para ir a Francia en busca de trabajo, y había vuelto a Italia, desembarcando unos días antes en Nápoles, donde había enfermado tan súbitamente, que apenas le dio tiempo para escribir unas líneas a la familia anunciándole su regreso y su entrada en el hospital. Angustiada por tal noticia y no pudiendo moverse de casa por tener una niña enferma y una criatura en pañales, la mujer había mandado a Nápoles al hijo mayor para cuidar de su padre, de su tata, que es el nombre afectuoso que dan por allí los niños a los padres. El muchacho tuvo que recorrer diez leguas de camino.

El portero, después de dar una mirada a la carta, llamó a un enfermero y le dijo que llevase al chico donde estaba su padre.

—¿Cómo se llama tu padre? —le preguntó el enfermero.

El chico, tiritando ante el temor de recibir una mala noticia, le dijo el nombre.

El enfermero no se acordaba de él.

—¿Es un viejo trabajador, que ha llegado de fuera? —preguntó.

—Trabajador, sí —respondió el chico cada vez más deseoso—; pero no muy viejo. De fuera sí que ha venido.

—¿Cuándo entró en el hospital? —preguntó el enfermero.

El chico dio una mirada a la carta.

—Creo que hace cinco días.

El enfermero se quedó algo reflexivo; luego, como conmemorando de pronto: —¡Ah! —dijo—, la sala cuarta, la cama del fondo.

—¿Está muy enfermo? ¿Cómo se encuentra? —preguntó el chico con ansiedad.

El enfermero le miró sin responder. Luego le dijo:

—Ven conmigo.

Subieron dos tramos de escalera; fueron al extremo de un amplio corredor, hasta encontrarse ante la puerta abierta de una sala donde había dos largas filas de camas.

—Ven —repitió el enfermero, ingresando.

El muchacho se armó de valor y le siguió, dirigiendo miradas miedosas a derecha e izquierda, sobre los blancos y gastados semblantes de los enfermos, algunos de los cuales tenían los ojos cerrados y parecían muertos; otros observaban al espacio con ojos grandes y fijos, como asustados. No faltaba quien gemía como un niño. La sala estaba oscura y el aire impregnado de penetrante olor de medicamentos. Dos Hermanas de la Caridad iban de uno a otro lado con frascos en la mano.

Habiendo llegado al extremo de la sala, el enfermero se detuvo a la cabecera de una cama; apartó un poco las cortinas y dijo: —Ahí tienes a tu padre.

El chico rompió a llorar y, dejando caer el envoltorio que llevaba, reclinó su cabeza sobre el hombro del enfermo, cogiéndole con una mano el brazo que tenía extendido e inmóvil sobre la cubierta. El enfermo no se movió.

El chico se irguió, miró a su padre y empezó a sollozar de nuevo. El enfermo le dirigió entonces una larga mirada y pareció reconocerlo. Pero sus labios no se movían. Pobre tata, ¡qué cambiado estaba! Su hijo no le habría reconocido. Había encanecido, tenía la cara hinchada y enrojecida, con la piel tersa y resplandeciente, los ojos empequeñecidos, los labios acrecentados, toda la fisonomía alterada; tan sólo conservaba iguales la frente y el arco de las cejas. Respiraba afanosamente.

—¡Tata, tata! —Dijo el muchacho—. ¡Soy yo! ¿Es que no me conoces? Soy Cecilio, tu Cecilio; he venido desde el pueblo por encargo de mamá. Fíjate en mí. ¿No me reconoces? Dime aunque sólo sea una frase.

Pero el enfermo, después de haberle mirado con atención, cerró los ojos.

—¡Tata, tata! ¿Qué te pasa? Soy tu hijo, tu Cecilio.

El hombre no se movió y continuó respirando con dificultad.

Llorando a lágrima viva, el chico tomó entonces una silla y se sentó a su lado, esperando sin apartar la vista de su cara. «Pasará algún médico haciendo la visita», pensaba. «Algo me dirá». Y se sumergió en sus tristes pensamientos, conmemorando muchas cosas de su buen padre: el día de su partida, cuando le había dado el último adiós desde el barco, las alientas que la familia había fundado en aquel viaje, la tristeza de su madre al recibir la carta. Pensó en la muerte. Ya veía a su padre muerto, a la madre vestida de luto y la familia en la miseria. Así permaneció mucho tiempo. Una suave mano le tocó en el hombro, y él se estremeció. Era una monja.

—¿Qué tiene mi padre? —le preguntó enseguida.

—¡Ah! ¿Es tu padre? —le respondió la hermana con gran dulzura.

—Sí, es mi padre. Acabo de llegar. ¿Qué tiene?

—¡Animo, muchacho! —Le respondió la hermana—. Ahora vendrá el médico. —Y se apartó sin decir más.

Al cabo de media hora se oyó el toque de una campanilla, y vio que por el fondo de la sala ingresaba el médico, acompañado por un practicante. Les seguían la hermana y un enfermero. comenzaron la visita, deteniéndose en cada cama. La espera se le hacía eterna al muchacho, y su ansiedad acrecentaba a cada paso del médico. Al fin llegó a la cama inmediata. El médico era un señor alto y encorvado, de aspecto educado. Antes de que se separara de aquella cama, el chico se levantó y, al acercarse, empezó a llorar.

El médico le miró.

—Es el hijo del enfermo —dijo la hermana—; ha llegado esta mañana de su pueblo.

El médico le puso una mano en el hombro y luego se inclinó sobre el enfermo, le tomó el pulso, le tocó la frente e hizo algunas preguntas a la religiosa, que se limitó a responder: —Nada de particular.

Quedó algo reflexivo y después dijo:

—Continúe como hasta ahora.

El chiquillo se armó de valor y preguntó con voz llorosa:

—¿Qué tiene mi padre?

— ¡Animo, muchacho! —Le respondió el médico volviéndole a poner la mano en el hombro—. Tiene una inflamación facial. Es cosa de cuidado, pero todavía hay esperanzas. No le dejes solo. Tu presencia puede serle provechosa.

—¡No me ha conocido! —exclamó el chico con desolación.

—Te reconocerá… mañana. ¡Quién sabe! Confiemos que todo vaya bien. ¡Valor, hijo!

El chico hubiera querido preguntarle más, pero no se atrevió. El médico siguió adelante y el niño empezó entonces su papel de enfermero. No pudiendo hacer otra cosa, arreglaba la ropa de la cama, tocaba de vez en cuando la mano del enfermo, le retiraba los mosquitos, se inclinaba sobre él siempre que le oía gemir y, cuando la hermana le llevaba algo de beber, le cogía el vaso o la cucharilla y se lo daba él. El enfermo le observaba alguna que otra vez, pero sin dar señales de reconocerlo. Sin embargo su mirada se detenía cada vez en su cara, sobre todo cuando se limpiaba los ojos con el pañuelo.

Así pasó el primer día. Por la noche, el chico durmió sobre dos sillas, en un ángulo de la sala y a la mañana siguiente renovó sus filiales atenciones. Aquel día pareció que los ojos del enfermo daban a entender que empezaba a darse cuenta de lo que sucedía a su alrededor, porque, cuando el chico le hablaba afectuosamente, se advertía en sus pupilas una vaga expresión de gratitud, y en cierta ocasión hasta movió un poco los labios como queriendo decir algo.

Después de cada breve intervalo de somnolencia, abriendo los ojos, parecía que buscaba a su pequeño enfermero. El médico pasó otras dos veces y notó cierta mejoría. Hacia la tarde, al aproximarle el muchacho un vaso a la boca, creyó advertir en sus inflados labios el esbozo de una ligera sonrisa. Con esto empezó a reanimarse y a tener mayor confianza en su restablecimiento. Creyendo que le podría entender, aunque confusamente, le hablaba bastante de la madre, de las hermanitas, de la vuelta a su casa, y le daba ánimos empleando las frases más encendidas y cariñosas que se le ocurrían.

Y aunque a menudo dudaba de que pudiera entenderle, le seguía conversando por parecerle que el enfermo le escuchaba con cierto agrado, complaciéndole aquella desacostumbrada manifestación de afecto y de tristeza. De esta manera pasaron el segundo, el tercero y el cuarto días en continua alternativa de ligeras mejorías y de imprevistos empeoramientos. Tan entregado estaba el chico a los cuidados, que apenas tomaba al día otro alimento que un poco de pan y queso que le llevaba la hermana, sin apenas advertir lo que sucedía en torno suyo: los estertores de los agonizantes, las presurosas visitas de las hermanas por la noche, los lloros y la desolación de los visitantes que salían sin esperanza, todas las dolorosas y tristes escenas de la vida de un hospital, que en otras situaciones le habrían aturdido y horrorizado.

Transcurrían las horas y los días, y él permanecía sin moverse junto al lecho de su tata, atento, anhelante, sobresaltado a cada suspiro y mirada, con el alma en un hilo entre la esperanza que le ensanchaba el pecho y un desaliento que le helaba la sangre en las venas.

Al quinto día el enfermo se puso súbitamente peor.

El médico movió la cabeza cuando el chico le preguntó por el estado del enfermo, como queriendo decir que se estaba llegando al final, con lo que el afligido chico se abandonó sobre la silla, rompiendo a sollozar. Sin embargo había una cosa que le suministraba cierto consuelo: a pesar del empeoramiento, parecíale que el enfermo iba recobrando pausadamente el conocimiento. Le miraba cada vez con mayor fijeza y con creciente expresión de dulzura; no quería tomar ninguna bebida ni medicina sino de su mano, y hacía con mayor frecuencia el movimiento forzado de los labios, como queriendo articular alguna palabra; y tan distintamente lo hacía algunas veces, que su hijo le sujetaba el brazo con violencia, aliviado por súbita esperanza, y le decía con acento casi de alegría: — ¡Animo, ánimo, tata, te pondrás bien! Tornaremos a casa donde nos espera mamá. ¡Un poco más de valor!

Eran las cuatro de la tarde, momento en que el chico se había entregado a uno de tales transportes de ternura y de esperanza, cuando por detrás de la puerta más próxima de la sala oyó ruido de pasos y luego una fuerte voz que dijo tan sólo: —Hasta luego, hermana.

El saltó de su silla, lanzando una exclamación que se ahogó en su garganta.

En el mismo momento entró en la sala un hombre con un gran envoltorio en la mano, seguido de una hermana.

El chico dio un grito muy agudo y quedó como clavado en su sitio.

El hombre le miró un momento y lanzó otro grito a su vez: —¡Cecilio!— Y corrió hacia él.

El chico cayó en los brazos de su padre como sin sentido. Las religiosas, los enfermeros, el practicante acudieron rápidamente y se quedaron estupefactos.

El chico no podía recobrar la voz.

—¡Hijo querido! —Exclamó el padre, tras haber dirigido una atenta mirada al enfermo, y sin parar de besar reiteradamente al muchacho—. ¡Cecilio, mi querido hijito! ¿Cómo ha podido suceder esto? Te llevaron a la cama de otro enfermo. ¡Y pensar que me exasperaba por no verte a mi lado después de haberme informado mamá por carta de que te había enviado aquí! ¡Pobrecito Cecilio! ¿Cuántos días llevas así? ¿Cómo ha podido suceder semejante confusión? Yo me he curado en poco tiempo. Estoy cabalmente, ¿sabes? ¿Y Conchita? Y la chiquitina, ¿cómo está? Me han dado de alta y me marcho. Vámonos, hijo, ¡Santo Dios! ¡Quién lo hubiera dicho!

El chico intentó hilvanar cuatro frases para dar noticias de la familia: —¡Qué contento estoy! —balbuceó—. ¡Pero qué contento! ¡Qué días tan malos he pasado!

Y no paraba de besar a su padre.

Sin embargo no se movía.

—Venga, vámonos. ¿Qué haces ahí? —Le dijo el padre—. Aún podremos llegar esta tarde a casa —y le atrajo hacia sí.

Mas el chico volvió la vista hacia su enfermo.

—Pero… ¿vienes o no? —le preguntó su padre muy extrañado.

El chico continuaba mirando al enfermo, que en aquellos instantes abrió los ojos y le miró firmemente.

Entonces brotó de su alma un torrente de frases.

—No, tata, espera… Mira, no puedo. Fíjate en ese viejo. Estoy aquí desde hace cinco días, y no deja de observarme. Yo creía que eras tú y le he tomado cariño. Me mira y yo le doy de beber. Quiere que esté a su lado y ahora está muy malo; ten aguante; no me atrevo, no sé, me da mucha lástima; mañana iré yo a casa; déjame estar aquí algo más, no debo abandonarlo. No sé quien es, pero me quiere y se moriría si me fuera. ¡Déjame estar aquí, querido tata!

—¡Bravo, pequeño! —exclamó el practicante.

El padre quedó indeciso mirando a su hijo; luego se fijó en el enfermo.

—¿Quién es? —preguntó.

—Un aldeano como usted —respondió el practicante—, que vino de fuera e ingresó en el hospital el mismo día que usted. Lo trajeron sin sentido y no pudo decir nada. Tal vez esté lejos su familia, quizás tenga hijos. Sin duda creerá que éste es uno de ellos.

El enfermo no cesaba de mirar al chico, y el padre dijo a Cecilio: —Quédate.

—Tal vez no tendrá que asistirle mucho tiempo —añadió el practicante.

—Quédate —repitió el padre—. Tienes buen corazón. Yo me voy enseguida para casa, pues tu madre debe estar muy intranquila. Toma una moneda para tus gastos. Hasta pronto, hijo mío. ¡Adiós!

Le abrazó, le miró firmemente con colosal ternura, le besó repetidas veces en la frente y se fue.

El niño volvió junto a la cama del enfermo y éste pareció consolado.

Cecilio renovó su oficio de enfermero, sin sollozar, pero con el mismo interés, con idéntica paciencia que antes. Le volvió a dar de beber, a arreglarle la ropa, a acariciarle la mano, a hablarle dulcemente para darle ánimos.

Lo asistió aquella tarde y por la noche, y también al día siguiente. Pero el enfermo se iba agravando por instantes; su cara se amorataba, su respiración se hacía más afanosa y aumentaba su agitación; salíanle de la boca sonidos inconsecuentes y la hinchazón se hacía monstruosa. En la visita de la tardé, el médico dijo que no pasaría de aquella noche.

Cecilio duplicó entonces sus cuidados y no lo perdía de vista un solo instante. El enfermo le miraba y aun movía los labios de vez en cuando, con gran esfuerzo, como queriendo decir algo, y una expresión de infinita ternura se le dibujaba en los ojos, que cada vez se empequeñecían más y poco a poco, lánguidamente se le iban velando.

Aquella noche permaneció el chico en vela hasta que vio clarear por las ventanas la luz del alba, y apareció la hermana, quien se acercó al lecho, miró al enfermo y se alejó precipitosamente, volviendo al poco con el médico ayudante y un enfermero, que llevaba una linterna.

—Está en los últimos instantes —dijo el médico.

El chico tomó la mano del enfermo. Éste abrió los ojos, miró al muchacho y los volvió a cerrar. Pareciole al chico que le oprimía la mano.

—¡Me ha apretado la mano! —exclamó.

El médico permaneció inclinado sobre el enfermo un ratito y luego se incorporó. La monja descolgó un crucifijo que pendía de la pared.

—¿Está muerto? —investigó el muchacho.

—Vete, hijo mío —dijo el médico—. Tu obra ha terminado. Vete y que tengas mucha suerte, como mereces. Dios te protegerá. ¡Adiós!

La hermana, que se había alejado un instante antes, volvió con un ramo de violetas que cogió de un vaso que había en la ventana, y se lo entregó al muchacho, diciéndole: —No tengo otra cosa que darte. Toma esto como recuerdo del hospital.

—Gracias —expresó el chico, al tiempo que atrapaba con una mano el ramo y se enjugaba con la otra los ojos—. Pero tengo que andar mucho… y las voy a maltratar.

Después desanudó el ramillete y esparció las violetas por la cama, expresando: —Las dejo como evocación a mí querido muerto. Gracias, hermana; muchas gracias, señor Doctor.

Después, dirigiéndose al difunto:

—¡Adiós!… —Y mientras buscaba qué nombre darle, le vino a la boca el cariñoso que le había dado durante cinco días: —¡Adiós… pobre tata!

Dicho lo cual, se puso el envoltorio de ropa bajo el brazo y a paso pausado salió de la sala.

Empezaba a despuntar el día.

EL TALLER

Sábado, 18

Ayer vino Precossi a recordarme que tenía que ir a ver su taller, que está en lo último de la calle, y esta mañana, al salir con mi padre, hice que me llevase allí un instante. Según nos íbamos aproximando al taller, vi que salía de allí Garoffi corriendo con un paquete en la mano, haciendo ondear su gran capa, que tapaba las mercancías. ¡Ah! ¡Ahora ya sé dónde atrapa las limaduras de hierro, que vende luego por periódicos retardados, ese traficante de Garoffi! Asomándonos a la puerta vimos a Precossi sentado en un montón de ladrillos: estaba estudiando la lección con el libro sobre las rodillas. Se levantó rápidamente y nos hizo pasar; era un cuarto grande, lleno de polvo de carbón, con las paredes cubiertas de martillos, tenazas, barras, hierros de todas formas; en un rincón ardía el fuego de la fragua, en la que soplaba el fuelle tirado por un chico. Precossi padre estaba cerca del yunque, y el aprendiz tenía una barra de hierro metida en el fuego.

—¡Ah! ¡Aquí tenemos —dijo el herrero, apenas nos vio, quitándose la gorra— al guapo muchacho que regala ferrocarriles! Ha venido a ver trabajar un rato, ¿no es verdad? Será usted servido. —Y diciendo así, sonreía; no tenía ya aquella cara amenazadora, aquellos ojos traspasados de otras veces. El aprendiz le presentó una larga barra de hierro enrojecida por la punta y el herrero la apoyó sobre el yunque. Iba a hacer una de las barras con voluta que se usan en los antepechos de los balcones. Levantó un gran martillo y empezó a golpear, moviendo la parte sonrosada para ponerla, ora de un lado, ora de otro, sacándola a la orilla del yunque, o introduciéndola hacia el medio, dándole siempre muchas vueltas; y causaba asombro ver cómo, bajo los golpes veloces, precisos del martillo, el hierro se encorvaba, se retorcía y tomaba poco a poco la forma graciosa de la hoja rizada de una flor, cual si fuera canuto de pasta modelada con la mano.

El hijo entretanto nos observaba con cierto aire vanidoso, como diciendo: «¡Mirad cómo trabaja mi padre!»

—¿Ha visto cómo se hace, señorito? —me preguntó el herrero, una vez terminado y poniéndome delante la barra, que parecía el báculo de un obispo. La colocó a un lado y metió otra en el fuego.

—En verdad que está bien hecha —le dijo mi padre;

y prosiguió—: ¡Vamos!… Ya veo que se trabaja, ¿eh? ¿Ha vuelto la gana?

—Ha vuelto, sí —respondió el obrero limpiándose el sudor y poniéndose algo encendido—. ¿Y sabe quién la ha hecho volver? —Mi padre se hizo el desentendido—. Aquel guapo chiquillo —dijo el herrero, señalando a su hijo con el dedo—; aquel buen hijo que está allí, que estudiaba y enaltecía a su padre, mientras que su padre andaba de pirotecnia y lo trataba como a una bestia. Cuando he visto aquella medalla… ¡Ah, chiquitín mío, alto como un cañamón, ven acá que te mire un poco esa cara! —El chico se precipitó hacia su padre; y éste le asió y le puso en pie sobre el yunque y sosteniéndole por debajo de los brazos, le dijo—: Limpia un poco el frontispicio a este animalón de papá.

Entonces Precossi cubrió de besos la cara oscurecida de su padre hasta ponerse también él totalmente negro.

—Así me gusta —dijo el herrero y lo puso en tierra.

—¡Así me gusta, Precossi! —exclamó mi padre con alegría.

Y habiéndonos expulsado del herrero y de su hijo, salimos. Al retirarnos, Precossi me dijo:

—Disculpeme —y me metió en el bolsillo un paquete de clavos; le invité para que fuera a ver las máscaras a casa.

—Tú le has regalado tu tren —me dijo mi padre por el camino—; pero aún cuando hubiese estado lleno de oro y perlas, hubiera sido pequeño obsequio para aquel hijo que ha restaurado el corazón de su padre.

EL PAYASITO

Lunes, 20

Toda la ciudad es un hervidero bullicioso a causa del

carnaval, que está acabando. En las plazas hay carruseles y barracones de titiriteros. Ante nuestras ventanas tenemos, justamente, un circo de lona, donde trabaja una pequeña compañía veneciana que tiene cinco caballos.

El circo se encuentra en medio de la plaza, y en sitio aparte hay tres grandes carretas, donde los artistas duermen y se visten; tres casitas sobre ruedas, con sus ventanitas y una pequeña chimenea cada una, que siempre está echando humo; entre las ventanitas se ve tendida ropa de criaturas.

Hay una mujer que da de mamar a un niño de pecho, hace la comida y baila, además, en la cuerda.

¡Pobre gente!

Se les llama titiriteros de forma despectiva, y, sin embargo, se ganan íntegramente el pan divirtiendo a la gente. ¡Y hay que ver lo que se esfuerzan y trabajan!

Todo el santo día van del circo a las carretas y viceversa, en camiseta, ¡con el frío que hace! Toman dos bocados de prisa y corriendo, sin ni siquiera sentarse, entre una y otra representación, y a veces, cuando tienen ya lleno el circo, se mueve un viento fuerte que rasga las lonas y apaga las luces, y ¡adiós espectáculo! Se ven obligados a devolver el dinero y a trabajar toda la noche para reparar los desperfectos del barracón.

En el circo trabajan dos chicos, a uno de los cuales reconoció mi padre cuando cruzaba la plaza. Es el hijo del dueño, el mismo a quien vimos el año pasado hacer los juegos a caballo en un circo de la plaza de Víctor Manuel.

Ha crecido; tendrá unos ocho años; es un chaval guapo, de carita redonda y morena, ojos de pillín, con muchos rizos azabaches que se le salen del sombrero cónico. Viste de payaso, metido en una especie de saco grande con mangas, de color blanco y bordados negros. Calza zapatitos de tela. Es un diablillo, que gusta a todos. Hace de todo. Por la mañana temprano se le ve envuelto en un mantón, llevando la leche a su casita de madera; luego va a buscar los caballos a la cuadra, que está en una calle contigua; tiene en brazos al niño de pecho; transporta aros, caballetes, barras, cuerdas; limpia los carros, prende el fuego y en los momentos de descanso no se aparta de su madre.

Mi padre lo observa desde la ventana y no cesa de conversar de él y de los suyos, que parecen buena gente y tienen traza de querer mucho a sus hijos.

Una noche fuimos al circo. Hacía frío y no había casi nadie; pero no por eso dejaba el payasito de estar en incesante movimiento para distraer al escaso público: daba saltos mortales, se agarraba al rabo de los caballos, andaba con las piernas en alto él solo, y cantaba, mostrando siempre sonriente su graciosa cara morena; su padre, vestido de rojo, con pantalones blancos, botas altas y la fusta en la mano, le miraba; pero estaba triste.

Mi padre sintió piedad de ellos y al día siguiente conversó del asunto con el pintor Delis, que vino a casa. ¡Esa pobre gente se mata trabajando para ganar muy escaso! El que da más lástima es el gracioso payasito. ¿Qué se podría hacer por ellos? El pintor tuvo una idea.

—Publica un buen artículo en el periódico —le dijo—, ya que sabes escribir; cuenta los prodigios del payasito y yo haré un bosquejo de su retrato; todos leen el periódico y al menos una vez irá gente.

Así lo hicieron. Mi padre escribió un bonito artículo, lleno de gracia, que decía lo que nosotros advertíamos desde las ventanas y ponía ganas de conocer y acariciar al pequeño artista, y el pintor trazó un bonito retrato artístico que fue publicado el sábado por la tarde. En la representación del domingo asistió una gran muchedumbre al circo. Estaba anunciado: Gran función a beneficio del payasito como se le llamaba en el periódico. Mi padre me llevó a los asientos de la primera fila.

En la entrada habían fijado un ejemplar del periódico. No cabía un alfiler. Muchos de los espectadores llevaban en la mano el periódico, que enseñaban al payasito, el cual se reía y corría de un lado para otro sumamente satisfecho.

El circo se llenó por completo y faltaron localidades.

El dueño estaba que no cabía en sí de gozo. Hasta entonces ningún periódico se había ocupado de su espectáculo, y el éxito estaba a la vista. No hay que decir que la recaudación superó todas las previsiones.

Mi padre se sentó a mi lado. Entre los espectadores había gente conocida. Cerca de la entrada por donde aparecían los caballos se encontraba, de pie, nuestro maestro de gimnasia, que había militado a las órdenes de Garibaldi, y frente a nosotros, en la segunda fila vi al albañilito, con su carita redonda, sentado junto al gigantesco de su padre; en cuanto se cruzó con mi mirada, me hizo la mueca del hocico de liebre. Algo más allá vi a Garoffi, que contaba los espectadores y calculaba con los dedos lo que se habría recolectado. En las sillas de la primera fila, a cierta distancia de nosotros, estaba el pobre Robetti, el que salvó a un niño de ser atropellado por el ómnibus, teniendo las muletas entre las rodillas, junto a su padre, el capitán de Artillería, que tenía apoyada una mano sobre su hombro.

Empezó la función.

En cierto instante vi que el maestro de gimnasia conversaba al oído con el dueño del circo, y que éste dirigía repentinamente una mirada por las sillas de la primera fila, como si buscase a alguien. Su vista se quedó fija en nosotros. Mi padre lo advirtió, entendiendo que el maestro le habría dicho que era el autor del artículo aparecido en el periódico y, para evitar compromisos y que acudiera el buen hombre a darle las gracias, se ausentó del local diciéndome:

—Quédate, Enrique. Te esperaré fuera.

El payasito, tras haber intercambiado unas frases con su padre, realizó un ejercicio más. De pie sobre el caballo, que galopaba, se vistió cuatro veces: primero de peregrino, luego de marinero, después de soldado, y, por último, de acróbata, y cuantas veces pasaba por delante de mí me dirigía una ojeada afectuosa.

Al bajarse, comenzó a dar una vuelta por la pista con el sombrero de payaso en la mano, a modo de bandeja, y la gente le arrojaba monedas, dulces, y otras cosas; pero cuando llegó frente a mí, puso el sombrero atrás, me miró y pasó adelante. Quedé mortificado. ¿Por qué me había hecho aquello?

Una vez acabada la representación, el dueño dio las gracias al público y todos los espectadores se levantaron y se dirigieron en tropel hacia la salida. Yo iba entre la muchedumbre y estaba para salir cuando noté que me tocaban una mano. Me volví; era el payasín, de encantadora carita morena y de negros ricitos, que me sonreía. Tenía las manos llenas de confites. Entonces comprendí.

—¿Querrías —me dijo— aceptar estos dulces del payasito?

Yo le enseñé que sí y tomé tres o cuatro.

—Entonces —agregó—, acepta también un beso.

—Dame dos —respondí, y le ofrecí la cara. El se limpió con la manga la cara recubierta, me envolvió el cuello con un brazo y me dio dos besos en las mejillas, expresandole —Toma y lleva uno a tu padre.

ÚLTIMO DÍA DE CARNAVAL

Martes, 21

¡Qué escena más extraordinaria presenciamos hoy en el desfile de las máscaras! Terminó bien, pero podía haber ocurrido una desgracia. En la plaza de san Carlos, decorada con banderolas y festones amarillos, rojos y blancos, se apiñaba una gran muchedumbre; daban vueltas máscaras de todo color; pasaban carrozas doradas y aguirnaldadas, llenas de cortinajes, en forma de escenarios y de barcas, atareadas por arlequines y guerreros, cocineros, marineros y pastorcillas; entre tanta confusión no se sabía a dónde mirar; un estrépito ensordecedor de trompetas, cuernos y platillos; las máscaras de las carrozas bebían y cantaban, apostrofando a la gente de la calle y a la de las ventanas, que respondían hasta desgañitarse, y se tiraban con furia naranjas, confetti y serpentinas. Por encima de las carrozas y de la muchedumbre, hasta donde alcanzaba la vista, se veían ondear banderolas, brillar cascos, tremolar penachos, agitarse cabezudos de cartón piedra, gorros gigantescos, trompas enormes, armas extravagantes, tambores, castañuelas, gorros rojos y botellas; todos parecían locos.

Cuando nuestro carruaje entró en la plaza iba delante de nosotros una magnífica carroza, tirada por cuatro caballos con gualdrapas bordadas de oro, llena de guirnaldas de rosas artificiales, y en la que iban catorce o quince jóvenes disfrazados de hidalgos de la corte de Francia, con radiantes trajes de seda, peluca blanca rizada, sombrero de pluma bajo el brazo y espadín, luciendo en el pecho muchos lazos y encajes.

Todos cantaban a coro una cancioncilla francesa, lanzaban dulces, confetti y serpentinas a la gente, y ésta aplaudía y arrojaba exclamaciones jubilosas. De pronto vimos que un hombre, situado a nuestra izquierda, levantaba sobre las cabezas de la muchedumbre a una niña de cinco o seis años, que lloraba afligidamente, agitando los brazos como acometida por ataques convulsivos.

El hombre se abrió paso hacia la carroza; uno de los que iban en ella se inclinó, y el hombre dijo en voz alta:

—Tome a esta niña, que ha perdido a su madre entre la gente; téngala en brazos; su madre no debe estar lejos, y la verá; creo que es lo mejor que puede hacerse.

El de la carroza tomó a la niña en brazos; todos los demás dejaron de cantar; la niña chillaba y manoteaba; el joven se quitó la careta y la carroza prosiguió su marcha con lentitud.

Mientras tanto, según nos dijeron después, en el extremo opuesto de la plaza, una desolada mujer, medio enloquecida, se abría paso entre la multitud a codazos y empellones, gritando:

—¡María! ¡María! ¡María! ¿Dónde está mi hijita? ¡Me la han robado! ¡Habrá muerto pisoteada!

Hacía un cuarto de hora que se encontraba en aquel estado de desesperación, yendo hacia un lado y otro, apretujada por la gente, que, a duras penas, lograba abrirle paso.

El de la carroza, entretanto, no cesaba de estrechar contra las cintas y los bordados de su pecho a la afligida niña, girando su mirada por la plaza y tratando de tranquilizar a la pobre criatura, que se tapaba la cara con las manos, sin saber dónde se encontraba y sin parar de llorar.

El que la llevaba estaba desconcertado; aquellos gritos le llegaban al alma; los otros ofrecían a la niña naranjas y dulces; pero ella todo lo rechazaba, cada vez más espantada y convulsa.

—¡Busquen a su madre! —Gritaba el de la carroza a la muchedumbre—. ¡Busquen a su madre!

Todos se volvían a derecha e izquierda, pero la madre no aparecía. Por fin a unos pasos de la entrada de la calle de Roma, una mujer se arrojaba hacia la carroza… ¡Nunca la olvidaré! No parecía persona humana: tenía la cabellera suelta, la cara deformada y el vestido roto. Se lanzó hacia adelante, dando un grito que no se sabía si era de gozo, de angustia o de rabia, y alzó las manos como dos garras para asir a su hijita. La carroza se detuvo.

—¡Aquí la tiene! —dijo el que la llevaba, entregándole la niña, después de haberle dado un beso; y la puso en los brazos de su madre que la apretó vigorosamente contra su pecho… Pero una de las manecitas quedó por unos segundos entre las manos del joven, y éste, sacándose de la mano derecha un anillo de oro con un grueso diamante, lo puso con prisa en un dedo de la niña.

—Toma —le dijo—, guárdate esto que podrá ser tu dote de esposa.

La madre se puso muy contenta, la gente exclamó en aplausos; el de la carroza y sus compañeros renovaron el canto, y el vehículo prosiguió espaciosamente en medio de una tempestad de aplausos y de vítores.

LOS CHICOS CIEGOS

Jueves, 23

Nuestro maestro se ha puesto muy enfermo y para sustituirle ha venido el de cuarto, que ha sido profesor en el Instituto de los Ciegos; es el más viejo de todos; tiene el pelo tan blanco, que parece lleve en la cabeza una peluca de algodón, y habla como si entonase una canción melancólica; pero enseña bien, y sabe mucho. En cuanto ingresó en clase, al ver un pequeño con un ojo vendado, se aproximó al banco y le preguntó qué tenía.

—Mucha atención con los ojos, chiquillo —le dijo.

Derossi le preguntó:

—¿Es cierto, señor maestro, que ha sido usted profesor de los ciegos?

—Sí, durante varios años —manifestó. Y Derossi insinuó a media voz: —¿Por qué no nos dice algo de ellos?

El maestro se sentó en su mesa.

Coretti dijo en voz alta:

—El Instituto de los Ciegos está en la calle Niza.

—Vosotros decís ciegos —inició el maestro—, como expresaríais enfermos, pobres o qué sé yo. Pero ¿comprendéis bien el alcance de esa palabra? Reflexionad un poco. ¡Ciegos! ¡No ver jamás nada! ¡No diferenciar el día de la noche; no ver el cielo, ni el sol, ni a los propios padres; nada de todo lo que nos rodea y se toca; estar sumergidos en perpetua oscuridad y como sepultados en las entrañas de la tierra! Cerrad los ojos un momento y pensad que podríais permanecer siempre así; prontamente os sobrecogerán la angustia y el terror, os parecerá imposible vivir de ese modo, os vendrán ganas de gritar, y al final o enloqueceríais o moriríais. Y, sin embargo... cuando se entra por primera vez en el Instituto de los Ciegos, durante el recreo, y se oye a esas pobres criaturas tocar el violín o la flauta por todas partes, conversar fuerte y reír, subiendo y bajando las escaleras con pasos rápidos y moviéndose con soltura por los corredores y dormitorios, nadie diría que son tan desdichados. Hay que observarlos con detención.

Hay jóvenes de dieciséis o dieciocho años, robustos y alegres, que sobrellevan la ceguera con calma y hasta con cierta jovialidad; pero se comprende por la expresión severa y alterada de los semblantes que deben haber sufrido desesperadamente antes de resignarse a tamaña desdicha; otros, de rostro pálido y dulce, en los que se advierte una gran resignación, pero están afligidos y se adivina que a solas tienen ratos de gran depresión. ¡Ay, hijos míos! Pensad que algunos de esos chicos han perdido la vista en pocos días; otros, tras unos años de verdadero martirio y diversas operaciones quirúrgicas; no pocos nacieron así, en una noche que jamás ha tenido amanecer para ellos, habiendo entrado en el mundo como en una inmensa tumba, sin saber cómo está formado el rostro humano. Imaginaos cuánto deben haber sufrido y sufrirán cuando piensen, confusamente, en la colosal diferencia que hay entre ellos y quienes los ven. Seguramente se preguntarán a sí mismos: «¿Por qué esta discrepancia sin ninguna culpa por nuestra parte?» Yo, que he estado varios años entre ellos, cuando recuerdo aquella clase, todos aquellos ojos sellados para siempre, aquellas pupilas sin mirada y sin vida, y luego me fijo en vosotros... me parece improbable que no os consideréis todos venturosos. ¡Pensad que hay unos treinta mil ciegos en nuestra nación! ¡Treinta mil personas que no ven la luz...! ¡Un ejército que tardaría más de cuatro horas en marchar bajo nuestros balcones o ventanas!

El maestro enmudeció y en la clase no se escuchaba ni respirar. Derossi preguntó si es cierto que los ciegos tienen el tacto más fino que nosotros. El maestro dijo: —Es verdad. Al escasear de la visión se afinan en ellos los demás sentidos porque, debiendo reemplazar entre todos el de la vista, están más y mejor ejercitados que los que ven. Por la mañana, en los dormitorios, el uno le pregunta al otro: «¿Hace sol?», y el que antes se viste va corriendo al patio para sacudir las manos en el aire y evidenciar si el sol se las calienta; en caso afirmativo se apresura a dar la buena noticia: «¡Hace sol!» Por la voz de una persona se forma idea de la estatura; nosotros calificamos el carácter de las personas por los ojos, ellos por la voz; recuerdan la entonación y el acento a través de los años. Se dan cuenta si en una habitación hay más de una persona aunque hable simplemente uno y permanezcan inmóviles. Por el tacto advierten si una cuchara está más o menos limpia... Las niñas diferencian la lana teñida de la que tiene su color natural. Al pasar en fila de a dos por las calles, reconocen casi todas las tiendas por el olor, aun aquellas en las que nosotros no divisamos ninguno. Juegan a la peonza y, al oír el zumbido que produce girando, van derecho a cogerla, sin vacilar. Juegan a, los arcos, a los bolos, saltan a la comba, hacen casitas con pedruscos, cogen violetas y otras flores como si las viesen, fabrican esteras y canastillos, entretejiendo espartos, hilos y junquillos de diversos colores con asombrosa destreza: ¡tanto tienen ejercitado el tacto! Para ellos es el tacto lo que para nosotros la vista; uno de sus mayores goces consiste en tocar y oprimir para adivinar la forma de las cosas, palpándolas. Cuando los llevan al

Museo Industrial, donde los dejan tocar cuanto quieren, resulta conmovedor ver con qué gusto se apoderan de los cuerpos geométricos, de los modelitos de casas, de los diferentes instrumentos, y la alegría con que palpan, frotan y revuelven entre las manos todas las cosas para ver cómo están hechas. ¡Porque ellos dicen ver!

Garoffi interrumpió al maestro para preguntarle si es cierto que los chicos ciegos aprenden las Matemáticas mejor que los otros.

El maestro respondió:

—Así es. Aprenden a resolver dificultades y a leer. Tienen libros a propósito con caracteres en relieve; pasan los dedos por encima, reconocen las letras y dicen las frases; leen de corrido. Y hay que ver lo que se sonrojan los pobrecitos cuando realizan alguna falta. También escriben, aunque sin tinta. Lo hacen sobre un papel grueso y duro con un punzoncito de metal que marca muchos puntitos hundidos y amontonados según un alfabeto especial; dichos puntitos aparecen en relieve por el revés del papel, de forma que, al volver la hoja, cruzando los dedos por encima de ellos, puede leerse lo escrito, así como la escritura de otros. De esta forma hacen composiciones y se intercambian cartas. De igual forma escriben los números y hacen las operaciones. Calculan mentalmente con pasmosa facilidad, dado que no les distrae la vista, como nos ocurre a los videntes. ¡Si vierais lo que les gusta oír leer, lo atentos que están, cómo lo conmemoran todo, cómo discuten entre sí, aun los más chicos, de cosas de historia y de lenguaje, sentados cuatro o cinco en el mismo banco, sin volverse el uno hacia el otro, y conversando el primero con el tercero y el segundo con el cuarto, en voz alta y todos a un mismo tiempo, sin perder una sola palabra, por la rapidez y agudeza que tienen en el oído!

Dan más importancia que vosotros a los exámenes, os lo aseguro, y sienten mayor cariño a sus maestros. Al maestro lo examinan en el andar y mediante el olfato; saben si está de buen o mal humor, si se encuentra bien o mal de salud, tan sólo por el timbre de su voz. Les gusta que el maestro los toque cuando los anima o los alaba, y le palpan las manos y los brazos para expresarle su gratitud. Acostumbran a quererse mucho entre sí; son buenos compañeros. En las horas de recreo, casi siempre se reúnen los mismos. En la escuela de las chicas, por ejemplo, forman tantos grupos como instrumentos tocan. Así hay grupos de violinistas, de pianistas, de flautistas… y nunca se separan. Cuando le toman cariño a alguien, es difícil que se cansen de profesárselo. Hallan mucho consuelo en la amistad. Se juzgan con rectitud entre sí. Tienen un concepto muy claro y profundo del bien y del mal. Nadie enaltece como ellos una acción desprendida o un hecho grande que oigan leer o referir.

Votini preguntó si tocaban bien.

—Sienten profundamente la música —respondió el maestro—. Su gozo y su vida parecen estar en ella. Hay cieguitos, recién entrados en el Instituto, capaces de estar tres horas inmóviles escuchando tocar. Aprenden sencillamente a tocar y lo hacen con verdadera pasión. Cuando el maestro de música dice a alguno que carece de aptitudes para la música, sufre mucho, pero entonces comienza a estudiar como un exasperado. ¡Ah, si oyerais la música allí dentro, si vieseis a los cieguitos cuando tocan con la frente alta, la sonrisa en los labios, el semblante encendido, tiritando de emoción, como embriagados al escuchar las armonías que se esparcen por la infinita oscuridad que los rodea! ¡Cómo entenderíais entonces el divino consuelo de la melodía!

Se llenan de júbilo y rebosan de dicha cuando un maestro les dice: «Tú llegarás a ser un artista». Para ellos, el primero en la música, el que sobresale en tocar el piano o el violín, es como un rey: lo admiran y lo veneran. Si se origina un altercado entre dos de ellos, si dos amigos se molestan, acuden a él para zanjar la cuestión o para reconciliarlos. Él es quien se encarga de enseñar a tocar a los más pequeños, y lo consideran poco menos que como a un padre. Antes de acostarse, todos van a darle las buenas noches. Consecutivamente están conversando de música. Ya acostados, después de un día fatigoso de estudio y de trabajo, aun medio dormidos, se les oye charlar en voz baja de piezas musicales, de maestros, orquestas e instrumentos. Para ellos es un castigo quitarles de la lectura o de la lección de música, y sufren tanto, que casi nunca se tiene el valor de recurrir a medida tan exagerada.

La música es para ellos lo que la luz para nosotros.

Derossi preguntó si sería posible ir a verlos.

—Sí, se puede —respondió el maestro—; pero no conviene que vosotros vayáis por ahora; iréis más tarde, cuando estéis en condiciones de comprender toda la dimensión de la desventura que padecen y sentir la compasión que merecen. Es un espectáculo muy triste, hijos míos. A veces se ven allí chicos sentados frente a una ventana abierta de par en par, respirando con deleite el aire fresco, pero con la cara inmóvil, pareciendo que miran la extensa planicie verde y las azuladas montañas que vosotros podéis observar…; pero pensar que ellos no ven ni podrán ver jamás tanta belleza, deprime el corazón, como si se hubiesen quedado ciegos en aquel momento. Los ciegos de nacimiento, que por no haber visto jamás el mundo no conservan ninguna imagen de cosa alguna, infunden menos compasión. Pero hay niños que se han quedado ciegos unos meses antes, se acuerdan de todo, se dan perfectamente cuenta de lo que han perdido, y éstos sufren más al notar que cada día se les van borrando un poco más las imágenes más queridas, como si fuera desapareciendo de su memoria el recuerdo de las personas amadas. Uno de esos chicos me decía cierto día con indecible tristeza: «¡Desearía recuperar la vista, aunque sólo fuese un instante para volver a ver la cara de mi madre, que ya no la recuerdo!»

Y cuando van a visitarlos las madres, les pasan las manos por la cara, les tocan despacito desde la frente a la barbilla, luego los oídos, para darse cuenta de cómo son; casi no se persuaden de que no podrán verlas, y las llaman muchas veces por su nombre como para rogarles que se dejen ver siquiera una vez.

¡Cuántos salen de allí sollozando, aun los más rígidos de corazón! Al salir, nos parece que somos una excepción, que disfrutamos de un privilegio casi inmerecido al ver a la gente, las casas, el cielo… Estoy seguro que ninguno de vosotros, al salir de allí, dejaría de estar preparado a privarse de algo de la propia vista para dar aunque sólo fuese un ligero resplandor a todos aquellos desdichados niños para quienes el sol carece de luz y no pueden ver o no han visto jamás las facciones de su madre.

EL MAESTRO ESTÁ ENFERMO

Sábado, 25

Ayer tarde, al salir de la escuela, fui a visitar a mi maestro enfermo. El trabajo descomunal le ha hecho enfermar. Cinco horas de lección al día, luego una hora de gimnasia, luego otras dos horas de escuela de adultos por la noche, lo cual significa que duerme muy poco, que come a escape y que no puede ni respirar siquiera sosegadamente de la mañana a la noche; no tiene remedio, ha arruinado su salud. Esto dice mi madre. Ella me esperó abajo, en la puerta de la calle; subí, y en las escaleras me hallé al maestro de las barbazas negras, Coatti, aquel que mete miedo a todos y no castiga a nadie; él me miró con los ojos fijos, bramó como un león en broma, y pasó muy serio. Aún me reía yo cuando llegaba al piso cuarto y tiraba de la campanilla; pero pronto cambié, cuando la criada me hizo entrar en un cuarto pobre, medio a oscuras, donde se encontraba acurrucado mi maestro. Estaba en una cama pequeña de hierro, tenía la barba crecida. Se puso la mano en la frente como pantalla para verme mejor, y exclamó con voz cariñosa: —¡Oh, Enrique!

Me aproximé al lecho, me puso una mano sobre el hombro y me dijo: —Muy bien, hijo mío. Has hecho bien en venir a ver a tu pobre maestro. Estoy en mal estado, como ves, querido Enrique. Y, ¿cómo va la escuela? ¿Qué tal los compañeros? ¿Todo va bien, eh, aun sin mí? Os halláis bien sin mí, ¿no es verdad? ¡Sin vuestro viejo maestro!

Yo quería decir que no; él me impidió:

—Ea, vamos, ya lo sé que no me queréis mal.

Y dio un suspiro.

Yo miraba unas fotografías insertadas en las paredes.

—¿Ves? —me dijo—. Todos esos chicos me han dado sus retratos, desde hace más de veinte años. Guapos chicos. He ahí mis recuerdos. Cuando me muera, la última mirada la arrojaré allí, a todos aquellos pilluelos, entre los cuales he pasado la vida. ¿Me darás tu retrato también cuando acabes el grado primordial?

Luego tomó una naranja que tenía sobre la mesa de noche, y me la alargó diciendo: —No tengo otra cosa que darte; es un regalo de enfermo.

Yo le miraba y tenía el corazón triste, no sé por qué.

—Ten cuidado, ¿eh? —volvió a decirme—; yo espero que saldré bien de ésta; pero si no me aliviase..., cuídate de ponerte fuerte en Aritmética, que es tu punto débil; haz un esfuerzo; no se trata más que de un primer esfuerzo, porque a veces no es falta de aptitud; es una preocupación o, como si se dijese, una manía.

Pero, entretanto, respiraba fuerte; se veía que sufría.

—Tengo una fiebre muy alta... —y suspiró—. Estoy medio difunto. Te lo repito: ¡firme en Aritmética y en los inconvenientes! ¿Que no sale bien a la primera? Se descansa un instante y se vuelve a intentar. ¿Que todavía no sale bien? Otro poco de descanso y vuelta a empezar. Y adelante, pero con tranquilidad, sin cansarse, sin perder la cabeza. Vete. Saluda a tu madre. Y no vuelvas a subir las escaleras; nos volveremos a ver en la escuela. Y si no nos volvemos a ver, acuérdate alguna vez de tu maestro del tercer año, que siempre te ha querido bien.

Al oír aquellas frases, sentí deseos de sollozar.

—Inclina la cabeza —me dijo. La incliné sobre la almohada y me besó sobre los cabellos. Luego agregó—: Vete

—y tornó la cara del lado de la pared. Yo bajé volando las escaleras, porque tenía necesidad de abrazar a mi madre.

LA CALLE

Sábado, 25

Esta tarde te he estado observando desde la ventana cuando venías de visitar al maestro y he visto que tropezabas con una señora. Ten más cuidado cuando vayas por la calle. También hay en ella obligaciones que cumplir. Si en una casa procuras medir los pasos y los gestos, ¿por qué no has de hacer otro tanto en la calle, que es de dominio público?

Recuérdalo, Enrique: cuando halles a un anciano, a una mujer con su criatura en brazos, a uno que anda con muletas, a un hombre con su carga a cuestas, a una familia vestida de luto, cédeles el paso, con respeto; debemos asumir atenciones especiales con la vejez, la miseria, el amor maternal, la enfermedad, la fatiga y la muerte.

Cada vez que veas a una persona en riesgo de ser arrollada por un vehículo, sácala de la calzada si es un niño; adviértele si se trata de un hombre. Cuando veas a un pequeño llorar, pregúntale siempre qué le pasa. Coge el bastón al anciano que lo ha dejado caer. Si dos niños riñen, sepáralos; si son dos hombres, aléjate para no presenciar el espectáculo de la violencia brutal, que ofende y robustece el corazón. Si ves pasar a un hombre maniatado entre dos guardias, no añadas tu curiosidad a la cruel de la gente, pues podría tratarse de un inocente. Deja de conversar con tu compañero y de sonreír cuando veas una camilla de hospital, que tal vez lleve un agonizante, o pase un cortejo fúnebre, pensando que bien podría salir mañana de tu casa. Mira con la mayor consideración a los pequeños de un orfelinato, que van en fila de a dos, lo mismo que a los ciegos, a los mudos, a los raquíticos, a los huérfanos y a los niños abandonados; piensa que pasan la desventura y la caridad humana. Finge siempre no ver a quien tenga una imperfección repugnante o ridícula.

Apaga cualquier cerilla o colilla que veas ardida a tu paso, ya que puede causar mucho mal. Objeta con educación al que te pregunte por una calle. No mires a nadie de forma burlona, no corras sin necesidad, ni grites.

Respeta la calle. La educación de un pueblo se juzga, ante todo, por el comportamiento que observa al ir por la vía pública. Si adviertes descortesía por las calles, también la encontrarás en el interior de las casas.

Y apréndete bien las calles de la ciudad donde vives; si algún día tuvieras que estar lejos de ella, te alegraría tenerla presente en la memoria, poder andar con el pensamiento tu patria chica, la que ha formado por tantos años tu mundo, donde diste los primeros pasos al lado de tu madre, donde sentiste las primeras emociones y hallaste los primeros amigos. Ha sido una madre para ti: te ha instruido, deleitado y protegido. Estúdiala en sus calles y en su gente, quiérela y defiéndela si alguna vez la desatienden delante de ti.

Tu padre

Marzo

CLASES NOCTURNAS

Jueves, 2

Anoche me llevó mi padre a ver las clases nocturnas de nuestra sección Baretti. Estaban ya las aulas alumbradas y los obreros comenzaban a ingresar.

Al llegar vimos que el Director y los maestros estaban disgustados porque poco antes habían roto de una pedrada el cristal de una ventana. El bedel había salido rápidamente, atrapando a un muchacho que pasaba; pero en el mismo instante se presentó Stardi, que vive enfrente de la escuela, diciendo:

—Éste no ha sido. El culpable es Franti, que tiró la piedra y me dijo: «¡Ay de ti como digas algo!» Pero yo no le tengo miedo.

El Director dijo que Franti quedaría definitivamente desterrado. Entretanto se iba fijando en los obreros que ingresaban por parejas o en grupitos de a tres, habiendo ya en las clases más de doscientos.

¡Jamás me había imaginado que fuese tan digna de verse una escuela nocturna! Había chicos de doce años en adelante, y hombres con barba que volvían del trabajo, llevando libros y cuadernos. Eran carpinteros, fogoneros con la cara sombreada, albañiles con las manos blancas, mozos de panadería con el pelo enharinado; se notaba olor a barniz, a cuero, a pez, olores de todos los oficios. También entró un grupo de obreros de la Maestranza de Artillería, uniformados, mandados por el cabo. Todos invadían consecutivamente su sitio en los bancos, quitaban el travesaño donde nosotros ponemos los pies y enseguida inclinaban su cabeza sobre el trabajo escolar. Algunos se acercaban al maestro para solicitarle explicaciones, llevando los cuadernos abiertos. Vi al maestro joven y bien vestido, al que llaman «el abogadillo», con tres o cuatro obreros alrededor de su mesa, y hacía correcciones con la pluma; también estaba allí el maestro cojo, que se reía con un tintorero que le había llevado un cuaderno manchado de tinta roja y azul. Asimismo daba clase mi maestro, ya curado, que mañana volverá a encargarse de nosotros.

Las puertas de las aulas estaban abiertas. Me quedé fascinado cuando comenzaron las clases viendo lo atentos y quietos que estaban todos, oyendo sin parpadear las explicaciones de los maestros, a pesar de que, según nos dijo el Director, la mayoría no había ido a casa a comer algo, por lo que debían sentir hambre.

Los pequeños, al cabo de media hora de clase, daban cabezadas y algunos incluso se dormían. El maestro les despertaba haciéndoles cosquillas en las orejas. Los mayores, no; estaban muy despiertos, escuchando con la boca abierta, sin menearse lo más mínimo. Me causaba asombro ver en nuestros bancos a hombres barbudos.

Subimos al piso de arriba, corrí a la puerta de mi clase y vi sentado en mi sitio a un hombre de grandes bigotes, que llevaba una mano vendada, que tal vez se habría agraviado accionando alguna máquina o herramienta; pero con todo se esforzaba por escribir, aunque muy despacio. Lo que más me gustó ver fue que el puesto del albañilito lo ocupaba necesariamente su padre, el albañil tan corpulento como un gigante, que apenas cabía sentado, con el mentón sobre los puños y la vista en el libro, con una atención muy intensa, sin que se le oyera respirar. Y no era una eventualidad que estuviese allí, puesto que ya había dicho al Director la primera noche:

—Señor Director, le agradecería que me colocase en el mismo sitio de mi «hocico de liebre» —pues así es como siempre llama a su hijo.

Mi padre me tuvo allí hasta el final, y observamos en la calle muchas mujeres con los niños ceñidos al cuello que esperaban a sus maridos, y, cuando éstos salían, se hacía el cambio: los hombres tomaban en sus brazos a las criaturas y las mujeres llevaban los libros y cuadernos hasta el propio domicilio. La calle persistió algún tiempo llena de gente y de ruido. Después todo quedó nuevamente en mutismo, y no diferenciamos ya más que la figura alta y cansada del Director, que se apartaba.

LA PELEA

Domingo, 5

Era de esperar: Franti, al ser desterrado por el Director, quiso vengarse y esperó a Stardi en una esquina a la salida de la escuela, cuando acostumbra a pasar por allí todos los días con su hermana, a la que acompaña desde su colegio, sito en la calle Dora Grossa. Todo lo presenció mi hermana Silvia al salir de su sección, y llegó a casa muy asustada.

He aquí lo sucedido: Franti, que llevaba puesta su ostentosa gorra de hule, aplastada y caída sobre una oreja, fue de puntillas hasta alcanzar a Stardi, y para provocarlo dio un estirón a la trenza de su hermana, pero tan fuerte que casi la hizo caer al suelo. La niña lanzó un grito y su hermano volvió la cara. Franti, que es mucho más alto y fuerte que él, pensaba: «O se aguanta o lo muelo a golpes. » Pero Stardi no lo pensó dos veces. A pesar de lo pequeñajo y débil que es, se arrojó de un salto sobre el chulo gigantesco y le propinó muchos puñetazos; sin embargo, no le podía y recibió más golpes de los que dio.

A aquella hora sólo pasaban por la calle niñas y nadie podía separarlos. Franti lo tiró al suelo; pero Stardi se puso enseguida en pie y volvió a plantarle cara, aunque sin poder impedir que el otro lo sacudiese y lo golpeara como a una puerta. Al cabo de unos instantes, le arrancó media oreja, le amorató un ojo y le rompió las narices, por las que le salía sangre cuantiosa. Más no por eso cejó Stardi, que decía: —Tú me matarás, pero me las has de pagar.

Franti no acababa de dar a su contrario puntapiés y puñetazos. Una mujer gritó desde la ventana: —¡Bravo por el pequeño!

Otras decían:

—Ese chico defiende a su hermana. ¡Animo, valiente!

Y a Franti le gritaban:

—¡Te haces el chulo porque eres mayor que él! ¡Cobarde!

El muy granuja echó la asechanza a Stardi y éste cayó debajo de él: —¡Ríndete! —le dijo Franti.

Stardi le replicó:

—¡No!

Logró escabullirse de su enemigo y se puso de nuevo en pie; Franti le agarró entonces por la cintura y, con un esfuerzo rabioso, lo tiró al empedrado y le puso una rodilla sobre el pecho.

— ¡El muy infame tiene una navaja! —gritó un hombre, que acudió corriendo para desarmar a Franti. Pero Stardi fuera de sí ya le había sujetado el brazo con ambas manos y, dándole un fuerte mordisco en el puño, le obligó a dejar caer la navajita, empezando a sangrarle la mano.

Entretanto habían asistido otros, que separaron y alzaron a los contendientes. Franti desapareció como perrito con el rabo entre piernas, y Stardi quedó dueño del campo, con la cara arañada y un ojo hinchado, es cierto, pero con aire de triunfo junto a su hermanita, que sollozaba. Unas chicas recogieron los libros y cuadernos esparcidos por el suelo.

—¡El pequeño —decían— es un valiente que ha salido en protección de su hermana!

Stardi, sin embargo, cavilaba más en su cartera que en la victoria, y enseguida se puso a evidenciar si le faltaba algo y si sus utensilios escolares habían sufrido deterioros. Limpió los libros con la manga, guardó la pluma, lo puso todo en orden y, con la seriedad usual en él, dijo a su hermanita: —Vamos de prisa, que tengo que solventar un problema de cuatro operaciones.

LOS PADRES DE LOS MUCHACHOS

Lunes, 6

Esta mañana acudió a la puerta de la escuela el corpulento padre de Stardi a esperarlo, por temor que se hallara otra vez a Franti; pero dicen que éste no volverá, porque lo van a meter en un reformatorio.

Además del padre de Stardi había otros muchos. Entre ellos, el revendedor de leña, el padre de Coretti, puro retrato de su hijo, desenvuelto, contento, con sus bigotes acabados en punta y un lacito de dos colores en el ojal de la solapa izquierda.

Ya conozco a casi todos los padres de los escolares a fuerza de verlos por allí.

Hay una abuela encorvada, con toca blanca, que aunque llueva, nieve o esté tronando, acude ineludiblemente cuatro veces al día para acompañar y esperar a su nietecillo, un chiquito de primero superior; le quita la capita que luego, a la salida, le vuelve a poner, le arregla la corbata, le agita el polvo, lo atusa y le guarda los cuadernos. Bien se conoce que no tiene otro en quien pensar y que no hay para ella en el mundo nada más fastuoso. También veo con frecuencia al capitán de Artillería, padre de Robetti, el de las muletas, que libró a un niño de ser atropellado; y como quiera que todos los compañeros de su hijo tienen para él un gesto o frase cariñosa al pasar por su lado, él les devuelve el saludo o incumbe a sus muestras de cariño, sin olvidarse de nadie; a todos hace una inclinación de cabeza, y cuanto más pobres son y peor vestidos van, con tanto mayor atención les da las gracias.

A veces suceden cosas desagradables. Un señor, que no acudía desde hace un mes por habérsele muerto un hijo y mandaba a la criada por el otro, al volver ayer por primera vez, cuando vio de nuevo la clase y a los compañeros de su difunto pequeño, se retiró a un rincón y se le saltaron las lágrimas, que él procuró esconder llevándose ambas manos a la cara. El Director lo cogió de un brazo y lo acompañó a su despacho.

Hay padres y madres que conocen por su nombre a todos los compañeros de sus hijos, y chicas de la escuela contigua y alumnos del Instituto de enseñanza media que acuden a esperar a sus hermanitos. Acostumbra a venir un caballero de edad avanzada, un arcaico coronel, quien no tiene inconveniente en agacharse para recoger del suelo un cuaderno o una pluma que se le haya caído a algún chico.

Tampoco faltan señoras bien vestidas que conversan con otras mujeres de pañuelos a la cabeza y la cesta al brazo de las cosas de la escuela, y dicen, por ejemplo:

—¡El problema de hoy era muy dificultoso!

—La lección de Gramática de esta mañana no parecía tener fin.

Y cuando se enferma alguno, todas lo saben, y se alegran cuando recupera la salud. Justamente había esta mañana ocho o diez señoras y trabajadoras que rodeaban a la madre de Crossi, la verdulera, preguntándole por el estado de un niño de la clase de mi hermanito, vecino de ella, que se halla en peligro de muerte. Parece que la escuela haga a todos iguales y amigos.

EL NÚMERO 78

Miércoles, 8

Ayer tarde estuve presenciando una escena conmovedora. Hacía algún tiempo que la verdulera observaba a Derossi con expresión de singular afecto cada vez que pasaba cerca de él, y todo porque el muchacho demuestra mayor cariño a su hijo después de haberse enterado de la procedencia del tintero de madera y de lo ocurrido con su marido, el preso número 78. Derossi ayuda, efectivamente, a Crossi, el pelirrojo del brazo inmóvil, en los trabajos de escuela le apunta las respuestas, le da papel, pluma y lápices, en suma, se porta con él como un buen hermano para indemnizarlo, quizá, de la desgracia de su padre, que ha repercutido en él, aunque sin percatarse de tan triste realidad. De tal modo le miraba la verdulera de un tiempo a esta parte, que parecía querer dejar los ojos en él, por lo agradecida que le está. Y es que la buena mujer vive pendiente de su desdichado hijito y se siente la mar de examinada a Derossi. Mas como quiera que éste es de familia acomodada y el primero de la clase, lo considera poco menos que como a un rey y a un santo, sintiendo por eso cierto reparo en conversarle.

Pero ayer por la mañana por fin se decidió, le detuvo delante de una puerta y le dijo: —Discúlpeme, señorito. Usted, que es tan bueno y que tanto quiere a mi hijo, tenga la bondad de admitir este pequeño regalo de una madre desdichada.

Y, acto seguido, sacó de la cesta de las verduras una cajita de cartón, blanca y dorada. Derossi se puso rojo y rehusó el presente, diciendo con resolución: —Désela a su hijo; no quiero nada.

La mujer quedó mortificada y pidió perdón, mascullando: —No creía que podía ofenderle... Es una cajita de caramelos.

Derossi repitió su negativa moviendo la cabeza. Entonces ella sacó con vergüenza de la cesta un manojo de rabanitos, y le dijo: —Acepte por lo menos esto. Son unos rabanitos muy frescos, que probablemente le gustarán a su mamá.

Derossi se sonrió y repuso:

—Muchas gracias, señora; pero ya le he dicho que no quiero recibir nada. Continuaré haciendo lo que pueda por Crossi, sin que usted tenga que darme cosa alguna por ello.

—¿No se habrá ofendido usted? —le preguntó la verdulera con angustia.

—¡Qué va, buena mujer! —le objetó sonriendo, mientras ella exclamaba con alegría: —¡Qué muchacho más bueno!

Con esto parecía haber acabado el asunto. Sin embargo, por la tarde, a las cuatro, en vez de la madre, se acercó a Derossi el padre de Crossi, con su cara tristona y melancólica. Por la forma que le miró entendí enseguida que desconfiaba que Derossi estaba enterado de su secreto, y le dijo con voz triste y afectuosa: —Usted quiere mucho a mi hijo… ¿puedo saber por qué?

Derossi se sonrojó. Habría querido responderle: «Le quiero por lo desdichado que es, porque usted mismo ha sido más infeliz que culpable; ha expiado enteramente su delito y es un hombre de buen corazón». Pero le faltó valor, porque en el fondo sentía temor y casi repugnancia ante aquel hombre que había atacado a otro y pasado seis años en presidio. Él lo predijo todo y, bajando la voz, dijo al oído, y casi tiritando, a Derossi: —Quieres a mi hijo… No desatiendes a su padre, ¿no es verdad?

—¡Ah, no, no! i Todo lo contrario! —expresó Derossi en un arranque de su buen corazón.

El hombre tuvo entonces la intención de darle un abrazo; pero no se atrevió, restringiendose a tomar entre sus dedos uno de los dorados rizos del pequeño, acariciándolo. Luego se apartó, mas en cuanto hubo dado unos pasos se tornó, se llevó la mano a la boca y la besó observando a Derossi con los ojos humedecidos, para expresarle que le enviaba aquel beso. Después tomó de la mano a su hijito y ambos desaparecieron con prisa.

EL NIÑO MUERTO

Lunes, 13

El niño que vivía en el patio de la verdulera, de primero superior, compañero de mi hermanito, ha muerto. La maestra Delcati se presentó muy afligida el sábado por la tarde para notificar a mi maestro la triste noticia, rápidamente se ofrecieron Garrone y Coretti para llevar el ataúd.

Era un excelente muchachito que la semana última se había ganado la medalla. Quería mucho a mi hermanito y, como prueba de su amistad, le regaló una hucha rota; mi madre le acariciaba siempre que lo hallaba. Llevaba un gorro con dos listas de paño rojo. Su padre es mozo de estación.

Ayer tarde, domingo, fuimos a las cuatro y media a su casa para acompañarle hasta la iglesia. Viven en la planta baja. En el patio había ya muchos chicos de primero superior con sus madres y velas en las manos, cinco o seis maestras y algunos vecinos.

La maestra de la pluma roja y la señora Delcati ingresaron en la vivienda, y las veíamos llorar por una ventana abierta; también se oían los fuertes sollozos de la afligida madre del niño. Dos señoras, madres de compañeros del muerto, habían llevado guirnaldas de flores.

A las cinco en punto, en cuanto llegó el sacerdote, se puso en marcha la comitiva. Iba delante un muchacho, que llevaba la cruz parroquial, detrás el sacerdote y a continuación el ataúd, una caja pequeña, ¡pobre pequeño!, con un paño negro encima, y sujetas alrededor las guirnaldas de flores de las dos señoras. En una parte del paño negro habían prendido la medalla y tres aludas honrosas que el pequeño se había ganado a lo largo del año.

Llevaban el ataúd Garrone, Coretti y dos chicos de la vecindad. Detrás iban, primariamente, la señora Delcati, que sollozaba como si el muerto hubiese sido hijo suyo y a continuación las otras maestras; detrás de éstas, los chicos, algunos muy chicos, con ramos de violetas en una mano, que miraban el ataúd con cierto estupor, dando la otra a las respectivas madres, que llevaban las velas por ellos.

Oí a uno de ellos, que decía:

—¿Y ahora ya no vendrá más a la escuela?

Al salir el féretro del patio, por la ventana se oyó un grito exasperado, lanzado por la madre del niño difunto; pero enseguida la hicieron entrar en el interior.

Ya en la calle, hallamos a los pequeños de un colegio, que iban en fila de a dos, y viendo el ataúd con la medalla y acompañado por las maestras, se quitaron todos sus gorras.

¡Pobre niño! ¡Se fue al cielo para siempre, durmiendo su cuerpecito con su medalla en las entrañas de la tierra! Ya no lo tornaremos a ver con su gorro encarnado. Estaba bien, y falleció a los cuatro días de caer malo. El último día todavía quiso levantarse para hacer su trabajito de vocabulario, y se empeñó en tener la medalla sobre su cama, por temor a que se la quitaran. ¡Nadie te la quitará ya, pobre pequeño! ¡Adiós, adiós! Siempre nos acordaremos de ti en el grupo Baretti. ¡Descansa en paz, angelito!

LA VÍSPERA DEL DÍA 14 DE MARZO

La jornada de hoy ha sido bastante más alegre que la de ayer. ¡Trece de marzo! Víspera de la distribución de recompensas en el teatro Víctor Manuel, la grande y hermosa fiesta de todos los años. Pero esta vez no se designan al azar los alumnos que han de subir al escenario para presentar los diplomas de los premios a los señores encargados de entregarlos.

El Director vino esta mañana poco antes de la hora de salida, y comenzó diciendo: —Muchachos, tengo que daros una buena noticia. —Luego añadió: — ¡Coraci! —El calabrés se puso prontamente de pie—. ¿Quieres ser uno —le preguntó— de los que mañana entreguen en el teatro los diplomas a las autoridades?

El calabrés dijo que sí y el Director contestó:

—Está bien; así habrá un representante de Calabria. Os asevero que será un acto merecedor de verse. Este año ha querido el Ayuntamiento que diez o doce chicos de las diversas regiones de Italia, designados en los diferentes centros docentes de la ciudad, se encarguen de presentar los premios. Contamos actualmente en Turín con veinte grupos escolares y cinco anejos, que acostumbran siete mil alumnos, y entre tan gran número no ha costado mucho trabajo encontrar un muchacho por cada región italiana. En el grupo «Torcuato Tasso» se encontraban dos representantes de las islas: un sardo y un siciliano; la escuela Boncompagni proveyó un chico florentino, hijo de un ebanista; hay un romano de la misma Roma en el grupo «Tommaseo»; se hallaron fácilmente vénetos, lombardos y romañolos; el grupo «Monviso» da un napolitano, hijo de un militar; nosotros elegimos a un genovés y a un calabrés; éste eres tú, Coraci. Con el piamontés, habrá doce. ¿No os parece que la idea es atinada? Serán hermanos vuestros de todas las regiones italianas los que os den los premios. Mirad, se presentarán los doce a la vez en el escenario. No dejéis de saludarlos con nutridos aplausos. Es verdad que son unos chicos como vosotros, pero representan a sus respectivas regiones como si fueran ya personas mayores. Una pequeña bandera tricolor personifica a Italia lo mismo que una grande, ¿no es así? Aplaudidlos, pues, apasionadamente para demostrar que vuestros corazones infantiles saben sentir gran amor y que vuestras almas de diez años se enaltecen ante la santa imagen de la Patria.

Dicho esto, se fue, y el maestro dijo, sonriéndose:

—De forma que tú, Coraci, eres el escogido por Calabria.

Todos aplaudimos entonces, sin parar de reírnos, y cuando estuvimos en la calle, rodeamos a Coraci; algunos le atraparon por las piernas, lo alzaron y lo llevaron como en triunfo, gritando: —¡Viva el diputado de Calabria!

Era; naturalmente, una broma, pero sin ningún sabor a mofa, sino todo lo inverso, para demostrarle cariño, pues es un pequeño al que todos ambicionamos; y él se sonreía de gozo.

Así lo trasladaron hasta la esquina, donde se hallaron con un señor de barba negra, que también se echó a carcajear. Al decir el calabrés que era su padre, los otros le dejaron a su lado y se esparcieron en todas direcciones.

LOS PREMIOS

Martes, 14

El amplio teatro estaba ya totalmente lleno a eso de las dos. El patio de butacas, las plateas, los palcos, el escenario, estaban ocupados por entero, viéndose millares de caras de niños, señoras, maestros, obreros, mujeres del pueblo y hombres. Era como un mar de cabezas que se movían, un incesante vaivén de lazos y rizos, percibiéndose un susurro denso y alegre que producía mucho gozo.

El teatro surgía adornado con cortinajes de paño rojo, blanco y verde. En el patio de butacas habían puesto dos escaleras, una a la derecha, por donde debían subir al escenario los recompensados, y otra a la izquierda, por donde deberían bajar después de recibir el premio. Delante, en el escenario, había una fila de sillones rojos, y del respaldo del que ocupaba el centro pendía una pequeña corona de laurel; el fondo del escenario era un bosque de banderas; a un lado había una mesita con tapete verde con todos los galardones enrollados y atados con cintas de seda tricolores. La banda de música ocupaba una platea cerca del escenario. Los maestros y las maestras colmaban la mitad de la primera galería, que les había sido reservada; los bancos y los corredores estaban atestados de centenares de chicos cantores con los papeles de música en las manos. Por el fondo y por los lados iban y venían maestros y maestras que colocaban en las primeras filas a los designados para recibir los premios, y por todas partes había padres y madres que daban el último toque a las cabezas y a las corbatas de sus hijos y no dejaban de mirarlos.

En cuanto entré con mi familia en el palco que nos correspondía, vi en otro de enfrente a la maestrita de la pluma roja, con sus donosos hoyuelos, que se reía, y con ella a la maestra de mi hermano, así como a la «monjita», vestida de negro, y mi maestra de primero superior; pero la pobre estaba tan cadavérica y tosía tan fuerte, que se le oía desde todas partes. En el patio de butacas distinguí enseguida la simpática cara de Garrone y la pequeña cabeza rubia de Nelli, que estaba muy adherido a él. Algo más allá vi a Garoffi, con su nariz de lechuza, que se afanaba para recoger listas impresas de los que iban a recibir el galardón, y ya tenía un buen fajo de ellas, probablemente para alguno de sus negocios... Mañana lo sabremos. Cerca de la puerta se encontraba el vendedor de leña juntamente con su mujer vestidos de fiesta, al lado de su hijo que con no pequeño asombro mío no cargaba la gorra de piel de gato ni el jersey color chocolate, sino que estaba trajeado como un señorito. En una galería vi unos momentos a Votini, con su gran cuello bordado, pero enseguida desapareció. En un palco de proscenio, lleno de gente, estaba el capitán de Artillería, padre de Robetti, el de las muletas.

Al dar las dos, comenzó a tocar la banda de música y al mismo tiempo subieron por la escalera de la derecha el señor Alcalde, el Gobernador, el Secretario, el Inspector y muchos otros señores, todos vestidos de negro, que tomaron asiento en los sillones rojos situados en la parte delantera del escenario.

Cuando la banda cesó de tocar, se adelantó el director de canto de las escuelas con la batuta en la mano. A una señal suya todos los chicos del patio de butacas se colocaron de pie, y a otra, comenzaron a cantar. Eran setecientos los que descifraban una bellísima canción. ¡Qué gusto daba oír aquel colosal coro! Todos oían inmóviles. Era un canto dulce, de voces claras, tan lento como uno de iglesia. Cuando callaron, todos aplaudieron y luego guardaron completo silencio.

Iba a emprender la distribución de recompensas. Mi maestro de la sección segunda ya se había adelantado, con su cabeza rubia y sus avispados ojos, por ser el encargado de leer los nombres de los recompensados. Se esperaba que entrasen los doce chicos designados para ir dando los diplomas. Los periódicos ya habían notificado que serían muchachos de todas las regiones italianas. Todos lo sabían y los esperaban, observando con curiosidad hacia la parte por donde debían hacer su aparición. También guardaban mutismo el señor Alcalde y demás señores de los sillones rojos.

De pronto aparecieron contentos y sonrientes los doce, que subieron apresuradamente al escenario, donde se situaron en correcta formación. Las tres mil personas que llenaban el teatro se pusieron de pie repentinamente, oyéndose un ensordecedor aplauso. Los chicos permanecieron unos instantes como aturdidos.

—¡Eso es Italia! —dijo una voz.

Enseguida examiné a Coraci, el calabrés, vestido de negro, como siempre. Un señor del Ayuntamiento, que estaba con nosotros y conocía a todos, le iba diciendo a mi madre:

—Aquel chico rubio es el representante de Venecia. El romano es el otro alto y con el pelo rizado.

Había dos o tres bien vestidos; los demás eran hijos de obreros, aunque todos estaban pulcros y aseados. El florentino, que era el más pequeño, llevaba una faja azul en la cintura. Pasaron todos por delante del señor Alcalde, que fue besándolos en la frente mientras que un señor sentado junto a él le decía por lo bajo y sonriendo los nombres de las ciudades:

—Florencia, Nápoles, Bolonia, Palermo... —y el teatro aplaudía conforme iban pasando. Luego todos ellos se acercaron a la mesita verde para tomar los diplomas. El maestro comenzó a leer la lista, nombrando los grupos escolares, las secciones y las clases a que pertenecían, así como los nombres de los premiados, y éstos emprendieron a subir, según los iban nombrando, al escenario.

Apenas habían subido los primeros cuando comenzó a oírse por detrás del escenario una suave música de violines, que no cesó mientras marchaban los agraciados. Era una melodía grata al oído, que parecía un murmullo de muchas voces en sordina, las de las madres, maestros y maestras, como si todos a una les diesen consejos, rezasen por ellos o les hicieran amorosas reprensiones. Entretanto, los recompensados desfilaban uno a uno por delante de los señores sentados en los sillones rojos, que les iban entregando los diplomas, diciendo a cada uno unas palabritas o haciéndoles una caricia. Los chicos de las butacas y de las galerías aplaudían cada vez que pasaba alguno muy pequeño o más indigentemente vestido. Había algunos de primero superior que, una vez en el escenario, se enredaban y no sabían hacia dónde tenían que dirigirse, provocando una risa general. Pasó uno que apenas tendría tres palmos de alto, con un gran lazo color de rosa en la espalda, que a duras penas podía andar, el cual tropezó en la alfombra y cayó; el Gobernador le alzó y fue motivo de risa y de aplausos. Otro se resbaló por la escalerilla, yendo a parar al patio de butacas; aunque se oyeron gritos de alarma, no se hizo daño alguno. Fueron desfilando chicos de toda clase, caritas de galopines, semblantes espantados, algunos tan simbolizados como la grana, chiquitines graciosos que a todos sonreían, y en cuanto volvían a donde estaban sus padres, las mamás los cogían y se los llevaban.

Cuando tocó la vez a nuestro grupo, ¡entonces sí que me divertí! Pasaban muchos a los que conocía. Entre ellos Coretti, vestido de nuevo de pies a cabeza, con su risueño y alegre expresión, enseñando sus blancos dientes, y sin embargo, nadie podía saber los quintales de leña que habría llevado a sus espaldas por la mañana. Al entregarle el diploma, el señor Alcalde le preguntó qué era una señal roja que tenía en la frente, conservando entretanto una mano sobre su hombro. Yo busqué con la vista a su padre y a su madre por el patio de butacas, y observé que se reían, tapándose la boca con una mano. Luego pasó Derossi, luciendo un bonito traje azul con botones dorados que resplandecían mucho y sus dorados rizos, esbelto, decidido, con la frente alta, tan simpático como siempre; de buena gana le habría dado un abrazo; los señores le decían algo y le daban la mano.

El maestro gritó después:

—¡Julio Robetti!

Vimos avanzar al hijo del capitán de Artillería, apoyándose en sus muletas. Cientos de chicos conocían el hecho heroico y al instante corrió la noticia por el enorme salón estallando una salva de aplausos y de vítores que hizo tiritar las paredes; los hombres se pusieron de pie, las señoras empezaron a agitar sus pañuelos, y Robetti se contuvo en medio del escenario aturdido y tembloroso… El señor Alcalde, le puso junto a sí, le entregó el premio, le dio un beso, y, sacando del respaldo del sillón la coronita de laurel, se la puso en la almohadilla de la muleta… Después lo acompañó hasta el palco del proscenio donde estaba el capitán, su padre, quien lo tomó y subió en vilo al interior, en medio de vítores y aplausos. Entretanto continuaba la mansa y grata música de los violines y seguían marchando los chicos premiados: los del grupo de la Consolata, en su mayoría hijos de comerciantes; los del grupo de «Vanquiglia», hijos de trabajadores; los del grupo de «Boncompagni», muchos de ellos hijos de granjeros; los de la escuela «Ranieri», que fue la última.

En cuanto acabó el reparto de premios, los setecientos chicos de las butacas entonaron una canción muy bonita; después habló el señor Alcalde y a continuidad el Secretario, que acabó diciendo:

—…No salgáis de aquí, queridos niños, sin antes enviar un saludo a quienes tanto se afanan por vosotros, a los que os consagran todas las energías de su inteligencia y de su corazón, y que viven y mueren por vosotros.

Y señaló la galería de los maestros.

Entonces se alzaron los chicos que había en el teatro y estiraron los brazos hacia las maestras y los maestros, que objetaron moviendo las manos, los sombreros y los pañuelos, de pie y visiblemente emocionados.

Por último tocó otra vez la banda de música y el público consagró un postrero y estruendoso aplauso a los menudos representantes de las regiones italianas, que se exhibieron en el escenario en fila y con los brazos entretejidos, bajo una lluvia de ramos de flores.

LA DISPUTA

Lunes, 20

Puedo asegurar que no ha sido la envidia por haber recibido él un galardón y yo no, el motivo de la querella que esta mañana he tenido con Coretti. No ha sido por envidia, pero reconozco que he obrado mal.

El maestro le puso junto a mí. Yo estaba escribiendo en mi cuaderno de caligrafía; él me dio un empujoncito en el codo y me hizo echar un borrón hasta manchar el cuento mensual, Sangre romañola, que debía copiar para el albañilito, que está enfermo. Yo me enojé y le dije una palabrota. Él me contestó sonriendo: —No lo he hecho adrede.

Debería haberle creído, pues le conozco bien; sin embargo, me desagradó que se sonriese y pensé: «Éste se siente orgulloso porque le han dado el galardón»; y luego, para vengarme, le di un empujón que le estropeó la plana. Entonces, montando en cólera, me dijo: — ¡Tú sí que lo has hecho aposta! —Y levantó la mano, que retiró de inmediato porque le observaba el maestro. Pero añadió en voz baja—: ¡Te espero a la salida!

Yo me quedé mortificado, se me disipó la furia y me lamenté en mi interior.

No; ciertamente no podía haberlo hecho Coretti con mala intención. Es buen muchacho, pensé. Me acordé de cómo le había visto en su casa trabajar, atender a su madre enferma y la alegría con que después le recibí en mi casa y la buena impresión que había causado a mi padre. ¡Cuánto habría dado por no haberle dicho aquella blasfemia ni haberme portado tan soezmente con él! Me acordé del consejo de mi padre: «¿Has obrado mal? Pues pide perdón». Sin embargo no quería hacerlo, me abochornaba tener que doblegarme. Le miraba de reojo; veía la malla de su jersey abierta por la espalda, quizá de la mucha leña que había tenido que trasladar, notaba que me inspiraba gran afecto, y decía para mí: «Ten valor»; pero la palabra «perdóname» se me quedaba en la garganta. El también me miraba de reojo, de vez en cuando, y me parecía que estaba más acongojado que molesto. Pero entonces yo le miraba con gesto adusto para darle a entender que no le tenía miedo. El me repitió: —Nos veremos las caras cuando salgamos.

—Sí, nos las veremos —le contesté.

Pero pensaba en lo que me aconsejaba mi padre: «Si te ofenden, defiéndete; pero sin llegar nunca a pelearte». Y en conformidad con tal máxima pensaba, ciertamente, defenderme, pero sin pelearme a golpes y puñetazos. Sin embargo estaba muy nervioso y acongojado, y ni siquiera seguía las explicaciones del maestro.

Por fin llegó el momento de salir. Cuando estuve solo en la calle vi que me seguía Coretti. Me detuve y le esperé con la regla en la mano. El se me acercó, yo levanté la regla en son de amenaza y él me dijo, sonriendo afectuosamente y apartándome la regla: —No, Enrique; seamos tan amigos como antes.

Por un instante me quedé aturdido y sin saber qué hacer, pero luego, como si una mano me hubiese empujado por la espalda, me encontré entre sus brazos. El grandioso compañero me dio un beso y me dijo: —Nada de enojos entre nosotros, ¿no te parece?

—Sí, tienes razón —le respondí.

Y nos apartamos contentos.

Cuando llegué a casa y se lo narré todo a mi padre, creyendo que le encantaría, se molestó y me dijo: —Tú debías haber sido el primero en estirarle la mano, puesto que habías faltado. —Luego añadió—: ¡No debiste usar la regla con un compañero mejor que tú, sobre el hijo de un arcaico soldado!

Y, tomándome la regla, la hizo dos piezas y la tiró contra la pared.

MI HERMANA

Viernes, 24

¿Por qué, Enrique, después de afearte nuestro padre tu mal comportamiento con Coretti, has sido tan descortés conmigo? No puedes figurarte lo mucho que me ha dolido. ¿No sabes que cuando eras pequeñín pasaba horas enteras junto a tu cuna en lugar de ir a jugar con mis amigas y que cuando estabas enfermo brincaba todas las noches de la cama para ver si tenías fiebre? ¿No sabes tú que insultas a tu hermana, que, si sobre nosotros se abatiera una tremenda desgracia, te haría de madre y te querría como a un hijo? ¿No sabes que, cuando nuestro padre y nuestra madre ya no existan, seré yo tu mejor amiga, la única con quien podrás conversar de nuestros muertos y de tu infancia, y que si fuese preciso trabajaría para sostenerte y proveer a tus estudios, y que te querré aun cuando seas mayor, que te seguiré con el pensamiento cuando te encuentres lejos, siempre, porque hemos crecido juntos y tenemos la misma sangre? ¡Oh, Enrique! Ten por cierto que si cuando seas hombre te sucede alguna desgracia y, hallandole solo, vinieras a decirme: «Silvia, hermana mía, déjame estar contigo; hablemos de cuando éramos venturosos, ¿te acuerdas? Conversemos de nuestra madre, de nuestra casa, de aquellos venturosos días tan lejanos», entonces, Enrique, encontrarás a tu hermana con los brazos abiertos.

Sí, querido Enrique, y perdóname el reproche que ahora te expreso. No me acordaré de ninguna mala pasada tuya y, aunque me des otros desazones, siempre serás mi hermano; sólo me acordaré de que te tuve en brazos cuando eras pequeñín, de haber querido contigo a nuestro padre y a nuestra madre, de haberte visto crecer, de haber sido tu más fiel compañera durante tantos años. Pero escríbeme siquiera una frase cariñosa en este cuaderno para que pueda leerla antes del anochecer. Entretanto, para demostrarte que no estoy molesta contigo, viendo que ayer estabas cansado, he copiado por ti el cuento mensual, Sangre romañola, que tú debías copiar para el albañilito, que está enfermo; búscalo en el cajoncito de la izquierda de tu mesa; lo escribí anoche mientras dormías. Por favor, Enrique, escríbeme una frase cariñosa.

Tu hermana Silvia

No soy merecedor de besarte las manos.

Enrique

SANGRE ROMAÑOLA

· Cuento mensual ·

Aquella tarde la casa de Federico estaba más serena que de costumbre. El padre, que tenía una tienda-bazar, había ido a Forlí de compras; con él se había marchado la madre llevando a Luisita, su hermanita, para que la viese el oculista, que debía operarle un ojo enfermo; cavilaban regresar a la mañana siguiente.

Poco faltaba para la medianoche. La mujer que prestaba sus servicios durante el día se había ido hacia el oscurecer. En la casa sólo quedaban la abuela, con las piernas detenidas, y Federico, su nieto, de trece años. Era una casita de planta baja, situada en la carretera y como a un tiro de fusil de un pueblecito poco apartado de Forlí, ciudad de la Romaña, no habiendo cerca de ella más que una casa abandonada, en ruinas desde hacía dos meses a causa de un incendio, y sobre la cual todavía se veía el letrero de una posada. Por detrás de la casita había un huertecito rodeado de setos, al que daba una puertecita rústica; la puerta de la tienda, que era también la de la casa, se abría sobre la carretera. En contorno se extendía la campiña solitaria con vastos campos de cultivo y plantas de moras.

Faltaba poco para la medianoche; llovía y soplaba el viento. Federico y su abuela, todavía levantados, se encontraban en la cocina-comedor, entre la cual y el huerto había una pequeña habitación llena de trastos y muebles viejos. Federico había vuelto a casa sobre las once, después de pasar fuera muchas horas, y la abuela le había esperado despierta, llena de ansiedad, paralizada en un amplio sillón de brazos en el que solía pasar todo el día y, a menudo, también toda la noche, pues la fatiga no le consentía estar acostada.

Llovía, y el viento arrojaba la lluvia contra los cristales. Era una noche muy lóbrega. Federico había vuelto cansado, lleno de barro, con la chaqueta desgarrada y un cardenal en la frente, causado por una pedrada; se había peleado con otros chicos y, por añadidura, había jugado y perdido todo el dinero que llevaba, dejando la gorra en una zanja.

Aunque la cocina sólo estaba irradiada por un quinqué semiapagado colocado en un extremo de la mesa junto al sillón, la pobre abuela había visto al momento el lastimoso estado en que se encontraba su nieto, sabiendo todo lo sucedido en parte por haberlo adivinado y lo demás por la confesión que sacó a Federico sobre sus diabluras.

La anciana señora quería con toda el alma al chico y, cuando se enteró de todo, se echó a llorar.

—¡Ah, no! —Dijo después de un largo mutismo—; no tienes piedad de tu pobre abuela, de lo contrario no te aprovecharías de la ausencia de tu madre para darme tantos disgustos. Ya ves, me has dejado sola todo el día. Debo advertirte, Federico, que has comenzado un camino que te conducirá a un triste fin. He visto a otros que comenzaron como tú y terminaron muy mal. Se empieza por salir de casa para pelearse con otros chicos, jugarse el dinero, y luego, poco a poco, de las pedradas se pasa a las cuchilladas, del juego a otros vicios, y de éstos… ¡al robo!

Federico oía a su abuela de pie, a tres pasos de distancia, apoyado en un arca, con la barbilla sobre el pecho, el entrecejo fruncido y todavía encendido por la ira de la riña. Sobre la frente le caía un mechón de hermosos cabellos castaños, teniendo inanimados sus azules ojos.

—Del juego al robo —repitió la abuela que continuaba llorando—. Piensa en eso, Federico. Piensa en el botarate del pueblo, en Víctor Mozzoni, que ahora vaga por la ciudad, que a sus veinticuatro años ha estado ya dos veces en la cárcel y ha hecho morir de pena a su pobre madre, a la que yo conocía, obligando a su padre a marcharse a Suiza, para no sufrir mayor vergüenza. Piensa en ese desdichado joven, siempre en compañía de otros peores que él hasta el día en que lo metan en correccional para toda su vida. Pues bien, yo le conocí de muchacho, y empezó como tú. Ten presente que puedes denigrar a tu padre y a tu madre como él y causarles tanto mal como ese desdichado.

Federico guardaba mutismo. No estaba pesaroso, ni mucho menos. Su actitud obedecía más bien al exceso de vigor y de audacia que a pura sensibilidad; su padre le había acostumbrado mal precisamente porque, considerándole capaz, en el fondo, de los más fastuosos sentimientos, esperando ponerle a prueba de acciones varoniles y generosas, le dejaba rienda suelta, en la confianza de que se iría reformando por sí solo. Era bueno, pero tozudo, aunque surgiese en su corazón el remordimiento y dejase escapar de su boca las buenas frases que nos inclinan a perdonar: «¡Sí, no me he portado bien; no lo haré más, te lo prometo! Perdóname». A veces se sentía embargado de ternura, pero su orgullo no se lo permitía manifestar.

—¡Ay, Federico! —continuó la abuela viéndole tan callado—. ¡No me dices ni una palabra de remordimiento! Ya ves el estado en que me encuentro, que puede acabar conmigo. No debieras consentir que padeciera tanto, que por tu culpa llorase la madre de tu madre, tan vieja y próxima a su fin, tu pobre abuela, que siempre te ha querido tanto, que te mecía noches enteras cuando eras un nene de escasos meses, y que no comía por distraerte. ¡Tú qué sabes! Yo siempre decía: «¡Éste será mi último consuelo!», y ahora me matas a disgustos. De buena gana daría lo poco que me queda de vida con tal de que fueses otra vez un buen chico, tan sumiso como aquellos días... cuando te trasladaba al santuario de la Santísima Virgen. ¿Te acuerdas, Federico? Tú me llenabas los bolsillos de piedrecitas y de hierbas, y yo te traía a casa en mis brazos, dormidito. En cambio, ahora que estoy paralítica y tengo tanta necesidad de tu cariño como del aire para respirar, porque no tengo, pobre de mí, a otro ser en el mundo... ¡Dios mío!

Federico estaba por echarse en brazos de su abuela, dominado por la emoción, cuando le pareció escuchar un ligero ruido, unos rechinamientos continuados en la habitación de al lado, que daba al huerto. Pero no distinguía si eran las puertas u otra cosa.

Puso oído atento. La lluvia caía con fuerza. El ruido se repitió, y la abuela también lo escuchó.

—¿Qué es? —preguntó un instante después, muy tramada.

—Debe ser la lluvia —murmuró el chiquillo.

—Entonces, Federico —dijo la anciana, enjugándose los ojos—, ¿me prometes ser bueno y no hacer llorar ya más a tu pobre abuela?

Un nuevo sonido la interrumpió.

— ¡No me parece que sea la lluvia! —exclamó, palideciendo—. ¡Vete a ver!

Más enseguida añadió:

—No, ¡quédate aquí! —Y asió al chico por una mano.

Quedaron los dos conteniendo la respiración. Simplemente se oía el ruido producido por la lluvia.

A continuidad ambos sintieron un escalofrío. A los dos les había parecido oír ruido de pies en la habitacioncita de los muebles viejos.

—¿Quién es? —preguntó Federico haciendo de tripas corazón.

Nadie respondió.

—¿Quién anda ahí? —repitió Federico, muerto de miedo.

Pero apenas hubo pronunciado tales frases, ambos arrojaron un grito de terror. Dos hombres ingresaron en la cocina-comedor: el uno sujetó al chico y le tapó la boca con la mano; el otro agarró a la anciana por la garganta. El primero dijo:

—¡Silencio, si no quieres morir!

El segundo:

—¡Calle! —y alzó el puñal. Los dos llevaban un pañuelo lóbrego por la cara, con agujeros a la altura de los ojos.

Durante unos instantes sólo se percibió la respiración de los cuatro y el ruido derivado por la lluvia, la anciana escasamente podía respirar, y tenía los ojos desorbitados.

El que sujetaba al muchacho le dijo al oído:

—¿Dónde deja tu padre el dinero?

El pequeño respondió con un hilillo de voz, y dando diente con diente:

—Allá... en el armario.

—Ven conmigo —le dijo el hombre.

Y lo llevó a la fuerza al cuartito, sin dejar de agarrarle el cuello por la garganta. En el suelo había una linterna.

—¿Dónde está el armario? —preguntó.

El muchacho, medio asfixiado, señaló el armario.

Entonces, para estar seguro del muchacho, el hombre lo puso de rodillas ante el armario, apretándole vigorosamente el cuello entre sus piernas, de forma que lograra estrangularlo si chillaba, y teniendo la linterna en una mano, sacó con la otra del bolsillo una ganzúa, que metió en la cerradura; hurgó, rompió, abrió de par en par las hojas de la puerta, lo revolvió todo confusamente, se llenó los bolsillos, cerró, volvió a abrir y a indagar. Luego cogió de nuevo al chiquillo, llevándole donde el otro tenía aún agarrada a la anciana, convulsa, con la cabeza caída y la boca abierta.

El que sujetaba a la abuela preguntó en voz baja al otro:

—¿Ha caído algo?

—Sí —le contestó. Y añadió—: Mira hacia la puerta.

El que estaba con la anciana fue a la puerta del cercado para cerciorarse si había alguien por allí, y dijo desde el cuartito de los trastos, con una voz que parecía un silbido:

—Ven.

El que había permanecido en la cocina y retenía a Federico enseñó un arma blanca al chiquillo y a la anciana, que terminaba de abrir otra vez los ojos:

— ¡Ni una sola palabra o vuelvo y os degüello!

Y miró firmemente a los dos.

En aquel instante se oyó a lo lejos, por la carretera, un canto de diversas voces.

El ladrón giró avivadamente la cabeza hacia la puerta, y por la violencia del movimiento se le cayó el antifaz.

La anciana lanzó un grito:

—¡Mozzoni!

—¡Maldita! —rugió el reconocido—. ¡Tienes que morir!

Y se arrojó con un puñal en alto contra la anciana, que quedó esfumada en el acto.

El asesino descargó el golpe, pero con un movimiento velocísimo, dando un grito desesperado, Federico se había arrojado sobre la abuela, cubriéndola con su cuerpo.

El asesino huyó, chocando con la mesa y volcó el quinqué, que se apagó.

El chiquillo se deslizó espaciosamente sobre la abuela, cayó de rodillas y permaneció en tal actitud abrazando a la anciana por la cintura y con la cabeza apoyada en su regazo.

Pasaron unos instantes; todo estaba a oscuras; el canto de los campesinos se iba alejando por el campo. La anciana recobró el sentido.

—¡Federico! —dijo con voz apenas visible y dando diente con diente por el temblor que la invadió.

—¡Abuela! —respondió él.

La anciana hizo un esfuerzo para conversar, pero el terror le detenía la lengua.

Permaneció un ratito en mutismo, sin parar de temblar bruscamente. Luego logró preguntar:

—¿Se han ido ya? —Sí, se fueron.

—¡No me han matado! —musitó la anciana con voz ahogada.

—No… estás a salvo —dijo Federico con voz muy endeble—. Estás a salvo, yayita. Se han llevado el dinero. Pero papá había dejado poco.

La anciana dio un suspiro.

—Yaya —dijo Federico, persistiendo de rodillas y teniendo un brazo en su cintura—, yayita, ¿verdad que me quieres?

—¿No te he de querer, hijo mío? —le respondió, colocandole una mano en la cabeza—. ¡Qué. susto has debido llevar, pobrecito mío! ¡Señor, Dios compasivo! Enciende la luz… Pero no, es mejor que continuemos a oscuras. Tengo todavía mucho miedo.

—Abuela —respondió el muchacho—, siempre os he dado muchos desazones a todos…

—No, Federico, no digas eso; yo no me acuerdo de nada, todo lo he olvidado. ¡Te quiero mucho, ángel mío!

—Os he dado muchos disgustos —continuó expresando Federico con gran problema, temblándole la voz—; pero… os quiero. ¿Me perdonas, yaya? ¡Perdóname!

—Sí, querido, te perdono, te perdono de todo corazón. ¡Pues no te iba a perdonar! ¡No faltaba más! Anda, levántate. Ya no te pelearé más. Eres bueno, muy bueno. Ea, enciende la luz, querido. Levántate.

—Gracias, yaya —le contestó el chiquillo con voz cada vez más endeble—. Ahora… estoy contento. ¿Verdad que te acordarás de mí, yayita… de tu Federico?

—¡Federico! —exclamó la abuela, inquieta y preocupada, poniéndole las manos en la espalda e inclinando la cabeza para observarle la cara.

—Acuérdate de mí —musitó aún el chiquillo con una voz que parecía un soplo—. Dales un beso de mi parte a papá, a mamá… a Luisita… ¡Adiós, yaya, yayita…!

—¡Por todos los Santos! ¿Qué tienes? —gritó la anciana, palpando con ansia la cabeza del chico, que estaba apoyada en sus rodillas. Luego, con toda la voz que logró sacar, expresó con desesperación—: ¡Federico! ¡Federico! ¡Amor mío! ¡Ángeles del cielo, ayudadme!

Pero Federico ya no respondió. El pequeño héroe, el salvador de la madre de su madre, herido mortalmente por astuta puñalada en la espalda, había cedido a Dios su hermosa y valerosa alma.

EL ALBAÑIL

Martes, 28

El albañilito está gravemente enfermo; el maestro nos recomendó que fuésemos a verle, y convinimos Garrone, Derossi y yo en ir los tres juntos. Stardi agradablemente nos habría acompañado; pero como el maestro nos encargó la descripción del Monumento a Cavour, dijo que quería verlo para hacer más exacta la descripción. Por probar también, invitamos al orgulloso de Nobis, que nos dio una terminante negativa. Votini se excusó, quizás por temor a mancharse el traje de yeso. Nos fuimos al salir de la escuela, a las cuatro. Llovía a cántaros. Por el camino se detuvo Garrone y dijo con la boca llena de pan: —¿Qué vamos a comprar? —y hacía sonar dos monedas que llevaba en el bolsillo.

Pusimos diez céntimos cada uno y compramos tres grandes naranjas.

Subimos a la buhardilla. Delante de la puerta Derossi se quitó la medalla y se la almacenó en el bolsillo. Le pregunté por qué lo hacía y me respondió: —Bueno, no sé... para no presentarme con ella...; me parece más delicado no llevar la medalla.

Llamamos y nos abrió el padre de nuestro compañero. Era un hombretón formidable, como un gigante, pero tenía alterado el semblante y parecía atemorizado.

—¿Quiénes sois? —preguntó.

Garrone respondió.

—Unos compañeros de Antonio, que le traemos tres naranjas.

— ¡Ah, pobre Antoñito! —Exclamó el albañil moviendo la cabeza—, me temo que no las pueda comer —y se secó los ojos con el revés de la mano.

Nos hizo pasar. Entramos en su cuarto a tejavana, donde vimos al albañilito acostado en una camita de hierro; su madre estaba junto a él con la cara entre las manos y apenas se tornó para mirarnos. En la pared había algunas escobillas de encalar, un pico y una criba; a los pies del enfermo estaba extendida la chaqueta del albañil, blanca de yeso. El pobre chico aparecía escuálido, muy pálido, con la nariz afilada, y respiraba con dificultad. ¡Oh, querido Antoñito, tan bueno y contento, compañerito mío! ¡Cuánto hubiera dado por volver a verle poner el hocico de liebre, pobre albañilito! Garrone le dejó una naranja en la almohada, junto a la cara: su olor le despertó, la tomó enseguida, pero la soltó y miró firmemente a Garrone.

—Soy yo —dijo éste—, Garrone. ¿Me conoces?

Él le dirigió una sonrisa apenas visible, levantó con dificultad su corta mano y se la mostró a Garrone, que la apretó entre las suyas y apoyó en ella una mejilla, diciéndole: — ¡Ánimo, ánimo, albañilito! Pronto estarás bien, volverás a la escuela y el maestro te pondrá a mi lado. ¿Te parece bien?

Pero el albañilito no respondió. La madre prorrumpió en sollozos: — ¡Pobre Antoñito mío, tan humano y trabajador y el Señor me lo quiere llevar!

—¡Cállate! —Le gritó el albañil con desesperación—. ¡Cállate, por el amor de Dios, si no quieres que pierda la cabeza! —Luego, dirigiéndose a nosotros, añadió—: ¡Marchaos, marchaos, chiquillos, y muchas gracias por vuestra visita! ¿Qué podéis hacer ya aquí? Os lo agradezco; pero regresad a vuestra casa.

El chico había cerrado de nuevo los ojos y parecía muerto.

—¿No quiere que le haga algún encargo? —preguntó Garrone al padre.

—No, buen chiquillo, gracias —respondió el albañil—; marchaos a casa, pues tal vez os estén esperando.

Y expresando esto, nos dirigió hacia la escalera y cerró la puerta.

Pero cuando íbamos por la mitad de los escalones, oímos llamar: — ¡Garrone, Garrone!

Subimos apresuradamente los tres.

—¡Garrone! —dijo el albañil, visiblemente desconcertado—. ¡Mi hijo te ha llamado por el nombre! Hacía dos días que no hablaba y te ha mencionado dos veces. ¿Quieres entrar? ¡Ah, santo Dios, si esto fuera una buena señal!

—¡Hasta luego! —nos dijo Garrone—; yo me quedo —y entró en la casa con el padre. Derossi tenía los ojos llenos de lágrimas, y yo le pregunté: — ¿Lloras por el albañilito? Como ya ha conversado es seguro que se pondrá bien.

—Sí, eso creo —respondió Derossi—; pero en este instante no pensaba en él, sino en lo bueno que es Garrone y en su agraciada alma.

EL CONDE CAVOUR

Miércoles, 29

Debes hacer la descripción del monumento al conde Cavour. Puedes hacerla; pero sin lograr entender todavía por ahora la figura del ilustre personaje. De momento has de saber lo siguiente: por espacio de muchos años fue el primer ministro del Piamonte; mandó el ejército piamontés en Crimea para revalidar la gloria militar de nuestra patria con la victoria de Cernaia, que había quedado alucinada por la derrota sufrida en Novara; él fue quien hizo pasar los Alpes a ciento cincuenta mil franceses para arrojar a los austríacos de Lombardía, quien gobernó a Italia en el período más significativo de nuestra revolución, el que dio aquellos años el impulso más poderoso a la santa empresa de la unión de la patria, con su claro ingenio, con imbatible constancia y con una laboriosidad más que humana.

Muchos generales conocieron horas tremendas en el campo de batalla; pero él las pasó más espantosos aún en su despacho, cuando la grandiosa empresa podía venirse abajo de un instante a otro como frágil edificio sacudido por un terremoto; pasó horas, noches de lucha y de angustia, capaces de trastornar la razón o producir la inmovilización del corazón. Tan gigantesco y tormentoso trabajo le quitó veinte años de vida. Pero aun con una fiebre que le devoraba y habría de llevarle al sepulcro, luchaba exasperadamente con la enfermedad para hacer algo por su Patria.

—Es extraño —decía con dolor en su lecho de fallecimiento—; ya no sé ni puedo leer.

Mientras le sacaban sangre, decía despóticamente:

—Curadme; mi mente se nubla y necesito estar en propiedad de todas mis facultades para ocuparme de graves asuntos.

Estando ya en sus últimos instantes, cuando toda la ciudad se sentía consternada y el mismo Rey no se retiraba de su cabecera, todavía decía con gran afán:

—Tengo diversas cosas que deciros, Majestad; pero me encuentro muy mal y no puedo, no puedo —y se entristecía.

Su pensamiento febril no se retiraba de los asuntos de Estado, de las provincias italianas que se habían unido a nosotros y de las diversas cosas que quedaban por hacer. En sus delirios decía:

—¡Educad a la infancia y a la juventud…! Gobiérnese con libertad.

El delirio acrecentaba, la muerte le sobrevenía y aun rogaba con ardientes frases al general Garibaldi, con el cual había tenido ciertas disconformidades, y nombraba con frenesí Venecia y Roma, que todavía no eran libres; tenía extensivas visiones sobre Italia y Europa; fantaseaba con una irrupción extranjera, preguntaba dónde estaban los cuerpos del ejército y los generales; aun temía por nosotros, por su pueblo.

Su mayor pena, ya lo entenderás, no era morir, sino la dificultad de dirigir la Patria, que todavía lo necesitaba y por la cual había consumido en pocos años las desmedidas fuerzas de su prodigioso organismo. Murió con el grito de batalla en su garganta, y su fallecimiento tuvo la grandeza que incumbía a su maravillosa existencia.

Piensa, Enrique, qué personifica nuestro trabajo, por mucho que nos pese, qué son nuestras penalidades y nuestra misma muerte, en comparación de los trabajos, de los formidables afanes, de las enormes congojas de los hombres sobre cuyo corazón gravita la responsabilidad de una nación y aun de todo un mundo. Piensa en eso, hijo mío, cuando pases por delante de la imagen de mármol y dile de todo corazón: «¡Gloria a ti!»

Tu padre

Abril

PRIMAVERA

Sábado, 1

¡Primero de abril! ¡Todavía nos quedan tres meses de curso! Esta mañana ha sido una de las más bellas del año.

En la escuela estaba alegre porque Coretti me había propuesto que pasado mañana fuésemos a presenciar la entrada del Rey juntamente con su padre, que lo conoce personalmente, y también por haberme jurado mi madre llevarme ese mismo día a visitar la guardería de la avenida de Valdocco. También estaba alegtre porque el albañilito va mejorando, y porque el maestro dijera ayer tarde a mi padre cuando le preguntó por mí:

—Va mucho mejor.

Hemos tenido un tiempo verdaderamente primaveral. Desde las ventanas de la clase se veía el cielo azul, los árboles del jardín llenos de brotes nuevos, las ventanas de las casas abiertas de par en par, con los cajones y las macetas cubiertos de verdor.

El maestro no se reía, porque jamás se ríe, pero estaba de buen humor, y casi no se le advertía la arruga recta que casi siempre tiene en la frente. Hasta bromeaba al explicar en la pizarra un problema. Se notaba que hallaba placer respirando el aire del jardín que ingresaba por las ventanas, con fresco olor a tierra y hojas, que hacía pensar en los paseos por el campo.

Mientras exponía, se oían los golpes de un herrero sobre el yunque, y en la casa de enfrente, a una mujer que cantaba para dormir a su nene; a lo lejos, en el cuartel de Cernaia, tocaban las trompetas.

Todos estábamos alegres, incluso Stardi.

A cierto punto el herrero de la calle inmediata comenzó a dar golpes más fuertes; la mujer a cantar más alto. El maestro cesó de explicar y prestó atención. Luego dijo lánguidamente, mirando por la ventana:

—El cielo nos sonríe; una madre canta, un hombre honrado trabaja; los chicos estudian; ¡qué cosas más estupendas!

Cuando salimos de clase, pudimos evidenciar que también estaban los demás alegres; transitaban en fila marcando fuertemente el paso y canturreando, como en vísperas de unas vacaciones de cuatro días; las maestras bromeaban; la de la pluma roja saltaba detrás de sus alumnitos como una colegiala; los padres de los chicos conversaban entre sí riéndose, y la madre de Crossi, la verdulera, llevaba en las cestas tantos ramos de violetas, que llenaban de perfume el gran zaguán de la escuela.

Nunca me había sentido tan contento como al ver esta mañana a mi madre esperándome en la calle. Y se lo dije partiendo a su encuentro:

—Estoy contento. ¿Por qué estoy tan contento esta mañana?

Y mi madre me objetó sonriendo que era por la primavera y la conciencia tranquila.

EL REY HUMBERTO

Lunes, 3

A las diez en punto vio mi padre desde la ventana a Coretti, el vendedor de leña, y a su hijo, esperándome en la plaza, y me dijo:

—Ahí están, Enrique; vete a ver al Rey.

Bajé como un cohete. Padre e hijo estaban más contentos que de ordinario y nunca como esta mañana había notado su gran parecido; el padre llevaba en la chaqueta la medalla al valor entre otras dos conmemorativas; las puntas del bigote retorcidas y puntiagudas como alfileres. Rápidamente nos pusimos en camino hacia la estación del ferrocarril, donde el Rey debía llegar a las diez y media. Coretti padre fumaba su pipa y se frotaba las manos.

—¿Sabéis —decía— que no le he vuelto a ver desde la guerra del sesenta y seis? La friolera de quince años y seis meses. Primariamente tres años en Francia; luego en Mondoví; y aquí que le habría podido ver, nunca se ha dado la maldita casualidad que me hallase en la ciudad cuando venía él. ¡Lo que son las circunstancias!

Llamaba al Rey sencillamente Humberto, como si fuera un camarada: «Humberto mandaba la 16ª división». «Humberto tenía veintidós años y tantos días». «Humberto montaba un caballo así y así…».

—¡Quince años! —decía con voz fuerte, alargando el paso.

—¡Ya tengo ganas de volverlo a ver! Lo dejé príncipe, y lo encuentro rey. También he cambiado yo: de soldado he pasado a ser vendedor de leña —y se reía.

Su hijo le preguntó:

—¿Te conocería, si te viese?

El hombre se echó a reír.

—Estás loco —contestó—. Eso es improbable. Él, Humberto, era uno solo, y nosotros éramos como las moscas. ¿Tú crees que se detuvo a mirarnos uno por uno?

Desembocamos en la avenida de Víctor Manuel. Mucha gente se dirigía, como nosotros, a la estación. Pasaba una compañía de alpinos con la banda de trompetas abriendo la marcha. Dos carabineros a caballo iban al galope.

—¡Sí! —exclamó Coretti padre, animándose—; tengo mucho gusto en volver a ver a mi general de división. ¡Lástima que haya envejecido tan pronto! Me parece que era ayer cuando llevaba la mochila a la espalda y el fusil en las manos en medio de una enorme confusión, aquella mañana del 24 de junio, cuando íbamos a entrar en combate. Humberto iba y venía con sus oficiales mientras a lo lejos tronaba el cañón. Todos lo observábamos y decíamos: «Con tal de que no le toquen las…» Estaba a mil leguas de pensar que poco después lo iba a tener tan cerca de las lanzas de los ulanos austríacos, necesariamente a cuatro pasos el uno del otro, hijitos. Hacía un tiempo magnífico y el cielo parecía un espejo. Veamos si se puede entrar.

Habíamos llegado a la estación. Había un gentío grandioso, coches, guardias, carabineros, representantes de entidades con banderas. Tocaba la banda de un regimiento.

Coretti padre intentó ingresar bajo un pórtico, pero se lo imposibilitaron. Entonces pensó situarse en primera fila, entre la muchedumbre que se agrupaba a la salida, y, abriéndose paso a codazos, logró su propósito; nosotros le seguimos. Pero el gentío, en sus movimientos de vaivén, nos trasladaba de un lado a otro. El vendedor de leña se colocó junto a la primera columna del pórtico, donde los guardias no dejaban estar a nadie.

—Venid conmigo —dijo de repente, y, llevándonos de la mano, cruzamos avivadamente el espacio libre situándonos de espaldas a la pared.

Enseguida se presentó un oficial de Seguridad, que le dijo:

—Aquí no se puede estar.

—Yo soy del cuarto escuadrón del 49 —le respondió Coretti, señalándole la medalla.

El policía le miró y dijo:

—¡Quédese!

—¿No digo yo? —Exclamó muy ufano Coretti—; el cuarto del cuarenta y nueve es una palabra mágica. ¿No tengo derecho a ver con cierta comodidad a mi general, después de haber formado el cuadro? Si entonces lo vi tan de cerca, justo es, creo yo, que lo vea también ahora de cerca. ¡Y qué digo general! ¡Si durante media hora fue el comandante de mi batallón, porque en aquellos instantes él era quien lo mandaba estando en medio de nosotros, y no el mayor Ulrich, qué diablos!

En la sala de espera y en sus alrededores se veía, entretanto, a muchos señores y militares; delante de la puerta se formaban los coches con los criados vestidos de rojo.

Coretti preguntó a su padre si el príncipe Humberto tenía en su mano la espada cuando estaba en el escuadrón.

—¡Ya lo creo! —Respondió—; para poder parar una lanzada, que podía tocarle como a cualquier otro. ¡Los demonios liberados se nos echaron encima! Corrían por entre los grupos, los escuadrones y los cañones, pareciendo remolinos de un huracán, rompiéndolo y destrozándolo todo. Era una confusión de coraceros de Alejandría, lanceros de Foggia, de infantes, ulanos, bersalleros, un infierno en el que nadie se entendía. Yo oí gritar: «¡Alteza! ¡Alteza!», viendo venir posteriormente las lanzas enemigas; disparamos los fusiles y una nube de pólvora lo ocultó todo… Luego se disipó el humo… El suelo estaba cubierto de caballos y de ulanos heridos y muertos. Yo volví hacia atrás y vi en medio de nosotros a Humberto, montado a caballo que observaba a su alrededor, tranquilo, como con aspiraciones de preguntar: «¿Ha recibido arañazos alguno de mis valientes?» Y nosotros le vitoreamos en su misma cara como locos. ¡Qué instantes, santo Dios!… Ya llega el tren real.

La banda tocó; asistieron los oficiales y la muchedumbre se apoyó en la punta de los pies.

—¡Habrá que esperar un poco! —Dijo un guardia—. Ahora está oyendo un discurso.

Coretti padre no cabía en sí de gozo.

—¡Ah! Cuando pienso en él, me parece verlo allá. Bien está que asista a visitar a los atacados por el cólera y que se encuentre entre los damnificados por los terremotos, para darles ánimo, eso es meritorio; pero yo siempre lo tengo presente en mi recuerdo como lo vi entonces, en medio de nosotros, con maravillosa serenidad. Y estoy seguro de que también se acordará él del cuarto del 49, aun ahora que es rey, y le gustaría reunirse con todos nosotros en alguna ocasión, con los que tenía a su alrededor en aquellos momentos. Ahora le rodean generales y señores presumidos; entonces no tenía cerca de sí más que pobres soldados. ¡Si yo pudiera cruzar con él unas cuantas frases! ¡Casi nada, nuestro general de veintidós años, nuestro augusto príncipe, confiado a nuestras bayonetas…! ¡Quince años que no lo veo…! ¡Nuestro Humberto…! ¡Esa música me hace arder la sangre, palabra de honor!

Gritos delirantes le interrumpieron; millares de sombreros se agitaron al viento; cuatro señores vestidos de protocolo subieron al primer carruaje.

—¡Es él! —gritó Coretti, permaneciendo como radiante. Después prosiguió por lo bajo—: ¡Virgen mía, qué pelicano está!

Los tres nos descubrimos. El coche real avanzaba con lentitud, entre los vítores de la multitud, que gritaba y le saludaba con los sombreros en la mano. Yo observaba a Coretti padre. Me pareció otro, como si de pronto se hubiese hecho más alto, pálido, rígido, apoyándose en la columna.

El coche real llegó delante nuestro, a un paso de la columna.

—¡Viva! —gritaron muchas voces a una.

—¡Viva! —gritó Coretti después de los demás.

El Rey se fijó en él y se detuvo durante unos momentos en las tres medallas.

Coretti perdió entonces la cabeza y exclamó: — ¡Cuarto batallón del cuarenta y nueve!

El Rey, que ya estaba mirando a otra parte, se volvió hacia nosotros y, fijándose más en Coretti, sacó la mano fuera del coche.

Coretti dio un salto adelante y se la estrechó.

El carruaje pasó, se interpuso el gentío y nos separó, perdiendo de vista a Coretti padre. Fue tan sólo un momento. Enseguida se puso anhelante, con los ojos humedecidos, y llamó a voces a su hijo, teniendo la mano en alto. El hijo corrió hacia él.

—¡Ven acá, hijo mío —le dijo— que todavía tengo ardiente la mano! —Y se la pasó por la cara, agregando:— Esta es la caricia del Rey.

Allí se quedó, como si despertara de un sueño, con los ojos fijos sobre la distante carroza real, riendo, con la pipa en las manos, en medio de un grupo de curiosos que le miraban.

—Es uno del cuarto del 49 —decían—, es un antiguo soldado que conoce al Rey. El Rey lo ha reconocido y le ha estrechado la mano.

—Ha entregado un memorial al Rey —agregó otro en tono más alto.

— ¡Eso no es cierto! —Rebatió Coretti volviéndose con rudeza—; no le he pedido ningún favor. Otra cosa le daría si me la pidiese... —Todos le miraron con cierto asombro. Y él agregó sin inmutarse—: ¡Mi sangre!

LA GUARDERÍA

Martes, 4

Efectuando su promesa, mi madre me llevó ayer, después de almorzar, a la guardería infantil de la avenida de Valdocco, para encomendar a la directora a una hermanita de Precossi.

Yo no había visto nunca un centro así. ¡Qué bien lo pasé! Eran doscientos, entre niños y niñas, tan pequeños, que nuestros parvulitos de la primera inferior son unos hombres a su lado. Llegamos cuando ingresaban en fila de a dos en el refectorio, donde había dos mesas muy largas con muchas escotaduras redondas, y en cada una de ellas una escudilla negra, llena de arroz y habichuelas, y una cuchara de estaño al lado.

Al entrar, algunos se caían y permanecían sentados en el suelo, hasta que acudían las maestras para levantarlos.

Muchos se paraban ante una escudilla, creyendo que fuese aquel su sitio, y engullían rápidamente una cucharada; pero alguna maestra les decía: «¡Adelante!» Ellos daban tres o cuatro pasos y tomaban otra cucharada, y así hasta que llegaban a su puesto, después de haber consumido a cucharadas sueltas media ración por lo menos. Al fin, a fuerza de empujarlos y de gritar: «Cada cual a su sitio», los pusieron en orden y comenzó la oración. Pero los de la fila de dentro, que para rezar tenían que ponerse de espaldas a la escudilla, volvían de vez en cuando la cabeza para no perderla de vista y que nadie les birlase nada; imploraban con las manos juntas y la ojeada hacia el cielo, pero con el corazón en la comidita. Terminada la oración, empezaron a comer.

¡Qué espectáculo tan divertido! Uno comía con dos cucharas; otro se servía únicamente de las manos; muchos cogían las habichuelas una a una y se las iban guardando en el bolsillito; otros, en cambio, se las ponían en el delantalito y las machacaban hasta convertirlas en una pasta. No faltaban los que no comían por embobarse viendo volar las moscas, y algunos estornudaban y arrojaban una granizada de arroz en torno suyo. Aquello parecía un gallinero. Pero era muy divertido. Eran dignas de verse las dos hileras de niñas con el pelo sujeto en lo alto de la cabeza con cintas rojas, verdes y azules. Una maestra preguntó a una fila de ocho niñas:

—¿Dónde se cría el arroz?

Las ocho abrieron la boca llena de comida y respondieron a una, cantando:

—El arroz se cría en el agua.

Después mandó la maestra:

—¡Manos en alto!

Y fue bonito observar que se levantaban todos aquellos bracitos, que unos meses antes estaban en pañales, y sacudirse todas las manecitas, dando la impresión de ser otras tantas mariposas blancas y sonrosadas.

Luego salieron al recreo, no sin antes coger las cestitas con la merienda, que estaban colgadas en la pared.

Fueron al jardín y se esparcieron, sacando sus abastecimientos: pan, ciruelas pasas, un trocito de queso, un huevo hervido, peras pequeñitas, un puñado de guisantes o un ala de pollo. En unos momentos todo el jardín estuvo cubierto de migajas y partículas como si en él hubieran esparcido granzas para bandadas de pájaros. Comían en las posturas más extrañas, como los conejos, los topos, los gatos, royendo, lamiendo, chupando. Un niño sostenía sobre su pecho una rueda de pan y la iba untando con una níspola, como si sacara brillo a una espada. Unas niñas apretaban en la mano requesones frescos que destilaban como leche entre los dedos y se los metían en las mangas, sin que ellas se apercibieran. Corrían y se perseguían con las manzanas y los panecillos en los dientes, como los perritos. Vi a tres que metían un palillo en un huevo duro creyendo descubrir en él verdaderos tesoros, lo esparcían por el suelo y luego lo recogían pedacito a pedacito con gran paciencia, como si hubiesen sido perlas. Los que llevaban algo asombroso tenían a su alrededor a ocho o diez criaturas con la cabeza inclinada hacia el interior, como habrían mirado la luna en un pozo. Al menos unos veinte estaban alrededor de un chiquito que tenía en la mano un cucurucho de azúcar, y todos le hacían cumplidos para que les permitiese mojar el pan; él lo consentía a unos; y a otros, después de hacerse rogar, sólo les permitía chuparse el dedo.

Mientras mi madre había asistido al jardín y acariciaba ora a uno ora a otro. Muchos le seguían, e incluso se le echaban encima para pedirle un beso, poniendo la carita hacia arriba, como si mirasen a un tercer piso, abriendo y cerrando la boca cual si solicitaran de mamar. Uno le ofreció un gajo de naranja ya mordido; otro una cortecita de pan; una niña le dio una hoja, otra le enseñó muy seriecita la punta del dedo índice, donde, fijándose bien, podía verse una ampollita diminuta, que se había hecho el día anterior al tocar la llama de una vela. Le ponían ante los ojos, como grandiosas maravillas, insectos tan pequeños que no me explico cómo podían verlos y cogerlos, pedazos de tapón de corcho, botoncitos de camisa y florecitas cortadas de las macetas. Un niño con la cabeza vendada, que quería se le atendiese a toda costa, le balbuceó no sé qué historia de una pirueta, sin que se le entendiera lo más mínimo; otro quiso que mi madre se inclinase y le dijo al oído:

—Mi padre hace escobas.

Mientras tanto ocurrían por todas partes mil peripecias que obligaban a acudir a las maestras: niñas que sollozaban porque no podían deshacer un nudo del pañuelo; otras que por dos semillas de manzana disputaban a gritos y se rasguñaban; un niño se había caído boca abajo sobre un banquito volcado, y lloraba por no poderse levantar.

Antes de irnos, mi madre tomó en brazos a tres o cuatro y entonces asistieron de todas partes, con las caras manchadas de yema de huevo y de zumo de naranja, para que los cogiera; uno le agarraba las manos; otro le cogía un dedo para verle la sortija; quién le estiraba de la cadenita del reloj y había uno que se empeñaba en tocarle las trenzas.

—¡Cuidado, señora —decían las maestras—, que le van a estropear el vestido!

Pero mi madre no hacía caso y continuó besándolos. Se le arrojaban encima, los primeros con los bracitos extendidos, como queriendo trepar por ella, y los más apartados tratando de abrirse paso para ponerse en primer término. Todos le decían a gritos:

—¡Adiós! ¡Adiós! ¡Adiós!

Al fin consiguió escapar del jardín, y entonces todos corrieron a asomarse por entre los barrotes de la verja, para verla pasar y sacar los bracitos fuera en saludo, ofreciéndolo todavía piezas de pan, trocitos de níspola y cortezas de queso, gritando a la vez:

—¡Adiós! ¡Adiós! ¡Adiós! ¡Vuelve mañana! ¡Ven otra vez!

Mi madre, al pasar, meneó su mano por arriba de aquellas cien manecitas que se sacudían, como sobre una guirnalda de rosas vivas, y cuando estuvimos en la calle, a pesar de ir ella cubierta de desechos y de manchas, manoseada y desgreñada, con una mano llena de flores y los ojos inflados por las lágrimas, se sentía tan contenta como si saliera de una fiesta.

A lo lejos seguía oyéndose el griterío del jardín de la guardería infantil, como un gorjeo de colibrí, diciendo:

— ¡Adiós! ¡Adiós! ¡Ven otra vez, señora!

EN CLASE DE GIMNASIA

Miércoles, 5

Como quiera que continúe haciendo un tiempo espléndido, nos han hecho pasar los aparatos de ejercicio desde la sala al jardín.

Garrone estaba ayer en el despacho del señor Director cuando llegó la madre de Nelli, la rubia señora vestida de negro, para suplicarle que perdonara a su hijo de los nuevos ejercicios. Cada palabra le costaba un esfuerzo, y conversaba teniendo una mano sobre la cabeza de su hijo.

—No puede… —dijo al Director.

Sin embargo Nelli se manifestó muy disgustado ante la posibilidad de quedar excluido de dichos ejercicios y sufrir una degradación más…, por lo que dijo a su madre: —Ya verás, mamá, que soy capaz de hacer lo que otros.

Su madre le miraba en silencio, con aire de compasión y de cariño. Después dijo algo pensativa: —Me dan miedo sus compañeros…

Quería decir que temía se burlasen de él. Pero Nelli le replicó: —No me importa nada… Además, está Garrone. Basta que él no se burle.

Entonces consintieron que fuese a la clase de gimnasia.

El profesor, el de la cicatriz en el cuello, que sirvió a las órdenes de Garibaldi, nos llevó enseguida a las barras verticales, que son muy altas, y había que subirse hasta lo último, permaneciendo de pie sobre el eje transversal. Derossi y Coretti subieron como dos monos; también se manifestó ágil en la subida el pequeño Precossi, aunque estorbándole el chaquetón que le llegaba hasta las rodillas, y para hacerle reír y estimularle, le repetíamos su habitual estribillo: —Perdona, perdona.

Stardi bufaba, se ponía rojo como un pavo y oprimía los dientes como perrito colérico; pero aunque hubiese reventado habría llegado a lo último, como, en efecto, llegó. También superó la prueba Nobis, que adoptó desde lo alto la postura de un emperador. Votini se resbaló dos veces, a pesar de su bonito traje con listas azules, que le habían hecho explícitamente para la gimnasia.

Para subir con mayor facilidad, todos nos untábamos

las manos con pez griega, o colofonia, como la llaman, y, por supuesto, es el traficante de Garoffi quien la suministra a todos en polvo, vendiéndola a perragorda el capirote, ganándose casi otro tanto.

Luego le correspondió a Garrone, que trepó, sin dejar de masticar pan, como si no tuviera importancia, y creo que habría sido capaz de subir transportando a uno de nosotros a la espalda; tanta es la fuerza de ese torillo. Después de Garrone llegó la vez a Nelli. En cuanto se agarró a las barras con sus largas y débiles manos, muchos comenzaron a reírse y burlarse; pero Garrone cruzó sus fuertes brazos sobre el pecho y dirigió en torno suyo una ojeada tan expresiva, que todos entendieron que recibiría unos guantazos, aun en presencia del profesor, el que prosiguiera en la burla. Ante esto, todos dejaron de reírse rápidamente.

Nelli empezó a subir; al pobrecillo le costaba mucho; se ponía amoratado; respiraba fuerte y le circulaba el sudor por la frente.

El profesor le dijo:

—¡Baja!

Pero no le acató, y hacía esfuerzos ofuscados. Yo esperaba verle caer de un momento a otro, medio muerto. ¡Pobre, Nelli! Pensaba que, de haber estado en su lugar, en caso de que me hubiese visto mi madre, habría sufrido muchísimo. Y lo hacía porque le estima y no sé qué habría dado para hacerle subir; le habría empujado desde abajo sin que me vieran. Entretanto Garrone, Derossi y Coretti le decían: —¡Arriba, arriba, Nelli! ¡Venga, valiente! ¡Animo, sigue!

Nelli hizo un gran esfuerzo, lanzando un gemido y estuvo a dos palmos del travesaño.

—¡Muy bien, valiente! —exclamaron los otros—. ¡Ánimo! Ya no falta más que un poquito.

Nelli se agarró al travesaño, y todos le aplaudimos.

—¡Bravo! —Dijo el profesor—, pero ya está bien. Bájate.

Sin embargo Nelli quiso hacer lo mismo que los anteriores, y, después de no poco esfuerzo, consiguió poner los codos en el travesaño, luego las rodillas, y, por último, los pies, plantándose, al fin, en él. Sin casi poder respirar, pero sonriendo, nos dirigió a todos una mirada de complacencia. Todos le aplaudimos de nuevo y él volvió la cabeza hacia la calle. Yo me volví también en aquella dirección y, a través de las plantas que hay delante de la verja del jardín, vi a su madre, que vagaba por la acera, sin atreverse a mirar.

Nelli descendió y todos le felicitamos. Estaba excitado, colorado y le resplandecían los ojos; no parecía el mismo.

A la salida, cuando la madre salió a su encuentro y le preguntó con intranquilidad, abrazándole: —¿Qué tal ha ido, hijo mío?

Todos respondimos a coro:

—¡Lo ha hecho muy bien! Ha subido como nosotros. Está fuerte, ¿sabe? ¡Y ágil! Hace lo que cualquier otro.

No es para decir la alegría de la buena señora. Quiso darnos las gracias uno por uno, y no pudo. Estrechó la mano a tres o cuatro, hizo una caricia a Garrone, se llevó consigo al hijo y los vimos marchar un gran trecho de prisa, conversando y gesticulando entre ellos, intensamente contentos como antes no los había visto nadie.

EL MAESTRO DE MI PADRE

Martes, 11

¡Qué excursión más encantadora hice ayer con mi padre! La voy a describir. Anteayer, durante la comida, leyendo mi padre el periódico, lanzó de pronto una exclamación de sorpresa. Después nos dijo:

—Y yo que suponía que había muerto hace por lo menos veinte años! ¿No sabéis que todavía vive mi primer maestro, Don Vicente Crosetti, que tiene ochenta y cuatro años? Acabo de enterarme de que el Ministerio le ha permitido la medalla del trabajo por los sesenta años que ha dedicado a la enseñanza. ¡Sesenta años! ¿Qué os parece? Y hace solamente dos que dejó de dar clase. ¡Pobre señor! Vive a una hora de tren de aquí, en Condove, el pueblo de nuestra vieja jardinera del chalet de Chieri —Y luego añadió—: Enrique, iremos a verlo.

Toda la tarde estuvo hablándonos de él.

El nombre de su primer maestro le traía a la remembranza mil recuerdos de su infancia, de sus primeros compañeros, de su difunta madre.

—¡El señor Crosetti! —exclamaba—. Tenía unos cuarenta años cuando yo asistía a su escuela. Aun me parece estar viéndolo: un hombre ya algo encorvado, de ojos claros y la cara siempre rasuración. Severo, pero de buenos modales, que nos quería como un padre, aunque sin consentirnos nada que no estuviese bien. Era hijo de campesinos, e hizo la carrera a fuerza de estudio y de muchas carencias. Mi madre le estimaba mucho y mi padre lo trataba como amigo. ¿Cómo habrá ido a parar a Condove, desde Turín? Seguramente que no me reconocerá. Pero no importa. Lo reconoceré yo. ¡Han pasado cuarenta y cuatro años! Cuarenta y cuatro años, Enrique; iremos a verlo mañana.

Y ayer por la mañana, a las nueve, estábamos en la estación de Susa. Yo habría querido que nos escoltase Garrone; pero no pudo, por hallarse enferma su madre.

Era una espléndida mañana primaveral. El tren corría entre los verdes campos y los setos en flor, respirándose un aire aromatizado. Mi padre estaba contento, y, de vez en cuando, me echaba un brazo al cuello y, mirando el paisaje que se iba brindando a nuestra vista, me hablaba como a un amigo.

—¡Pobre señor Crosetti! —decía—. Ha sido el primer hombre que me ha querido y ha mirado por mi bien, después de mi padre. Nunca he echado en olvido sus buenos consejos y hasta ciertos reproches destemplados que me hacían ir a mi casa de mal talante. Tenía las manos cortas y gruesas. Me parece estar viéndolo cuando entraba en la escuela: ponía el bastón en un rincón y colgaba su capa en la percha, siempre con iguales movimientos. Conservaba todos los días igual humor, tan concienzudo, metódico, atento y voluntarioso como si diese clase por primera vez. Lo recuerdo como si ahora mismo le oyese decir, llamándome la atención: «Eh, tú, Bottini, pon el índice y el dedo corazón en el palillero». Probablemente estará muy cambiado después de cuarenta años.

Apenas llegamos a Condove, fuimos a buscar a nuestra arcaica jardinera de Chieri, que tiene una tiendecita en una de las callecitas del pueblo. La hallamos con sus hijos, y se contentó mucho de vernos. Nos dio noticias de su marido, que estaba para regresar de Grecia, a donde había ido a trabajar hace tres años, así como de su hija mayor, que se encuentra en el Instituto de Sordomudos de Turín. Luego nos indicó por dónde debíamos ir a casa del maestro de mi padre, muy conocido en el pueblo.

Salimos del pueblo y fuimos por una senda en cuesta flanqueada por floridos cercados.

Mi padre no conversaba, parecía que fuera abstraído en sus pensamientos, y de vez en cuando se sonreía y luego movía la cabeza.

De pronto se detuvo y expresó:

—Allí está. Seguro que es él.

Hacia nosotros bajaba por la senda un anciano de pequeña estatura, de barba blanca, con ancho sombrero en la cabeza, apoyándose en un bastón. Arrastraba los pies y le tiritaban las manos.

—¡Es él! —repitió mi padre, apresurando el paso.

Nos paramos cuando estábamos cerca. También se detuvo el anciano, que miró a mi padre. Tenía la cara todavía fresca, y los ojos claros y vivarachos.

—¿Es usted —le preguntó mi padre al tiempo que se quitaba el sombrero— el maestro don Vicente Crosetti?

—El mismo —manifestó con voz algo trémula, pero robusta—. ¿En qué puedo servirle?

—Mire, permita a un antiguo alumno suyo estrecharle la mano y preguntarle cómo se encuentra. He venido de Turín explícitamente para verlo.

El anciano le observó, extrañado. Luego dijo:

—Es mucho honor para mí… no sé… ¿Cuándo fue alumno mío? Perdone ¿quiere hacer el favor de decirme su nombre?

—Alberto Bottini —le contestó mi padre, añadiendo el lugar y el año en que había concurrido a su escuela—. Usted, claro está, no se acordará de mí. Pero yo sí le recuerdo perfectamente.

El maestro inclinó la cabeza y miró al suelo, reflexivo, y murmuró dos o tres veces el nombre de mi padre. Después dijo lánguidamente:

—¿Alberto Bottini? ¿El hijo del ingeniero Bottini, que vivía en la plaza de la Consolata?

—El mismo —le respondió mi padre, tendiéndole las manos.

—Entonces permíteme, mi querido amigo, que te dé un abrazo. —Así lo hizo, y su blanca cabeza apenas si llegaba al hombro de mi padre, quien apoyó su mejilla en la frente del anciano. Luego me presentó:

—Éste es mi hijo Enrique.

El anciano me observó con satisfacción y me besó en la frente. A continuación nos expresó:

—Venid conmigo.

Sin añadir más, se volvió y nos encaminamos hacia su casa.

Llegamos a una pequeña explanada, ante la cual había una casita con dos puertas, una de las cuales tenía encalado un trozo de pared en su derredor.

El maestro abrió la otra y nos instigó a pasar.

Ingresamos en una pequeña estancia, con sus cuatro paredes encaladas. En un rincón había una cama de tablas con jergón de hojas de maíz y una cubierta de cuadros blancos y azules. En otro se veía una mesita y una pequeña biblioteca. Cuatro sillas completaban el modesto mobiliario. En una de las paredes, un viejo mapa sujeto con tachuelas. Se apreciaba olor a miel.

Nos sentamos los tres. Mi padre y el maestro se miraron un rato en mutismo.

—¡Conque Bottini! —Exclamó el maestro, fijando su mirada en el suelo enladrillado, donde el sol reflejaba un tablero de ajedrez—. ¡Me acuerdo muy bien! Tu madre era una señora muy humana. Tú estuviste el primer año en el primer banco, junto a la ventana. Fíjate si me acuerdo. Aún me parece estar viendo tu cabeza rizada —luego pensó un instante—. Eras un chico muy avispado. El segundo año estuviste enfermo de garrotillo. Me acuerdo que te llevaron después a clase muy escuálido, envuelto en un mantón.

Han pasado cuarenta años, ¿no es verdad? Has hecho bien en acordarte de tu pobre maestro. Han venido otros a visitarme, entre ellos un coronel, sacerdotes y otros de diversas carreras —luego preguntó a mi padre a qué se dedicaba, y a continuación agregó—: Me alegro, me contento de todo corazón que hayas venido, y te doy las gracias. Hacía tiempo que no veía a ninguno de mis antiguos alumnos, y temo que seas necesariamente tú el último.

—¡No diga usted eso! —Exclamó mi padre—. Usted está bien y aún tiene mucha vitalidad.

—¡Ah, no! —respondió él—. ¿Es que no ves cómo tiemblo? —y enseñó sus manos—. Esto es un mal indicio. Me acometió el temblor hace tres años, estando en clase. Al inicio no hice caso, creyendo que se me pasaría; pero no ha sido así, sino que ha ido en aumento. ¡Aquel día, cuando por primera vez hice un garrapato en el cuaderno de un chico fue un golpe mortal para mí, puedes creerlo! Aún seguí dando clase por cierto tiempo, pero llegó un momento en que ya no me fue viable continuar. Al cabo de sesenta años consagrados a la enseñanza tuve que despedirme de la escuela, de los alumnos y del trabajo. Y lo sentí muchísimo, como puedes figurarte. La última vez que di clase me escoltaron todos a casa y me festejaron; pero yo estaba afligido, percibiendo que se me terminaba la vida. El año antes había perdido a mi esposa y a mi hijo único, que murió de apendicitis. No me quedaron más que dos nietos campesinos. Ahora vivo con algunos cientos de liras que me dan de pensión. No hago nada, y los días parece que no tienen fin. Mi única ocupación, ya lo ves, es hojear mis viejos libros de escuela, colecciones de periódicos y diarios escolares, así como algunos libros que me han regalado... Míralos —dijo señalando la biblioteca—; ahí están mis recuerdos, todo mi pasado… No me queda otra cosa en el mundo —Luego, en tono súbitamente jovial, dijo—: Te voy a suministrar una grata sorpresa, querido Bottini.

Se levantó y, aproximándose a la mesa, abrió un largo cajón, que contenía muchos pequeños paquetes, todos ellos atados con un cordoncito, apareciendo escrita en cada uno una fecha de cuatro cifras. Después de haber buscado un poco, desanudó uno, hojeó muchos papeles y sacó_ uno amarillento, que presentó a mi padre. Era un trabajo suyo de la escuela, realizado cuarenta años atrás. En la cabecera había escrito: Alberto Bottini. Dictado, 3 de abril de 1838.

Mi padre reconoció enseguida su letra gruesa de niño y empezó a leer, sonriéndose. Más de pronto se le humedecieron los ojos. Yo me aceleré a preguntarle qué le franqueaba.

El me rodeó con un brazo la cintura y, apretándome contra sí, me dijo:

—Mira esta hoja. ¿Ves? Estas correcciones las hizo mi pobre madre. Ella siempre me reforzaba las eles y los tés. Los últimos renglones son totalmente suyos. Había aprendido a imitar perfectamente mis rasgos y, cuando yo estaba rendido de sueño, ella acababa el trabajo por mí. ¡Bendita madre mía! —Dicho esto, besó la página.

—Aquí están —dijo el maestro, enseñando otros paquetes— mis memorias. Cada año iba colocando aparte un trabajo de cada uno de mis alumnos, teniéndolos todos ordenados y numerados. A veces los reviso, y leo al azar algunas líneas, volviendo a mi recuerdo mil cosas, con lo que me parece revivir el tiempo pasado. ¡Cuántos años han pasado, querido Bottini! Yo cierro los ojos y veo caras y más caras, clases tras clases, centenares y centenares de chicos, muchos de los cuales han desaparecido ya. De no pocos me acuerdo cabalmente. Me acuerdo bien de los mejores y de los peores, de los que me han proporcionado muchas complacencias y de quienes me han hecho pasar instantes tristes, porque de todo ha habido en la vida, como es fácil suponer. Pero ahora, ya lo entenderás, es como si me hallase en el otro mundo, y a todos los quiero igualmente.

Volviose a sentar y tomó una de mis manos entre las suyas.

—Y de mí —le preguntó mi padre, sonriéndose—, ¿no recuerda ninguna mala pasada?

—De ti —respondió el anciano, sonriéndose también— por el momento, no. Pero eso no quiere decir que no hicieras alguna. Eras un chico sensato, tal vez más serio de lo que incumbía a tu edad. Me acuerdo de lo mucho que te quería tu buena madre… Has hecho bien y te agradezco la atención que has tenido conmigo en venir a verme. ¿Cómo has podido dejar tus ocupaciones para llegar a la morada de tu pobre y viejo maestro?

—Oiga, señor Crosetti —dijo mi padre con viveza—. Me acuerdo como si fuese ahora, la primera vez que mi madre me escoltó a la escuela, debiendo separarse de mí por espacio de dos horas y dejarme fuera de casa en manos de una persona desconocida. Esa es la verdad. Para aquella santa criatura, mi entrada en la escuela era como la entrada en el mundo, la primera de una serie de separaciones dolorosas, pero necesarias; la sociedad le quitaba por vez primera al hijo para no devolvérselo ya por completo. Estaba emocionada y yo también. Me encomendó a usted con voz trémula, y luego, al marcharse, aún me saludó por un resquicio de la puerta, con los ojos llenos de lágrimas. Y necesariamente entonces le hizo usted un ademán con una mano, poniéndose la otra sobre el pecho, como diciéndole: «Confíe en mí, señora». Pues bien, jamás lo he olvidado, sino que siempre ha persistido en mi corazón aquel gesto suyo, aquella mirada, que eran expresiones de que usted se había percatado de los sentimientos de mi madre, y que constituían la decorosa promesa de protección, de cariño y de indulgencia. Ese recuerdo es el que me ha inducido a salir de Turín. Y aquí me tiene, al cabo de cuarenta y cuatro años para decirle: Gracias, querido maestro.

El maestro no respondió; me acariciaba el pelo con los dedos, y su mano tiritaba, saltaba del pelo a la frente, y de ésta al hombro.

Entretanto mi padre miraba las desnudas paredes, el mísero lecho, un pedazo de pan y una botellita de aceite que había en la ventana, como si quisiera decir: «¿Éste es el premio que se te otorga después de sesenta años de intenso trabajo?»

Pero el anciano estaba alegre y comenzó a conversar de nuevo con gran vivacidad de nuestra familia, de otros maestros de aquellos años y de los compañeros de clase de mi padre, el cual se acordaba de unos, pero no de otros; los dos se informaban noticias sobre éste o aquél. De pronto interrumpió mi padre la conversación para rogar al maestro que bajase con nosotros al pueblo con el fin de almorzar juntos. El contestó con mucha naturalidad:

—Te lo agradezco, te lo agradezco. —Sin embargo parecía indeciso. Mi padre le tendió ambas manos y le reiteró la invitación.

—¿Cómo me las voy a componer con estas pobres manos que no paran de bailar, como ves? Es un martirio también para los demás.

—Nosotros le ayudaremos, señor maestro —le replicó mi padre. Entonces aceptó, procurando sonreírse y moviendo la cabeza.

—¡Hermoso día! —dijo cerrando la puerta desde fuera—. Un día inolvidable, querido Bottini. Te aseguro que lo recordaré mientras viva.

Mi padre le dio el brazo, y él me cogió de la mano, bajando de ese modo por el caminillo. Hallamos a dos chicas descalzas, que cuidaban de unas vacas, y a un muchacho, que pasó corriendo con un gran haz de hierba a las espaldas. El maestro dijo que los tres eran alumnos de segundo, que por la mañana transportaban las vacas a pacer y trabajaban en el campo, con los pies descalzos, yendo por la tarde, calzados, a la escuela.

Era casi mediodía, y ya no encontramos a nadie más. En unos minutos llegamos a la posada, nos sentamos en una mesa grande, poniendo en medio al maestro, y enseguida comenzamos a comer. Mi padre le cortaba la carne, le partía el pan y echaba sal a su plato. Para beber tenía que sujetar el vaso con ambas manos, y aun así chocaba en sus dientes.

El maestro se manifestaba alegre, pero la misma emoción del feliz encuentro aumentaba su temblor, que casi le impedía comer.

Cuando ingresamos en la posada, regía en ella un mutismo conventual; sin embargo, pronto quedó roto, porque el anciano conversaba mucho y con calor de los libros de lectura de cuando él era joven, de los horarios de entonces, de los elogios que le habían hecho los superiores, de la nueva reglamentación de las escuelas colocada por el Gobierno, sin perder su serena fisonomía, aunque con más colorido que al principio, la voz más encantadora y la sonrisa casi propia de un joven. Mi padre lo observaba con gran atención, con la misma expresión que le veo a veces cuando se fija en mí, cavilando y sonriendo a solas y la cabeza algo inclinada a un lado. Al maestro le cayó algo de vino en el pecho, y mi padre se apresuró a limpiárselo con la servilleta.

—¡No, eso no, hijo mío, no te lo consiento! —le dijo, y se reía. Decía algunas frases en latín. Al final alzó el vaso, que le bailaba en la mano, y dijo con mucha seriedad—: ¡A tu salud, señor ingeniero, la de tus hijos y a la remembranza de tu buena madre!

—¡A la suya, mi buen maestro! —respondió mi padre, estrechándole la mano.

En el fondo de la estancia estaban el posadero y otros que observaban y sonreían como si hubiesen notificado de la fiesta que se hacía en honor del maestro de su pueblo.

Salimos después de las dos, y el maestro se empeñó en acompañarnos a la estación. Mi padre le dio el brazo otra vez y él me cogió de la mano; yo le llevaba el bastón. A nuestro paso deteníase la gente a mirar, por ser persona muy conocida, y algunos lo saludaban. En cierto punto del camino oímos salir por una ventana diversas voces de chicos que leían a un tiempo. El anciano se detuvo y pareció entristecerse.

—Esto es, mi querido Bottini —dijo—, lo que más me apena: el oír la voz de los pequeños en la escuela sin estar yo en ella y ser otro el encargado de dirigirlos. He escuchado esa música por espacio de sesenta años y mi corazón se había hecho a ella… Ahora me encuentro sin familia, ya no tengo hijos.

—No diga eso, señor maestro —replicó mi padre, renovando el camino—; usted tiene muchos hijos esparcidos por el ancho mundo, que se acuerdan de usted lo mismo que yo me he acordado siempre.

—No, no —respondió el maestro con tristeza—; ya no tengo escuela y escaseo de hijos. Así no creo poder vivir cuantioso tiempo. Pronto sonará mi última hora.

—¡Por Dios, no piense así! —Le dijo mi padre—. De todos modos, usted ha cumplido con su deber, ha hecho mucho bien y ha empleado noblemente su vida.

El maestro inclinó un instante su blanca cabeza en el hombro de mi padre y me dio un apretón.

Llegamos a la estación cuando el tren estaba para salir.

—¡Adiós, señor maestro! —dijo mi padre, abrazándolo y besándolo en ambas mejillas.

—¡Adiós, hijo, y muchas gracias! —respondió el maestro agarrándole una mano entre las suyas trémulas y llevándoselas al corazón.

Después lo besé yo, y noté que tenía mojada la cara. Mi padre me ayudó a subir al tren, y, cuando iba a subir él, cogió con rapidez el tosco bastón que llevaba en su mano el maestro y le puso en su lugar la hermosa caña con empuñadura de plata y sus iniciales, expresandole:

—Guárdela como recuerdo mío.

El anciano intentó devolvérsela y recuperar su bastón; pero mi padre estaba ya dentro y cerró la portezuela.

—¡Adiós, querido maestro!

—¡Adiós, hijo —respondió él mientras el tren se ponía en movimiento—, y que Dios te bendiga por el alivio que me has traído!

—¡Hasta la vista! —gritó mi padre, removiendo la mano.

Pero el maestro movió la cabeza como diciendo: «Ya no nos volveremos a ver».

—Sí, sí, hasta otra vez —replicó mi padre.

El respondió alzando su trémula mano, señalando al cielo:

—¡Allá arriba!

Y desapareció de nuestra vista con la mano en alto.

EN CONVALECENCIA

Jueves, 20

¿Quién iba a decirme, cuando volvía con mi padre de tan agradable excursión, que por espacio de diez días no podría ver el campo ni el cielo? He estado muy malo, en peligro de muerte. He oído sollozar a mi madre y he visto a mi padre muy pálido, mirándome firmemente, a mi hermana Silvia y a mi hermanito, conversando en voz muy baja, y al médico de las gafas, que no se retiraba de mi lado y me decía cosas que no concebía. He estado a punto de despedirme de todos para siempre.

¡Pobre mamá! Pasé tres o cuatro días por lo menos de los que no recuerdo nada en absoluto, como si hubiese estado en medio de un sueño embrollado y lóbrego. Me parece haber visto junto a mi cama a mi buena maestra de la primera superior, esforzándose por reprimir la tos con el pañuelito, para no molestarme; recuerdo muy turbiamente a mi maestro, que se inclinó para besarme y me pinchó un poco la cara con la barba. Vi pasar, como en medio de espesa niebla, la rubia cabeza de Crossi, los dorados rizos de Derossi, el calabrés vestido de negro, y a Garrone, que me trajo una naranja mandarina con un verde ramito de hojas, y que se marchó enseguida porque su madre estaba enferma.

Después me desperté como de un sueño muy prolongado, y entendí que estaba mejor viendo sonreír a mi madre y oyendo canturrear a Silvia. ¡Qué sueño más triste ha sido! Luego comencé a mejorar día a día.

Vino el albañilito, que me hizo reír por primera vez, después de tanto tiempo poniéndome su habitual hocico de liebre. ¡Qué bien le sale ahora que se le ha alargado un poco la cara por la enfermedad! Han venido Coretti y Garoffi, éste con el fin de regalarme dos participaciones de su nueva rifa para «una navaja con cinco sorpresas», que compró a un vendedor ambulante en la calle Bertola. Ayer, por último, mientras dormía vino Precossi, colocando la mejilla debajo de mi mano, pero sin despertarme, y como venía de la herrería, con la cara sombreada por el carbón, me dejó tiznada la manga, cosa que me ha gustado ver al despertarme.

¡Qué verdes se han puesto los árboles en estos pocos días! ¡Y qué envidia me dan los pequeños que van a la escuela con sus libros, cuando mi padre me asoma a la ventana! Pero también comenzaré a ir yo otra vez pronto. Estoy impaciente por volver a ver a mis compañeros, mi banco, el jardín, las calles de costumbre, saber todo lo que me ha sucedido estos días, coger de nuevo mis libros y cuadernos, que me parece no los haya tocado en un año.

¡Qué delgada y cadavérica está mi pobre mamá! ¡Qué expresión de agotamiento tiene mi padre! ¿Y qué decir de mis compañeros, que vinieron a verme, y transitaban de puntillas y me besaban en la frente? Me da pena pensar que un día tendremos que apartarnos. Tal vez continúe los estudios con Derossi y algún otro, pero ¿y los demás? Una vez acabados los estudios primarios, ya no volveremos a vernos; ya no vendrán a visitarme cuando esté enfermo. Me tendré que separar concluyentemente de Garrone, de Precossi, de Coretti, de tantos buenos y queridos compañeros.

LOS OBREROS

Jueves, 20

¿Por qué, Enrique, no les volverás a ver? Esto depende de ti. Una vez que termines cuarto, irás al bachiller superior y ellos se pondrán a trabajar. Pero permaneceréis en la misma ciudad quizá por muchos años. ¿Por qué no os tornaréis a ver? Cuando estés en la universidad o en la academia, les irás a buscar a sus tiendas o a sus talleres y te contentarás de encontrarte con tus compañeros de la infancia, ya hombres, en su trabajo. ¡Cómo es posible que tú no te consigas con Coretti y Precossi, dondequiera que estén!

Irás y franquearás con ellos horas íntegras en su compañía, y verás, estudiando la vida y el mundo, cuántas cosas puedes aprender de ellos, y que nadie te sabrá enseñar mejor, tanto sobre sus oficios, como acerca de su sociedad, como de tu país.

Y ten presente que si no conservas estas amistades, será muy difícil que adquieras otras similares en el futuro; amistades, quiero decir, fuera de la clase a que tú incumbes; y así vivirás en una sola clase; y el hombre que no frecuenta más que una clase sola, es como el hombre estudioso que no lee más que un solo libro. Proponte por consiguiente, desde ahora, conservar estos buenos amigos aun cuando os hayáis separado, y procura cultivar su trato con preferencia, necesariamente porque son hijos de artesanos.

Mira: los hombres de las clases superiores son los oficiales, y los obreros son los soldados del trabajo; pero tanto en la sociedad civil como en el ejército, no sólo el soldado no es menos noble que el oficial, ya que la nobleza está en el trabajo, y no en la ganancia, en el valor, y no en el grado, sino que, si hay supremacía en el mérito, está de parte del soldado y del obrero, porque sacan de su propio esfuerzo menor ganancia. Ama, pues, y respeta sobre todo, entre tus compañeros, a los hijos de los soldados del trabajo; honra en ellos el sacrificio de sus padres; desatiende las diferencias de fortuna y clase, porque sólo las gentes superficiales miden los sentimientos y la cortesía por aquellas diferencias; piensa que de las venas de los que trabajan en los talleres y los campos salió la sangre bendita que redimió la patria; ama a Garrone, ama a Precossi, ama a Coretti, ama a tu albañilito, que en sus pechos de obreros encierran corazones de príncipes; júrate a ti mismo que ningún cambio de fortuna podrá jamás arrancar de tu alma estas santas amistades infantiles. Jura que si dentro de cuarenta años, al pasar por una estación de ferrocarril, examinaras bajo el traje de maquinista a tu viejo Garrone, con la cara negra... ¡Ah! No quiero que lo jures; estoy seguro que saltarás sobre la máquina y que le echarás los brazos al cuello, aun cuando seas senador del Reino.

Tu padre

LA MADRE DE GARRONE

Viernes, 28

En cuanto volví a la escuela, me dieron una triste noticia: hacía varios días que Garrone faltaba a clase por estar su madre arduamente enferma. Esta sucumbió el sábado por la tarde.

Ayer por la mañana, en cuanto ingresamos en el aula, nos dijo el maestro:

—Al pobre Garrone le ha sucedido la mayor desgracia que puede sobrevenirle a un niño: la muerte de su madre. Desde ahora os pido, queridos niños, que respetéis el enorme dolor que destroza su alma. Cuando venga, saludadlo con cariño y seriedad; que nadie le gaste bromas ni se ría en su presencia. Os lo recomiendo encarecidamente.

Esta mañana se ha mostrado en clase Garrone algo más tarde que los demás y, al verlo, he sentido una gran angustia en el corazón. Tenía la cara mustia y apenas se sostenía en las piernas; parecía que hubiese estado un mes enfermo; viste de luto riguroso y da pena verlo. Todos hemos contenido la respiración observandolo. En cuanto ha entrado, al volver a ver la escuela, a la que su madre acostumbraba acudir para acompañarlo; el banco en donde tantas veces se había inclinado los días de examen para hacerle las últimas recomendaciones, y en el que tantas veces había deliberado en él con impaciencia, ambicionando salir a su encuentro, no pudo contener el llanto.

El maestro se le ha acercado, lo ha apretado contra sí y le ha dicho:

—Llora, llora, pobre chico, pero no pierdas el ánimo y ten valor. Tu madre ya no está aquí, pero te ve, te quiere y no se aleja de tu lado… y un día la volverás a ver, porque tienes un alma buena y honrada como ella. ¡Mucho valor, hijo mío!

Dicho esto, lo ha acompañado al banco, cerca de mí. Yo no me atrevía a mirarlo. Al sacar los libros y cuadernos, que no había abierto desde hace muchos días, y ver en el libro de lectura un dibujo que personifica a una madre llevando al hijo de la mano, ha vuelto a llorar copiosamente, inclinando la cabeza en el brazo. El maestro nos ha hecho señal de dejarlo en paz, y ha empezado la lección.

Me habría gustado decirle muchas cosas; pero no se me ocurría nada. Al fin le he puesto una mano en el brazo y le he dicho al oído: —No llores, Garrone.

El no me ha respondido, limitándose a colocar un ratito su mano encima de la mía, pero sin levantar la cabeza.

A la salida, nadie le ha conversado, pero todos le hemos rodeado con respetuoso mutismo.

Viendo a mi madre que estaba esperándome, he corrido a abrazarla; mas ella me ha rechazado, mirando a Garrone. Enseguida he conocido la causa, al darme cuenta que Garrone, ya solo, me estaba observando con expresión de suma tristeza, como diciendo: «Tú tienes la dicha de abrazar a tu madre; yo ya no la abrazaré jamás. Tu madre vive y la mía ha muerto».

Por eso me ha rechazado mi madre, y he salido sin ni siquiera darle la mano.

JOSÉ MAZZINI

Sábado, 29

Garrone vino también hoy por la mañana a la escuela; estaba cadavérico y tenía los ojos inflados de llorar; apenas miró los regalillos que le habíamos puesto sobre el banco para consolarlo. El maestro había llevado, sin embargo, una página de un libro de lectura para reconfortarlo. Primero nos advirtió que fuésemos todos mañana a las doce al Ayuntamiento para asistir a la entrega de la medalla al mérito a un chico que ha salvado a un niño en el Po, y que el lunes dictaría él la descripción de la fiesta, en vez del cuento mensual. Luego, volviéndose a Garrone, que estaba con la cabeza baja, le dijo:

—Garrone, haz un esfuerzo, y escribe tú también lo que voy a dictar.

Todos tomamos la pluma. El maestro dictó:

—José Mazzini, nacido en Génova en 1805, murió en Pisa en 1872; patriota de alma grande, escritor de preclaro inocente, inspirador y primer apóstol de la revolución italiana, por amor a la patria vivió cuarenta años pobre, desterrado, perseguido, errante, con heroica secuela en sus principios y en sus propósitos. José Mazzini, que adoraba a su madre, y que había heredado de ella todo lo que en su alma fortísima y noble había de más elevado y puro, escribía así a un fiel amigo suyo para consolarle de los infortunios. Poco más o menos, he aquí sus frases: «Amigo: No, no verás nunca a tu madre sobre esta tierra. Esta es la tremenda verdad. No voy a verte, porque el tuyo es de aquellos dolores solemnes y santos que es necesario sufrir y vencer por sí mismo. ¿Entiendes lo que quiero decir con estas palabras? ¡Hay que vencer el dolor! Vencer lo que el dolor tiene de menos santo, de menos purificador; lo que, en vez de mejorar el alma, la debilita y la rebaja. Pero la otra parte del dolor, la parte noble, la que engrandece y levanta el espíritu, ésta debe permanecer contigo y no abandonarte jamás. Aquí abajo nada sustituye a una buena madre. En los dolores, en los consuelos que todavía puede darte la vida, tú no la olvidarás jamás. Pero debes recordarla, amarla, entristecerte por su muerte de un modo que sea digno de ella. ¡Oh, amigo, escúchame! La muerte no existe, no es nada. Ni siquiera se puede entender. La vida es la vida, y sigue la ley de la vida: el progreso. Tenías ayer una madre en la tierra; hoy tienes un ángel en otra parte. Todo lo que es bueno sobrevive, con mayor potencia, a la vida terrena. Por consiguiente, también el amor de tu madre. Ella te quiere ahora más que nunca, y tú eres responsable de tus actos ante ella más que antes. De ti depende, de tus obras, hallarla, volverla a ver en otra existencia. Debes, por tanto, por amor y reverencia a tu madre, llegar a ser mejor; que se alegre de ti en tu conducta. Tú, en adelante, deberás en todo acto tuyo, decirte a ti mismo: «¿Lo aprobaría mi madre?» Su transformación ha puesto para ti en el mundo un ángel custodio, al cual debes referir todas las cosas. Sé fuerte y bueno; resiste el dolor exasperado y vulgar; ten la tranquilidad de los grandes sufrimientos en las almas grandes; esto es lo que ella quiere».

—¡Garrone! —Añadió el maestro—, sé fuerte y está sereno; esto es lo que ella quiere. ¿Entiendes?

Garrone mostró que sí con la cabeza; pero gruesas y cuantiosas lágrimas le caían sobre las manos, sobre el cuaderno, sobre el banco.

VALOR CÍVICO

· Cuento mensual ·

A las doce estábamos con nuestro maestro ante el palacio municipal para presenciar el acto de entrega de la medalla del valor cívico al pequeño que protegió a un compañero suyo de perecer ahogado en el Po.

En el balcón principal de la fachada ondeaba una gran bandera tricolor.

Entramos en el patio del palacio municipal que se encontraba repleto de gente. Al fondo había una mesa con tapete encarnado; encima, papeles, y por detrás una hilera de sillones dorados para el alcalde y los componentes de la junta. También había ujieres municipales con dalmáticas azules y calzas blancas. A la derecha del patio estaba formado un piquete de guardias municipales que exhibían en el pecho muchas galardones, y junto a ellos un grupo de carabineros; en la parte opuesta había bomberos con uniforme de gala, y bastantes soldados de caballería, de infantería y de artillería, en grupo, que habían asistido para presenciar la ceremonia. Los laterales estaban ocupados por gente del pueblo, algunos militares, mujeres y niños, todos apiñados. Nosotros nos situamos en un ángulo, donde ya había muchos alumnos de otras escuelas con sus respectivos maestros, y cerca de nosotros un grupo de chicos del pueblo, entre los diez y los dieciocho años, que se reían y conversaban fuerte, notándose que eran del barrio del Po, amigos o conocidos del que iba a recibir la medalla.

Por las ventanas del edificio se asomaban los empleados del Ayuntamiento. La galería de la biblioteca estaba también llena de gente, que se apiñaba contra la balaustrada, y en el lado opuesto, en los huecos que hay encima de la puerta de entrada, había gran número de chicas de las escuelas públicas y muchas huérfanas de militares con sus oscuros uniformes, luciendo todas ellas en los sombreros cintas azules. Aquello parecía un teatro en función de gala. Todos conversábamos animadamente, mirando de vez en cuando hacia donde estaba la mesa roja, para ver si llegaban las autoridades. La banda municipal, situada en el fondo del pórtico, amenizaba el acto tocando diversas composiciones en tono bastante bajo. Las paredes estaban iluminadas por el sol. Resultaba un espectáculo realmente precioso.

De pronto cuantos estábamos en el patio lo mismo que quienes se hallaban en los pisos superiores, comenzamos a aplaudir.

Yo me puse de puntillas para ver mejor.

La gente que se encontraba detrás de la mesa presidencial dejó paso a un hombre y a una mujer. El daba la mano a su hijo, el chico que había salvado a un compañero.

El hombre era albañil e iba vestido de fiesta. Su mujer, bajita y rubia, vestía de negro. El muchacho, también rubio y más bien bajo para su edad, llevaba una chaqueta gris.

Al ver tal gentío y escuchar la estruendosa aclamación, los tres permanecieron tan asombrados que no acertaban a mirar hacia ninguna parte ni a mover un solo pie. Un ujier les acompañó al sitio que se les había designado, a la derecha de la mesa roja.

De momento se originó un gran mutismo, y después se comenzó a aplaudir por todas partes. El muchacho miró hacia las ventanas y luego a la galería de las Hijas de los militares; tenía el sombrero en las manos y parecía no comprender dónde estaba. Yo diría que en la expresión se parece bastante a Coretti, aunque tiene color más encendido. Su padre y su madre no alzaban la vista de la mesa.

Entretanto los chicos del barrio del Po, que se encontraban cerca de nosotros, procuraban ponerse en sitio preferente y hacían señas a su compañero para hacerse ver, y le llamaban en voz baja, pero insinuante: «¡Pin! ¡Pin! ¡Pinot!» A fuerza de llamarle se hicieron oír. El muchacho los miró y ocultó su sonrisa colocandose delante el sombrero.

A cierto punto todos los guardias se cuadraron.

Entró el señor Alcalde, acompañado por muchos señores.

El Alcalde, vestido de blanco, con una gran faja tricolor en bandolera, se situó de pie junto a la mesa, permaneciendo los demás detrás y a los lados.

La banda de música dejó de tocar, y a una señal del señor Alcalde, todos callamos.

Empezó a hablar. Sus primeras palabras no las oí bien, pero supuse que estaba refiriéndose a la heroica conducta del muchacho. Después levantó más la voz, y se esparció con tal claridad y sonoridad por todo el patio, que ya no perdí palabra.

—...Cuando desde la orilla vio al compañero que se debatía en el río, presa ya del terror de la muerte, él se desnudó y se dispuso a tirarse al agua para acudir en auxilio del que estaba en peligro de muerte. «¡No te tires —le dijeron—, que te ahogarás!» Y le sujetaron. Más él logró desasirse de todos, y se lanzó resueltamente al agua.

El río iba muy crecido, constituyendo un peligro terrible, incluso para un hombre. Pero él desafió la muerte con todas las fuerzas de su pequeño cuerpo y gran corazón, consiguiendo llegar junto al que se hundía, agarrarlo y sacarlo a flote. Luchó esforzadamente con la corriente, que le quería engullir, y con el compañero que se le enredaba; varias veces desapareció y volvió a salir a la superficie haciendo esfuerzos desesperados; con admirable terquedad en su empeño, no parecía un muchacho con deseos de salvar a otro muchacho, sino un padre luchando por librar de la muerte a un hijo, que es su esperanza y su vida.

Al fin no consintió Dios que una hazaña tan desprendida resultase inútil, y el nadador arrebató su presa al formidable río, la sacó a la orilla y aun le prestó, juntamente con otros, los primeros auxilios; después de lo cual marchó a su casa, sano y sereno, para referir ingenuamente su meritísima acción.

Señores, bello y admirable es el heroísmo de un hombre; pero el de un niño sin miras de ambición o de interés alguno, que debe tener tanto más atrevimiento cuanto menores son sus fuerzas; el de un niño al que nada le exigimos y que a nada está obligado, pareciéndonos un ser amable y noble, no ya cuando cumple sus chicos deberes, sino cuando se percata del sacrificio ajeno, el heroísmo de un niño, digo, raya en lo divino. Nada más quiero añadir, señoras y caballeros. No he de adornar con frases superfluas una grandeza tan manifiesta. Aquí tienen ustedes al generoso y admirable salvador. Saludadlo, soldados, como a un hermano; vosotras, madres, bendecidlo como a un hijo; vosotros, chicos aquí presentes, conmemorad su nombre, grabad bien en vuestra memoria su semblante, y que su figura no se borre nunca ni de vuestra mente ni de vuestro corazón. Aproxímate, muchacho. En nombre del Rey, prendo en tu pecho la medalla al mérito civil.

Una viva estruendosa, dicho a la vez por centenas de gargantas, hizo estremecerse las paredes del edificio.

El señor Alcalde tomó de la mesa la condecoración y la puso en el pecho del muchacho, y, acto seguido, lo abrazó y besó.

La madre se llevó una mano a los ojos y el padre tenía la barbilla sobre el pecho.

El Alcalde apretó la mano de ambos y entregó el diploma de la concesión, atado con una cinta de seda a la venturosa madre.

Después, dirigiéndose al chico, le dijo:

—Que el recuerdo de este día tan fausto para ti y tan honroso para tu padre y tu madre, te sostenga toda la vida por el camino de la virtud y del honor. ¡Adiós!

El Alcalde, seguido de su acompañamiento, salió del patio; la banda de música empezó a tocar y, cuando todo parecía acabado, el grupo de bomberos se abrió para dejar paso a un chico de ocho o nueve años, impulsado por una señora que enseguida se ocultó; el niño corrió a abrazar con toda efusión al muchacho galardonado.

Volvieron a repetirse los vítores y aplausos de la multitud. Todos comprendieron al punto que se trataba del niño librado de perecer en el Po, que daba gracias públicamente a su salvador. Después de besarlo, se agarró a su brazo para acompañarlo fuera. Yendo los dos delante, y detrás el padre y la madre del agasajado, se dirigieron a la puerta de salida, pasando con dificultad por entre la gente, que se apretujaba para hacerles calle, entre mezcla de guardias, chiquillos, soldados y mujeres. Todos pretendían ponerse delante y se empinaban para ver al heroico muchacho. Los que estaban en primer término le tocaban afectuosamente la mano.

Al pasar ante los chicos de las escuelas, todos agitaron sus gorras en el aire. Los del barrio del Po eran los más bulliciosos, le estiraban de los brazos y de la chaqueta, gritando: «¡Pin! ¡Viva Pin! ¡Bravo, Pinot!»,

Pasó muy cerca de mí, pudiendo ver que estaba colorado, que se hallaba contento y que la cinta de la condecoración llevaba los colores nacionales. Su madre sollozaba y reía a la vez: su padre se retorcía las puntas del bigote con una mano que le tiritaba mucho, como si hubiese estado acometido por la fiebre. Desde las ventanas y galerías continuaban asomándose y aplaudiendo. Cuando el galardonado y los suyos iban a entrar bajo el pórtico de la galería ocupada por las huérfanas Hijas de militares cayó sobre la cabeza del muchacho y de sus padres una verdadera lluvia de pensamientos, ramos de violetas y margaritas. Muchos se aceleraron a recoger las flores esparcidas por el suelo para ofrecerlas a la madre. En el fondo del patio, la banda tocaba en tono bajo un precioso motivo, que parecía el canto de muchas voces argentinas apartartandose mansamente por las orillas del gran río.

Mayo

LOS PEQUEÑOS MINUSVÁLIDOS

Viernes, 5

Hoy no he ido a la escuela porque no me hallaba bien, y mi madre me ha llevado al Instituto de los niños minusválidos, donde fue a encomendar a una niña del portero; pero no me ha dejado ingresar…

Supongo, Enrique, que habrás entendido por qué no te he dejado entrar: para no presentarte, entre esas criaturas desdichadas, como muestra ostentosa de un pequeño sano y robusto. Demasiadas causes se les ofrecen para hacer dolorosas comparaciones.

¡Qué espectáculo más triste! En cuanto entré sentí una gran congoja en mi pecho. Habría unos sesenta, entre niños y niñas… ¡Pobres huesos torturados! ¡Pobres manos, pobres piececitos encogidos y atrofiados! ¡Pobres cuerpecitos contrahechos! Pronto pude observar guapas caritas, ojos llenos de inteligencia y cariño. Había una niñita de nariz afilada, barbilla puntiaguda, que parecía una viejecita, pero con una sonrisa de dulzura celestial. Algunos, vistos por delante, parecen totalmente normales y sin ninguna imperfección… pero, al volverse, se le parte a una el corazón. El médico del Instituto los ponía de pie sobre los bancos y les alzaba la ropa para tocarles el vientre abultado y las articulaciones; las pobres criaturas no se avergonzaban, debido a la costumbre de estar desnudas y que las inspeccionen y palpen por todas partes. ¡Y pensar que ahora están en el mejor período de su enfermedad y que casi ya no sufren! Pero, ¿quién puede saber cuánto sufrieron durante la deformación de su cuerpecito, cuando acrecentando la enfermedad veían que reducía el cariño alrededor de ellos, abandonados los pobrecitos horas y horas en algún rincón de una habitación o de un patio, mal alimentados y a veces torturados meses enteros por vendajes y aparatos ortopédicos inútiles?

Ahora, gracias a los cuidados de personas competentes, a la buena nutrición y a la gimnasia, muchos van mejorando. La maestra les obligó a hacer gimnasia. Daba lástima ver cómo, ante ciertos mandatos, extendían bajo los bancos sus piernecitas fajadas, oprimidas entre los aparatos, nudosas, deformes, unas piernecitas que se habrían cubierto de besos. Algunos no podían levantarse del banco, y persistían con la cabeza caída sobre el brazo, acariciando las muletas con la mano; otros, al mover los brazos, advertían que les faltaba la respiración, y volvían a sentarse, muy pálidos, pero sonriéndose para ocultar su impotencia.

¡Ah, Enrique! Tú y los que estáis bien no estimáis la salud. Yo pensaba en los chicos sanos y fuertes que las madres llevan a pasear, como en triunfo, orgullosas de su belleza; y habría estrechado todas aquellas pobres cabecitas contra mi corazón. De haber estado sola, sin deberes familiares, de buena gana me habría quedado allí para dedicarles toda mi vida, servirles, hacerles de madre hasta los últimos momentos de mi existencia…

Entretanto cantaban, y lo hacían con sus vocecitas delicadas, dulces y tristes, que alcanzaban al alma, mostrándose muy alegres porque la maestra los elogió al terminar. Mientras franqueaban por los bancos, le besaban las manos y los brazos para demostrar su gratitud a quien tanto se desvela por ellos. Y es que, además de examinados, esos pobrecitos son muy afectuosos. Y algunos son listos y estudian con visible provecho, según me dijo la maestra, que es joven y atractiva, mostrando su bondad en el semblante, pero con cierto aire de desconsuelo, como reflejo de las desventuras que ella acaricia y conforta. ¡Meritísima muchacha! Entre todos los que se ganan la vida con su trabajo, no hay ninguno que lo haga más santamente que tú.

Tu madre

SACRIFICIO

Martes, 9

Mi madre es buena y mi hermana Silvia se le parece en bondad y grandeza de corazón.

Ayer por la noche estaba escribiendo una parte del cuento mensual De los Apeninos a los Andes, que el maestro nos ha dado a copiar a todos por trozos, pues es muy largo, cuando ingresó mi hermana Silvia de puntillas y me dijo rápidamente y bajito:

—Ven conmigo a ver a mamá. Esta mañana les he oído conversar preocupados. A papá le ha debido salir mal algún asunto; estaba afligido, y mamá le decía frases de aliento. Probablemente estamos pasando momentos de apuros, ¿comprendes? No hay dinero, y papá decía que es preciso hacer sacrificios para salvar la situación. ¿No te parece que nosotros debemos ayudarles en la medida de nuestras posibilidades? ¿Tú estás dispuesto? Bueno, pues cuando yo hable a mamá, no tienes más que asentir a lo que diga y prometerle, como hombre, que se hará lo que convengamos.

Dicho esto, me tomó de la mano y me llevó al salón, donde mamá cosía con cara preocupada. Yo me senté a un lado del sofá y Silvia a la otra parte, diciendo seguidamente:

—Mamá, tengo que conversar contigo. Bueno, venimos los dos a hablar contigo.

Mamá nos miró extrañada, y Silvia comenzó:

—Papá no tiene dinero, ¿no es así?

—¿Qué dices, criatura? —Replicó con viveza mamá—. ¿Qué sabes tú de eso? No es verdad. ¿Quién te ha dicho eso?

—Yo que lo sé —respondió Silvia—. Mira, mamá, nosotros estamos también dispuestos a hacer sacrificios. Tú me habías prometido un abanico para finales de mayo y Enrique esperaba su caja de pinturas; no queremos nada, no gastéis dinero con nosotros, y estaremos muy alegres, ¿sabes?

Mamá intentó hablar, pero Silvia añadió:

—Tiene que ser así. Lo hemos decidido. Hasta que papá no se reponga, suprimiremos los postres y cuanto sea necesario. Nos bastará con un plato de sopa al mediodía, y para desayunar nos alegraremos con un pedazo de pan. Así se derrochará menos para comer, que ya se gasta mucho entre unas cosas y otras. Y te prometemos que nos verás siempre tan alegres como antes. ¿No es así, Enrique?

Yo respondí que sí.

—Siempre tan alegres como antes —repitió Silvia, cubriendo la boca a mamá con una mano—, y si hay que hacer algún otro sacrificio en el vestir o en lo que sea, lo haremos con mucho gusto. También venderemos nuestros regalos; estoy dispuesta a desprenderme de cuanto posea de valor. Te haré de camarera, no mandaremos a hacer nada fuera de casa, trabajaré todo el día contigo y haré cuanto quieras, pues estoy dispuesta a todo. ¡A todo! —exclamó echando los brazos al cuello de mamá—, para que nuestros queridos papá y mamá no sufran y estén tan serenos y contentos como siempre con su Silvia y su Enrique, que os quieren muchísimo y darían la vida por vosotros.

Nunca había visto a mi madre tan alegre como al oír tales frases, ni nunca nos había besado en la frente de modo similar, llorando y riendo a la vez, sin poder hablar. Después aseveró a Silvia que había comprendido mal, que no estábamos tan apurados como se figuraba y nos dio mil veces las gracias. Estuvo muy alegre hasta que llegó papá, a quien le narró todo. Él no replicó. ¡Pobre papá! Pero este mediodía, cuando nos sentamos a comer, experimenté un gran placer y profundo disgusto a la vez, pues debajo de mi servilleta hallé mi caja de pinturas y Silvia, su abanico.

EL INCENDIO

Jueves, 11

Esta mañana había acabado de copiar la parte que me incumbía del cuento De los Apeninos a los Andes, y estaba buscando un tema para la redacción que el maestro nos ha encargado, cuando oí un griterío insólito por la escalera, entrando poco después en casa dos bomberos, que pidieron a mi padre permiso para inspeccionar las estufas y las chimeneas, porque se veía humo por los tejados sin saber de dónde procedía. Mi padre les dijo que revisasen lo que creyeran necesario y, aunque no poseíamos nada encendido, ellos anduvieron las habitaciones, registrando las paredes, para comprobar si el fuego hacía ruido por el interior de las subidas de los otros pisos que notificaban con las chimeneas de la casa.

Mientras iban por las habitaciones, me dijo mi padre:

—Ahí tienes, Enrique, un buen tema para tu composición: Los bomberos. Escribe lo que voy a contarte.

«Yo los vi trabajando una noche, hace dos años, cuando salíamos del teatro Balbo. Al entrar en la calle Roma, vi un resplandor desacostumbrado y mucha gente que corría. Se había revelado un incendio en una casa. Grandes resplandores y nubes de humo salían por las ventanas y por encima del tejado. Hombres, mujeres y niños aparecían y desaparecían de nuestra vista lanzando gritos desesperados. Delante de la puerta gritaba la gente:

— ¡Que se chamuscan vivos! ¡Socorro! ¡Los bomberos!

En aquel momento llegó un coche; de él saltaron rápidamente cuatro bomberos, los primeros que se hallaron en el Ayuntamiento, y se precipitaron al interior del edificio siniestrado.

Apenas habían ingresado, vimos algo horroroso: una mujer se asomó, gritando, por una ventana del tercer piso; se agarró al antepecho, saltó y luego quedó colgando, como suspendida en el vacío, con la espalda fuera, encorvada bajo el humo y las llamas, que, saliendo de la habitación, casi le tocaban la cabeza.

La muchedumbre lanzó un grito de horror. Los bomberos, que por equivocación se habían detenido en el segundo piso, requeridos por los aterrados inquilinos, habían derrumbado ya una pared, introduciéndose en un apartamento, cuando cientos de gargantas les gritaban:

—¡Al tercer piso! ¡Al tercer piso!

Subieron volando al tercer piso y pudieron apreciar una devastación infernal: vigas del techo que crujían, pasillos llenos de llamas y de un humo asfixiante… Para llegar a las habitaciones en que estaban los inquilinos encerrados, no había más camino que el tejado. Se lanzaron para adelante y un minuto después se vio como un fantasma negro saltar por las tejas entre el espeso humo. Era el jefe, que había llegado antes. Para ir a la parte del tejado que incumbía al cuartito cerrado por el fuego, tenía que pasar por un espacio muy reducido entre un alero y la fachada; todo lo demás se hallaba en llamas, y aquel estrecho pasillo estaba cubierto de nieve y de hielo, sin lugar dónde agarrarse.

—¡Es imposible que pase! —decía la gente que había en la calle.

El jefe de bomberos avanzó por el alero, y todos tiritaban mirando y sujetando la respiración. Pasó, y se oyó una gran ovación. El jefe renovó la marcha y, al llegar al punto amenazado, comenzó a romper rabiosamente con un pequeño pico tejas y viguetas, para abrir un agujero por el que colarse al interior. Entretanto la mujer continuaba suspendida fuera de la ventana y las llamas le llegaban a la cabeza. Un minuto más y habría caído a la calle. En cuanto estuvo abierto el agujero, el jefe se quitó la banderola y descendió, siguiéndole los otros bomberos. En aquel momento llegaron otros bomberos con una altísima escalera, que apoyaron en la cornisa de la casa, delante de las ventanas por donde salían las llamas y locos alaridos. Pero creíamos que ya era demasiado tarde.

—¡Ninguno se salvará! —Comentaba la gente—. ¡Los bomberos arden! ¡Esto se ha acabado! ¡Han muertos todos!

Más de pronto apareció por la ventana de la esquina la negra figura del jefe, iluminada por las llamas de arriba abajo. La mujer se inclinó hacia él cuanto pudo, y el hombre la cogió con ambos brazos por la cintura, la subió y la metió a la habitación. La muchedumbre dio un grito que superó el crepitar del incendio. Pero, ¿y los demás? ¿Cómo podrán bajar?

La escalera, apoyada en el tejado por delante de otra ventana, diferenciaba bastante del sitio en que se precisaba. ¿Cómo podrían utilizarla? Mientras la gente se hacía tal pregunta, uno de los bomberos salió fuera de la ventana, puso el pie derecho en el alero y el izquierdo en la escalera, y de este modo, de pie y con el cuerpo al aire, fue cogiendo con sus brazos uno a uno a todos los inquilinos, que los otros le iban dando desde el interior; después los entregaba a otro compañero que había subido desde la calle y que los iba bajando uno a uno, ayudado por otros compañeros.

Primariamente pasó la mujer que había corrido mayor peligro, luego una niña, otra mujer y un anciano. Al fin todos quedaron a salvo. Tras el anciano descendieron los bomberos que habían permanecido en el interior, haciéndolo en último lugar el jefe, que fue el primero en acudir.

La muchedumbre los acogió a todos con salvas de aplausos, pero cuando apareció el primero de los salvadores, el que había enfrentado antes que todo el abismo y que habría muerto si alguien hubiese tenido que perecer, el gentío lo saludó como a un triunfador, gritando y extendiendo los brazos en señal de cariñosa sorpresa y gratitud. En unos instantes, su nombre, antes desconocido, José Robbino, se repetía en millares de bocas.

Eso es valor, Enrique, el valor del corazón que no razona ni vacila, y va derecho con los ojos cerrados a donde oye el grito de quien se muere. Un día te llevaré a los ejercicios de amaestramiento que ejecutan los bomberos, y te presentaré al jefe Robbino, porque creo que te gustará conocerlo, ¿no es así?»

Yo respondí que sí.

—Aquí lo tienes —dijo mi padre.

Yo me volví de repente. Los dos bomberos, una vez acabada la visita de inspección, atravesaban la habitación para salir de casa.

Mi padre me señaló al más bajo, que transportaba galones, y me dijo:

—Estrecha la mano al señor Robbino.

El aludido se detuvo y me dio la mano, sonriendo; yo se la estreché; él me hizo el saludo y se marchó.

—No olvides este instante —añadió mi padre—, porque de los millares de manos que estreches en tu vida, tal vez no haya ni diez que valgan como la suya.

DE LOS APENINOS A LOS ANDES

· Cuento mensual ·

Hace muchos años, un chico genovés de trece años, hijo de un obrero, marchó solo desde Génova a América en busca de su madre, que dos años antes había ido a Buenos Aires, capital de la república Argentina, para colocarse a servir en alguna casa de gente rica y ayudar, de este modo, a salir de apuros a su familia, que, por numerosas causas, había caído en la indigencia y contraído bastantes deudas.

No son pocas las mujeres intrépidas que realizan un viaje tan largo con ese mismo fin, y que, gracias a la buena retribución que tienen allá los servicios domésticos, vuelven a la patria al cabo de unos años con unos miles de liras. La pobre mujer había sollozado mucho al apartarse de sus hijos, uno de dieciocho años y otro de once; pero marchó muy animada y llena de esperanza.

La travesía se efectuó con toda normalidad, y al poco tiempo de llegar a Buenos Aires, por medio de un comerciante genovés, primo de su marido, establecido allí desde hacía tiempo, encontró colocación en casa de una familia argentina adaptada, que le pagaba mucho y la trataba bien.

Durante algún tiempo mantuvo una correspondencia regular con los suyos. Según lo tenían acordado, el marido dirigía las cartas al primo, quien las entregaba a la mujer, y ésta le daba las suyas para que las enviase a Génova, escribiendo siempre algo de su parte.

Como ganaba ochenta liras al mes y no tenía gastos, cada tres meses podían enviar a su marido una cantidad formidable, con la que el hombre iba pagando las deudas más urgentes y manteniendo de ese modo su buena reputación de persona honrada.

Entretanto trabajaba y estaba contento de sus cosas, porque tenía la esperanza de que la mujer regresaría pronto, ya que la casa, sin ella, parecía estar vacía, y el hijo menor, de forma especial, que quería muchísimo a su madre, no podía resignarse a tan prolongada ausencia.

Pero, transcurrido un año desde su partida, después de una carta de pocas líneas, en la que decía que no se hallaba bien de salud, no habían vuelto a recibir ninguna otra. Escribieron dos veces al primo, y éste no contestó. También escribieron a la familia argentina a la que prestaba sus servicios, pero, no habiendo llegado a su destinatario, tal vez por no haber puesto bien la dirección, tampoco obtuvieron respuesta. Temiendo alguna desdicha, escribieron al Consulado italiano de Buenos Aires, pidiéndole que hiciese las oportunas investigaciones; mas al cabo de tres meses les contestó el Cónsul que, a pesar del anuncio publicado en los periódicos, nadie se había exhibido a dar alguna noticia de su paradero.

Y no podía ser de otra forma, aparte otras razones, porque la mujer, con el fin de salvar el honor de los suyos, que a ella le parecía mancharlo haciéndose criada, no había dado a la familia argentina su verdadero nombre.

Pasaron otros meses sin ninguna noticia. El padre y los hijos estaban afligidos; el más chico, sobre todo, no podía librarse de su desconsolada tristeza. ¿Qué hacer en tales situaciones? ¿A quién recurrir? La primera idea del padre fue comenzar el viaje e ir a América en busca de su mujer. Pero, ¿cómo abandonar el trabajo? ¿Quién mantendría a sus hijos? Tampoco podía ausentarse el hijo mayor, que por entonces empezaba a ganar algo y era indispensable para la familia. Con esta inquietud vivían, repitiéndose todos los días las mismas dolorosas consideraciones y mirándose entre sí taciturnos, cuando una noche, dijo Marco, el hijo menor, con gran resolución:

—Yo iré a América a buscar a mi madre.

El padre movió la cabeza, apesadumbrada, y no respondió. Era algo loable, pero improbable de realizar. ¿Cómo iba a ir solo a América un chico de trece años, si hacía falta un mes para llegar? Pero el muchacho insistió en su idea aquel día y en los sucesivos, sin ninguna incertidumbre y razonando como un hombre.

—Otros han ido —decía— y aun menores que yo. Una vez en el barco, llegaré allá como cualquier otro, y cuando esté en Buenos Aires no tengo más que buscar el comercio del tío. Hay tantos italianos por aquellas tierras, que alguno me dirá por dónde he de ir. Una vez que halle al tío, encontraré a mamá, y si no la encuentro, acudiré al Cónsul y buscaré a la familia argentina. Ocurra o que ocurra, allí hay trabajo para todos, y alguno hallaré para ganar lo suficiente con que pagar el pasaje de vuelta.

De esta forma, poco a poco casi logró convencer a su padre. Éste lo estimaba, sabía que era un chico juicioso y valiente, acostumbrado a las privaciones y a los sacrificios, cualidades que darían doble fuerza a su corazón para llevar a buen fin el propósito de hallar a su madre, a la que adoraba.

A esto se añadía que un capitán de barco, amigo de un conocido de la familia, que había escuchado hablar del asunto, accedió a que el chico fuese sin pagar hasta Buenos Aires como pasajero de tercera clase. Entonces, después de alguna vacilación, el padre dio su aprobación y quedó decidido el viaje.

Llenaron una bolsa de ropa, le entregaron algún dinero, le dieron la dirección de la tienda del pariente y una agraciada tarde del mes de abril lo embarcaron.

—Hijo mío —le dijo el padre al darle el último beso con los ojos mojados, en la escalerilla del trasatlántico que estaba para partir—, sé animoso. Vas con un santo propósito y Dios te ayudará.

¡Pobre Marco! Era esforzado y estaba preparado para las más duras pruebas de aquel viaje; pero cuando vio esfumarse del horizonte la hermosa Génova y se encontró en alta mar, sobre el gran buque abarrotado de campesinos emigrantes, sin ningún conocido a bordo, con la bolsa, que contenía toda su fortuna, le sobrevino un repentino desánimo. Durante dos días permaneció acurrucado en la proa, como un perrito, sin casi probar bocado, con muchas ganas de llorar. Por su mente pasaban toda clase de pensamientos, pero el más triste y terrible era el que más le acongojaba: la posibilidad de que su madre hubiese fallecido. En sus sueños, interrumpidos y penosos, siempre veía la cara de un desconocido que le miraba con aire compasivo y le decía al oído: «Tu madre ha muerto». Entonces se despertaba ahogando un grito. Sin embargo, pasado el estrecho de Gibraltar, a la vista del Océano Atlántico, recobró algo de ánimo y de esperanza. Pero fue un corto alivio. El inmenso mar, siempre igual; el calor progresivo; la nostalgia de toda la pobre gente que le rodeaba y la sensación de la propia soledad, volvieron a deprimirlo. Los días, que se sucedían con exasperante monotonía, se le confundían en la reminiscencia, como les pasa a los enfermos. Parecíale que ya transportaba un año en el mar. Todas las mañanas, al despertarse, experimentaba una nueva extrañeza por hallarse solo en medio de aquella inmensidad de agua, camino de América. Los magníficos peces voladores que a veces caían en el barco, las asombrosas puestas de sol de los trópicos, las formidables nubes de fuego y sangre y las fosforescencias nocturnas, que dan a todo el océano el aspecto de un mar de hirviente lava, no le parecían cosas reales, sino prodigios vistos en el sueño.

Hubo días de mal tiempo, durante los cuales persistió encerrado continuamente en el camarote, donde todo bailaba y caía, en medio de un coro espantoso de quejidos y de imprecaciones, creyendo que había llegado su última hora.

Pasaron otros días de mar sereno y amarillento, de calor insoportable e infinito aburrimiento, horas interminables y siniestras, durante las cuales los pasajeros, deprimidos, tendidos e inmóviles sobre las tablas, parecían estar muertos.

El viaje se hacía interminable: mar y cielo, cielo y mar, hoy como ayer y mañana como hoy, siempre, perennemente. El muchacho pasaba largas horas apoyado en la borda mirando el mar sin fin, aturdido, pensando remotamente en su madre hasta que se le cerraban los ojos y se le caía la cabeza muerto de sueño. Entonces volvía a ver la cara desconocida que le observaba con aire compasivo y le repetía al oído: «Tu madre ha muerto». Aquella voz le despertaba sobresaltado, para empezar de nuevo a soñar con los ojos abiertos y a contemplar el inalterable horizonte.

Veintisiete días duró la travesía; pero los últimos fueron los mejores. El tiempo era magnífico y el aire fresco. El muchacho había entablado relaciones con un hombre lombardo que iba a América para congregarse con un hijo suyo, agricultor de Rosario. Le había referido todo lo de su casa y el buen viejo le repetía a cada momento, dándole palmaditas en el cuello: «Animo, galopín, tú encontrarás a tu madre sana y contenta». Su compañía le animaba y sus augurios, de tristes, se habían vuelto alegres.

Sentado en la proa, junto al viejo campesino que fumaba en pipa, bajo un hermoso cielo estrellado, en el que se destacaba la nunca vista constelación de la Cruz del Sur, en medio de grupos de emigrantes, que cantaban, se representaba mil veces en la imaginación el instante de llegar a Buenos Aires, y que luego, en cierta calle, hallaba la tienda del pariente, a quien preguntaría: «¿Cómo se encuentra mi madre? ¿Dónde está? ¿Quiere acompañarme enseguida?», a lo que le respondería el otro: «Se halla perfectamente. Vente conmigo». Irían los dos muy deprisa, se detendrían ante una puerta, subirían una escalera, llamarían y… Aquí se detenía su mudo soliloquio y su quimera se perdía en un sentimiento de inexpresable ternura, que le hacía sacarse a escondidas una medallita que llevaba al cuello, besarla y murmurar sus oraciones.

Llegaron a los veintisiete días de haber zarpado de Génova. Cuando el buque echó anclas cerca de la orilla del enorme río de la Plata en la que se extiende la vasta ciudad de Buenos Aires, capital de la república Argentina, eran las primeras horas de una hermosa mañana del mes de mayo, aunque bastante fría, puesto que por aquellas latitudes incumbe dicho mes a nuestro noviembre. El cielo despejado, pareciole de buen augurio. El muchacho estaba fuera de sí por la alegría y la inquietud. ¡Su madre se encontraba a pocas millas de distancia de él y la volvería a ver unas horas después!

¡Se hallaba en América, en el Nuevo Mundo, y había tenido el atrevimiento de ir solo! Todo el larguísimo viaje se le figuraba que había pasado en poco tiempo, como si soñando hubiese volado y se despertara en aquel instante. Se sentía tan dichoso que casi no se inmutó ni desoló cuando, hurgando en sus bolsillos, simplemente encontró una de las dos partes en que había dividido su pequeño tesoro, para estar seguro de no perderlo todo. Le habían quitado la mitad y solamente le permanecían unas cuantas liras. Pero, ¿qué le importaba si ya estaba tan cerca de su madre?

Con su bolsa en la mano, bajó juntamente con otros muchos pasajeros a un vaporcito que les llevó a poca distancia de la orilla saltando luego a una lancha que llevaba el nombre de Andrea Doria, y descendió en el muelle. Se despidió de su viejo amigo lombardo y se encaminó hacia la ciudad.

Se detuvo al llegar a la primera bocacalle y preguntó al primer hombre que vio pasar la dirección que debía seguir para ir a la calle de Las Artes. Dio la eventualidad que aquel hombre era un obrero italiano, que le miró con curiosidad y le preguntó si sabía leer. El chico contestó que sí, y entonces le dijo el obrero:

—Pues bien, sigue todo derecho por ahí sin dejar de leer en todas las esquinas los nombres de las calles, y hallarás la que buscas.

El muchacho le dio las gracias y marchó por la calle que el compatriota le había indicado.

Era una calle recta, interminable pero bastante estrecha, con casas bajas y blancas, parecidas a casitas de campo, llena de gente y de carruajes de todos los tamaños, que producían un ruido ensordecedor. Por una y otra parte se veían grandes banderas de los más diversos colores que tenían escrito en letras grandes el horario de salida de vapores para ciudades desconocidas. A cada momento, mirando a derecha e izquierda, veía otras calles tiradas a cordel, tan largas que los extremos parecía que iban a tocarse, también de casas bajas y blancas, llenas de gente y de vehículos, situadas en el mismo plano de la ilimitada llanura americana, similar al mar, cuyo horizonte es un círculo cerrado.

La ciudad le parecía eterna, y que podría andar por ella días y semanas enteras viendo por doquier calles como aquéllas, figurándosele que toda América era una inmensa ciudad.

Se fijaba con cuidado en los nombres de las calles, nombres raros para él, que los leía con no pequeña dificultad. A cada nueva calle, le latía más de prisa el corazón, pensando que fuese la que buscaba. Miraba a todas las mujeres con la idea de encontrar a su madre. Vio de pronto una cerca de él, y se le alborotó la sangre; se acercó más y vio con gran desilusión que era una azabache.

Seguía andando, acelerando el paso. Llegó a una glorieta, leyó y quedó como clavado en la acera. ¡Allí estaba la calle de Las Artes! Vio el número 117: la tienda del allegado se encontraba en el 175. Apresuró todavía más el paso; casi corría. Tuvo que detenerse en el número 171 para tomar aliento, y dijo entre sí: «¡Ay, madre mía! ¿Es verdad que voy a verte dentro de un momento?»

Corrió hacia adelante y llegó a una pequeña tienda de mercería. ¡Aquélla era! Se asomó y vio a una mujer de cabellos grises y con gafas.

—¿Qué quieres, pibe? —le preguntó en español.

—¿No es ésta —dijo el chico, esforzándose para que le surgiese la voz— la tienda de Francesco Merelli?

Francesco Merelli é morto —le respondió la mujer en italiano.

Marco recibió la impresión de un tiro en el pecho. —¿Y cuándo sucumbió?

—Oh, hace tiempo, unos dos meses —respondió la señora—. Le fue mal el negocio y se marchó. Dicen que se fue a Bahía Blanca, lejos de aquí, y que murió poco después. Esta tienda es mía.

El chiquillo palideció.

Luego dijo precipitosamente:

—Merelli conocía a mi madre, que estaba aquí sirviendo a la familia Mequínez. Sólo él podría decirme dónde está. Yo he venido aquí desde mi tierra en busca de mi madre, ¿sabe usted? Merelli le mandaba las cartas. ¡Tengo que encontrar a mi madre!

—Yo no sé nada, hijo mío —le respondió la mujer—. Puedo preguntar al pequeño de la portera. El conocía al chico que le hacía los recados a Merelli. Tal vez pueda decirte algo.

Acto seguido llamó al muchacho por el fondo de la tienda, y él se presentó al instante.

—Dime —le preguntó la dueña—, ¿conmemoras si el dependiente de Merelli iba alguna vez a llevar cartas a una mujer que estaba de sirvienta en casa de unos señores de acá?

—En casa del señor Mequínez —respondió el chico— sí, señora. Algunas veces. Al final de la calle de Las Artes.

—¡Gracias, gracias, señora! —gritó Marco—. Dígame el número, por favor… ¿No lo sabe? ¡Haga que me acompañen! Acompáñame tú mismo, chico. Aún me queda un poco de dinero en el bolsillo.

Lo pidió de tal forma, que el chico aquel, sin esperar ninguna indicación de la tendera, le dijo:

—Vamos —y fue el primero en salir de prisa.

Casi corriendo, sin decirse palabra alguna, fueron hasta el final de la larguísima calle; traspasaron el portal de una pequeña casa blanca y se contuvieron ante una hermosa cancela de hierro, por entre la cual se veía un patio repleto de macetas con flores. Marco dio un tirón a la campanilla.

Surgió una señorita.

—Aquí vive la familia Mequínez, ¿no es verdad? —preguntó con ansiedad el muchacho.

—Ci stava —le respondió la señorita, articulando el italiano con entonación español—. Ora ci stiamo noi, Zeballos.

—Y entonces… ¿a dónde han ido los señores Mequínez? —preguntó Marco, sumamente preocupado.

—Se fueron a Córdoba.

—¡Córdoba! —Exclamó Marco—. ¿Y dónde está Córdoba? ¿Y la persona que tenían a su servicio? La mujer, mi madre; la criada era mi madre. ¿Se la llevaron consigo?

La señorita le miró y dijo:

—No lo sé. Tal vez lo sepa mi padre, que los advirtió cuando se fueron. Espera un instante.

Se fue y volvió al poco con su padre, un señor alto de barba gris, que miró unos momentos al simpático chiquillo, con semblante de pequeño marinero genovés, el pelo rubio y la nariz aguileña; en mal italiano le preguntó:

—¿Tu madre es genovesa?

Marco respondió afirmativamente.

—Pues mira, la criada genovesa se marchó con ellos. Estoy seguro.

—¿A dónde?

—A Córdoba, que es una ciudad.

El chico dio un suspiro y luego dijo con conformismo:

—Bueno, no tengo más remedio que ir a Córdoba.

—¡Pobre pibe! —Exclamó el señor, mirándole con cierta misericordia—. ¡Pobre criatura! Córdoba dista de aquí cientos de kilómetros.

Marco palideció como un difunto y, para no caerse, se apoyó con una mano en la cancela.

—Veamos, veamos —dijo entonces el señor Ceballos, movido a compasión y abriendo la puerta—. Entra un instante, y veremos si se puede hacer algo.

Se sentó, ofreció asiento a Marco, y dijo a éste que le contara su historia. Le miró con atención y se quedó un poco reflexivo. Luego dijo con resolución:

—Tú no tienes plata, ¿no es así?

—Algo me queda todavía…, pero poca —respondiole el muchacho.

El argentino estuvo reflexivo otros cinco minutos. Después se sentó a la mesa, escribió una carta, la cerró y, entregándosela al chico, le dijo:

—Oye italianito. Vas a ir con esta carta a Boca, un poblado donde la mitad por lo menos son genoveses y que se halla a dos horas de camino. Todos sabrán decirte por dónde has de ir. Una vez allí, buscas al señor al que va dirigido el sobre, persona muy conocida; le entregas la carta, y él te suministrará el medio de salir mañana mismo con dirección a Rosario. No dejará de recomendarte a alguien de allá, que tal vez te proporcione la forma de proseguir hasta Córdoba, donde encontrarás a la familia Mequínez y a tu madre. Entretanto, toma esto —y le dio algunas monedas—. Anda, y no te desanimes. En este país hay muchos compatriotas tuyos, que no te dejarán. Ya lo verás. No te desanimes por nada. ¡Adiós!

El muchacho le dio las gracias y, sin más, salió con su bolsa al hombro, tomando con paso sereno el camino hacia Boca a través de la grande y ruidosa ciudad, lleno de tristeza y de asombro.

Todo lo que sucedió desde aquel instante hasta la noche del día siguiente se le quedó grabado en la memoria de forma confusa e incierta como fantasmagoría de un calenturiento, por lo cansado, trastornado y deprimido que se hallaba.

Al día siguiente, hacia el ensombrecer, después de haber dormido la noche anterior en un cuartucho de una casa de Boca, al lado de un almacén del puerto, y tras haber pasado casi todo el día sentado en un montón de madera, como adormilado, frente a millares de gabarras y de vaporcitos, se encontraba en la popa de una barcaza a vela, cargada de fruta, que salía para la ciudad de Rosario, conducida por tres robustos genoveses bronceados por el sol, cuya voz y el querido dialecto que conversaban dio no poco alivio a su contristado corazón.

Salieron, y el viaje duró tres días y cuatro noches, siendo de continua sorpresa para el pequeño viajero. Tres días y cuatro noches sobre la superficie del asombroso río Paraná, respecto al cual, nuestro río Po no es más que un arroyuelo y la longitud de nuestra península cuadruplicada no alcanza la de su curso.

La barcaza marchaba lánguidamente en contra de la corriente de aquella masa inconmensurable de agua. Pasaba entre largas islas, en otro tiempo nidos de serpientes y guaridas de tigres, cubiertas de sauces y otros diversos árboles frondosos, que daban la impresión de bosques flotantes; otras veces se deslizaba por vastas extensiones de agua parecidas a grandiosos lagos tranquilos; después, nuevamente entre islas, por intrincados canales de un archipiélago, en medio de exuberantes vegetaciones. Reinaba un mutismo sepulcral. En largos trechos, las orillas y las aguas solitarias y amplísimas, evocaban la imagen de un río desconocido que la pobre embarcación a vela fuese la primera del mundo en surcar. Cuanto más se avanzaba, tanto más le descorazonaba el colosal río. Se le figuraba que su madre se encontraba en sus fuentes y que la navegación iba a durar años enteros.

Dos veces al día tomaba un poco de pan y carne salada con los barqueros que, viéndole tan triste, nunca le dirigían la palabra. Por la noche dormía sobre cubierta y se despertaba a intervalos, sobresaltado, admirando la claridad de la luna que blanqueaba la colosal superficie acuosa y las distantes orillas, oprimiéndosele entonces el corazón. «¡Córdoba! ¡Córdoba!», repetía este nombre como el de una de las misteriosas ciudades de las que había oído hablar en las fábulas. Pero luego pensaba: «Mi madre ha pasado por aquí, ha visto estas islas y estas orillas», y entonces ya no le parecían tan extraños y solitarios aquellos lugares en los que se había estancado la mirada de su adorada madre.

Por la noche cantaba algún barquero, y su voz le conmemoraba las canciones de su mamá para dormirle cuando era pequeñito. La última noche comenzó a llorar al oír cantar. El barquero interrumpió el canto y enseguida le dijo:

—¡No te aflijas, chiquito! ¡Qué diablos! ¡Un genovés no debe llorar jamás por estar lejos de su casa! Los genoveses dan la vuelta al mundo tan campante como orgullosos.

Ante tales palabras, se turbó. Percibió la voz de la sangre genovesa y alzó la frente con altivez, dando un puñetazo sobre las tablas. «¡Está bien! —Dijo entre sí—; aunque tenga que dar la vuelta al mundo, viajar años y años y recorrer a pie centenares de leguas, seguiré adelante hasta hallar a mi madre. ¡Aunque llegue moribundo y caiga muerto a sus pies, con tal de verla una sola vez! ¡Valor, Marco!»

En este estado de ánimo llegó al despuntar de una rosada y fría mañana frente a la ciudad de Rosario, estacionada en la ribera del Paraná, sobre una pequeña altura, reflejándose en las aguas los mástiles y banderas de cien barcos de todos los países.

Poco después de descender, subió a la ciudad con su bolsa en la mano en busca del señor argentino para el que su protector de Boca le había entregado una carta con algunas palabras de recomendación.

Al entrar en Rosario, parecíale encontrarse en una ciudad conocida. Ante su vista se ofrecían de nuevo calles interminables, tiradas a cordel, de casas bajas y blancas, cruzadas en todas direcciones, por encima de los tejados, por una maraña de hilos de la luz, telegráficos y telefónicos, similares a enormes telarañas, y un gran tropel de gente, de caballerías y de vehículos. La cabeza se le iba, y creía encontrarse de nuevo en Buenos Aires, teniendo que buscar otra vez al primo de su padre. Anduvo cerca de una hora, dando vueltas y revueltas, pareciéndole que siempre se hallaba en la misma calle. A fuerza de preguntas halló la casa de su nuevo protector. Llamó y se asomó a la puerta un hombre gordo rubio, áspero, con aire de administrador, que le preguntó desatentamente, con pronunciación extranjera:

—¿Qué se te ofrece?

Marco dijo el nombre del patrón al que buscaba.

—El patrón —le objetó el administrador— se fue ayer para Buenos Aires con toda la familia.

El muchacho se quedó detenido.

Después masculló:

—Pero yo… no tengo aquí a nadie. ¡Estoy solo! —y le presentó la carta.

El hombre la tomó, la leyó y dijo con perceptible malhumor:

—No sé qué hacer. Ya se la daré dentro de un mes, cuando regrese.

—¡Pero yo estoy solo y necesito ayuda! —exclamó Marco en tono suplicante.

—Y a mí, ¿qué me importa? Demasiados mendicantes de tu tierra hay ya en Rosario. Vete a mendigar a Italia.

Y le dio con la puerta en las narices.

El chico se quedó petrificado.

Luego tomó con desánimo su bolsa y se marchó preocupado, con la cabeza aturdida, asaltado por un cúmulo de tristes pensamientos. ¿Qué hacer? ¿A dónde dirigirse? De Rosario a Córdoba había un día de viaje en ferrocarril, y transportaba consigo muy poco dinero. Calculando lo que necesitaba gastar aquel día, no le quedaría casi nada. ¿Dónde podía hallar dinero para pagar el billete? Podía trabajar, pero ¿en qué? ¿Y a quién recurrir? ¿Pediría limosna? ¡Ah, eso no! No quería que lo despachasen como a un perro sarnoso, que lo insultaran y lo humillaran como poco antes. ¡Todo menos eso! Con estos pensamientos, volviendo a ver ante sí la prolongadísima calle que se perdía en el horizonte, sintió que le faltaban otra vez fuerzas. Dejó la abultada bolsa en la acera, se sentó sobre ella, de espaldas a la pared, y se cubrió la cara con las manos, sin llorar, en actitud desconsolada. La gente topaba con él al pasar; los carruajes llenaban de ruido la calle; algunos chicos se pararon a mirarlo… Así persistió un buen rato, hasta que le sacó de su letargo una voz que le dijo medio en italiano y medio en lombardo:

—¿Qué haces tú aquí, chiquillo?

Alzó la cara e inmediatamente se puso en pie, arrojando una exclamación de admiración.

—¡¿Usted?!

Era el viejo campesino lombardo con el que había intimado durante el viaje. La sorpresa del viejo no fue menor. Pero Marco no le dio tiempo para preguntarle y le contó en pocas frases lo que le ocurría.

—Ahora estoy sin un real. Tengo que trabajar. Búsqueme usted algún trabajo para poder reunir el dinero que necesito. Puedo hacer lo que sea: llevar bultos, barrer las calles, hacer recados y hasta labores del campo. Me conformo con poder comer pan negro. Lo que quiero es poder salir pronto y hallar a mi madre. ¡Hágame ese favor! ¡Búsqueme trabajo, por el amor de Dios, que ya no puedo resistir más!

—¡Diantre, diantre! —dijo el lombardo observando en torno suyo y rascándose la barbilla—. ¡Y qué caso! Trabajar… Eso se dice pronto. Pero vamos a ver; ¿es que costaría tanto reunir el dinero que necesitas para ir a Córdoba habiendo aquí tantos compatriotas nuestros?

El chico le observaba, sostenido por un rayo de esperanza.

—Vente conmigo —le dijo el hombre.

—¿A dónde? —le preguntó Marco, volviendo a tomar su bolsa.

—Ya lo verás.

El lombardo se puso en marcha y Marco le siguió. Anduvieron un buen trecho de calle juntos, sin conversar. El hombre se contuvo ante la puerta de una cantina que tenía en el dintel una estrella y debajo el rótulo: La estrella de Italia; se asomó al interior y dijo al chico:

—Llegamos en buen instante.

Entraron en una amplia sala, donde había varias mesas y bastantes hombres sentados, que bebían y hablaban fuerte. El viejo lombardo se acercó a la primera mesa, y por la forma de saludar a los seis parroquianos que estaban a su alrededor se entendía que había estado con ellos poco antes. Estaban muy encarnados y hacían sonar los vasos, voceando y riendo.

—¡Camaradas! —dijo sin más el lombardo, persistiendo de pie y presentando a Marco—. Aquí tenéis a este chico, compatriota nuestro, que ha venido solo desde Génova en busca de su madre. En Buenos Aires le dijeron que no estaba allí, que se hallaba en Córdoba. Ha venido en barco a Rosario y ha empleado en el viaje tres días y tres noches. Trae una carta de recomendación escrita por un italiano de Boca; pero al entregarla le han recibido de mala manera. No tiene ni un céntimo. Está aquí exasperado. Se trata de un chico muy animoso. Algo debemos hacer por él, ¿no os parece? Sólo quiere el dinero necesario para trasladarse en ferrocarril a Córdoba. ¿Vamos a dejarlo aquí como perro abandonado?

—¡Por nada del mundo! ¡Eso no se dirá jamás de nosotros! —Gritaron todos a la vez, dando puñetazos en la mesa—. ¡Un compatriota nuestro!

— ¡Ven acá, pequeño! — ¡Cuenta con nosotros, los expatriados! — ¡Qué chiquillo más guapo y avispado! —¡Aflojad el bolsillo, camaradas! ¡Qué valiente! ¡Ha venido solo! —¡Es un chico de oro! —¡Toma un trago, compatriota! ¡No te apures, que verás a tu madre!

El uno le tocaba la mejilla; otro le daba palmaditas en la espalda; un tercero le cogía la voluminosa bolsa. De la mesa inmediata asistieron otros emigrantes; la historia del muchacho corrió por todo el establecimiento. De la habitación contigua salieron tres parroquianos argentinos… En menos de diez minutos recorrió el lombardo las distintas mesas, mostraba el sombrero a forma de bandeja y recaudó más dinero del necesario para el viaje.

—¿Has visto —dijo entonces, dirigiéndose al chico— qué pronto se consigue esto en América?

—¡Bebe! —le gritó otro, brindándole un vaso de vino—. ¡A la salud de tu madre!

—¡A la salud de mi…!

Pero no pudo terminar la frase, porque un sollozo de alegría le cerró la garganta, y, dejando el vaso en la mesa, se echó en brazos del viejo lombardo.

A la mañana siguiente, antes de la salida del sol, tomó el tren para Córdoba, sintiéndose animado y lleno de pensamientos halagüeños. Pero no hay alegría duradera ante ciertos aspectos siniestros de la naturaleza. El cielo estaba nublado, gris, oscuro; el tren, semivacío, corría a través de la inmensa planicie en la que no se advertían señales de vida. Se encontraba solo en un vagón muy largo que se parecía a los que trasladan heridos. Miraba a derecha e izquierda y sólo observaba una soledad sin fin, interrumpida a intervalos por pequeños y deformes árboles, de ramas y troncos retorcidos, en actitudes jamás vistas, como de ira y de angustia; una vegetación oscura, extraña y triste, que daba a la llanura la apariencia de un enorme cementerio.

Permanecía soñoliento por espacio de media hora y volvía a asomarse a la ventanilla, para ver siempre el mismo espectáculo.

Las estaciones por las que franqueaba el tren estaban solitarias, como casas de ermitaños; y cuando el convoy se detenía,. No se percibía ninguna voz, pareciéndole que se encontraba en un tren perdido, abandonado en medio de un desierto. Cada estación creía que iba a ser la última, y que ingresaba después en las misteriosas y aterradoras tierras de los indios salvajes. Una brisa helada le azotaba la cara. Al embarcarlo en Génova, a finales de abril, su padre no había tenido en cuenta que en América del Sur sería invierno, y le dio ropa de verano. Al cabo de unas horas comenzó a notar frío, y con él, el cansancio por el ajetreo de los días precedentes, llenos de emociones violentas y de agitadas noches de insomnio.

Se durmió. Estuvo durmiendo mucho tiempo, y se despertó aterido. Se sentía mal. Entonces le acometió el temor de caer enfermo, morir en el viaje y ser arrojado allá, en medio de la afligida llanura, donde su cadáver sería pasto de los perros y aves de rapiña, como algunos cuerpos de vacas que veía de vez en cuando cerca de la vía y de los que retiraba la mirada con espanto. Con aquel malestar inquieto, en medio del tétrico silencio de la naturaleza, se excitaba su imaginación y volvía a cavilar en lo peor. ¿Estaba seguro de encontrar a su madre en Córdoba? ¿Y si no estuviera allí? ¿No era viable que se hubiese equivocado el señor de la calle de Las Artes? ¿Y si hubiera perecido? Con estos pensamientos volvió a conciliar el sueño. Soñó que llegaba a Córdoba de noche y que desde todas las puertas y ventanas le decían: «¡No está! ¡No está! ¡No está!» Se despertó de sobresalto, aterrorizado, y vio en el fondo del vagón a tres hombres, barbudos, tapados con mantas de diversos colores, que le miraban, conversando entre sí, pasándole por la quimera que bien podía tratarse de asesinos que quisiesen matarlo para robarle la ropa y el dinero. Al frío y al malestar se unió el miedo; la fantasía, ya turbada, se desenfrenó. Los tres hombres no acababan de mirarlo, y uno de ellos se movió hacia él; el chico perdió entonces la razón y, yendo a su encuentro, con los brazos abiertos, gritó;

—¡No tengo nada! ¡Soy un pobre niño! He venido de Italia a buscar a mi madre y estoy solo. ¡No me haga nada!

Los viajeros comprendieron lo que le sucedía. Le tuvieron lástima, lo acariciaron y lo tranquilizaron diciéndole frases que no entendía. Viendo que tiritaba de frío, lo taparon con una de sus mantas y le hicieron volver a sentarse para que durmiese. Se quedó, positivamente, dormido al anochecer. Cuando le despertaron estaban en Córdoba.

¡Con qué gozo respiró y con qué ímpetu salió del vagón! Preguntó a un empleado de la estación dónde estaba la casa del ingeniero señor Mequínez; y el interrogado le dio el nombre de una iglesia, diciéndole que el tal ingeniero vivía al lado de ella.

Marco se dirigió corriendo hacia allá.

Era de noche. Entró en la ciudad y le pareció que se encontraba otra vez en Rosario por ver de nuevo las calles largas y rectas, flanqueadas de casitas bajas, cortadas por otras calles asimismo muy largas y rectas. Pero había poca gente. A la luminosidad de los escasos faroles hallaba caras raras, de un color desconocido, entre negruzco y verdoso. Alzando la vista, veía de vez en cuando iglesias de una arquitectura rara, que se dibujaban inmensas y negras en el firmamento. La ciudad estaba oscura y taciturna; mas, después de haber atravesado el enorme desierto, le parecía alegre. Preguntó a un sacerdote, y pronto halló la iglesia y la casa que buscaba; tiró de la campanilla con mano trémula, y se puso la otra sobre el pecho para aguantar los latidos del corazón, que se le quería subir a la garganta.

Le abrió una anciana, que transportaba una luz en la mano. Marco no pudo conversar enseguida.

—¿A quién buscas, pibe? —le preguntó la mujer en castellano.

—Al ingeniero Mequínez —dijo el muchacho.

La anciana hizo ademán de cruzar los brazos sobre el pecho y manifestó moviendo la cabeza:

—¡También vienes tú preguntando por el ingeniero Mequínez! Me parece que ya es hora de que esto acabe. Hace tres meses que no paran de molestarnos. No nos basta haberlo dicho en los periódicos; poseeremos que poner carteles en las esquinas diciendo que el señor Mequínez se ha trasladado a Tucumán.

El muchacho hizo un gesto de desesperación. Luego tuvo un acceso de ira y exclamó:

—¡Es una maldición! Está visto que me sucumbiré sin encontrar a mi madre. ¡Yo me vuelvo loco! ¡Qué desesperación, Dios mío! ¿Quiere usted repetirme el nombre de ese pueblo, dónde se encuentra y a qué distancia de aquí?

— ¡Pobre criatura! —respondiole la anciana, apiadándose de él—. ¡Casi nada! Yo creo que estará por lo menos a cuatrocientas leguas.

El muchacho se envolvió el rostro con las manos y luego dijo sollozando:

—¿Y qué hago ahora?

—¿Qué quieres que te diga, pobrecito hijo? No lo sé. —Pero enseguida se le ocurrió una idea y añadió—: Mira, ahora que pienso, puedes hacer una cosa. Volviendo la esquina, a la derecha, en la tercera casa, hallarás una puerta que da a un patio, donde vive un comerciante que sale mañana con sus carretas para Tucumán. Puedes ver si quiere llevarte, ofreciéndole tus servicios. Tal vez te asigne un puesto en alguna carreta. Ve enseguida.

Marco tomó su bolsa, dio las gracias de escapada y a los dos minutos se encontraba en un amplio patio como los de las posadas, iluminado por lámparas de mano, donde varios hombres estaban ocupados en cargar sacos de trigo en unos grandes carros, parecidos a las casetas sobre ruedas que transportan los titiriteros, con la cubierta de lona redondeada y unas ruedas de gran diámetro. Dirigía la operación un hombre alto, bigotudo, envuelto en una especie de capa con cuadros blancos y negros, que calzaba anchos borceguíes. Marco se le acercó, y le formuló tímidamente su interrogación, diciéndole que había llegado de Italia e iba en busca de su madre.

El capataz, o sea, el conductor de aquella caravana de carros, le miró de arriba abajo y le dijo con aridez:

—¡No hay sitio para ti!

—Llevo quince liras —le replicó el chico en tono suplicante—. Se las daré todas. Afanaré durante el camino. Iré a buscar agua y pienso para las caballerías, haré todo lo que usted me mande. Para comer me basta un poco de pan. ¡Déjeme ir, señor!

El capataz volvió a mirarle y le contestó en tono afectuoso:

—Mira, muchacho… La verdad es que no hay sitio libre. Además, no vamos a Tucumán, sino a Santiago del Estero. En cierto punto te poseeríamos que dejar y aún tendrías que recorrer a pie una gran distancia.

—¡Estoy preparado a todo! —Exclamó Marco—. Andaré lo que sea preciso, y llegaré de todas formas. Déjeme un sitio; por caridad, no me abandone aquí.

—Ten en cuenta que es un viaje de veinte días.

—¡No interesa!

—¡Y muy pesado!

—¡Todo lo soportaré!

—¡Luego tendrás que ir tú solo!

—¡Nada me da miedo! El caso es hallar a mi madre. ¡Tenga misericordia de mí!

El capataz le acercó a la cara el farol que llevaba en la mano, y luego dijo:

—Está bien.

Marco, agradecido, le besó la mano.

—Esta noche dormirás en un carro —agregó el capataz—; te despertaré mañana a las cuatro de la madrugada. Buenas noches.

Al día siguiente, a las cuatro, a la luz de las estrellas, se puso en movimiento la larga fila de carros, produciendo no pequeño estrépito. Cada carro iba tirado por seis bueyes, seguidos todos por muchos animales de refresco. El muchacho, despierto y colocado en el interior de una carreta, sobre los sacos, no tardó en quedarse dormido hondamente. Cuando se despertó, el escolta estaba detenido en un lugar solitario, al sol, y todos los hombres, los peones, se hallaban sentados, formando círculo, en torno de un cuarto de ternera que se asaba al aire libre, clavado en una especie de espadón plantado en el suelo, junto a la hoguera avivada por el viento.

Comieron todos juntos, echaron la siesta y luego se puso en marcha el convoy. Así continuó el viaje con la regularidad de una marcha militar. Cada mañana se ponían en camino a las cinco y paraban a las nueve, para proseguir a las cinco de la tarde y hacerse alto a las diez de la noche.

Los peones iban a caballo y incitaban a los bueyes con largas picas. Marco encendía el fuego para el asado, daba de comer a los animales, limpiaba los faroles y acarreaba el agua necesaria.

El paisaje se acaecía ante sus ojos como una visión fantástica: vastos bosques de pequeños árboles oscuros; poblados de pocas casas esparcidas con las fachadas rojas y almenadas; muy amplios espacios, tal vez lechos de antiguos lagos salados, blanqueados por efecto de la sal, se extendían hasta donde conseguía la vista; y por todas partes, la eterna llanura solitaria y silenciosa. Raras veces encontraba a dos o tres viajeros a caballo, seguidos de caballos sueltos, que pasaban a galope, como una exhalación.

Los días se sucedían con exasperada uniformidad, como en el mar, sombríos e interminables. Pero el tiempo era muy bueno. Lo malo era que, como el chico se había hecho el sirviente de los peones, éstos se mostraban cada vez más exigentes. Algunos lo trataban bestialmente y hasta le amenazaban; todos se mostraban desconsiderados al requerir sus servicios: le hacían llevar grandes haces de forraje; lo mandaban por agua a grandes distancias; y él, extenuado por la fatiga, ni siquiera podía dormir tranquilamente en las noches, despertándose a cada momento por las agitadas del carro y por el ruido ensordecedor de las ruedas y las piezas de madera. Por añadidura, al moverse el viento, se alzaban grandes polvaredas de tierra fina, rojiza y grasienta que le penetraba por debajo de la ropa, le llenaba los ojos y la boca y no le dejaba ver ni respirar. Era realmente algo que le oprimía y resultaba intolerable.

Extenuado por la fatiga y el desvelo, roto y sucio, amonestado y maltratado de la mañana a la noche, el pobre chico se deprimía cada vez más, y se habría desanimado por completo, de no haberle encaminado el capataz de vez en cuando alguna palabra cariñosa. Con frecuencia, sentado en un rincón de la carreta, sollozaba, sin que le vieran, abrazado y colocando la cara sobre la bolsa, que sólo contenía ya andrajos. Cada mañana se alzaba más decaído y desanimado al ver siempre la ilimitada e implacable llanura como un océano de tierra, y decía entre sí: «Hoy no llego a la noche. ¡Me muero en el camino!»

Acrecentaban las fatigas y se redoblaban los malos tratos. Una mañana, por haber tardado en llevar agua, uno de los hombres le pegó en ausencia del capataz. A partir de entonces comenzaron a hacerlo por costumbre y, cuando le mandaban algo, le propinaban un pescozón sin venir a cuento, expresandole:

—¡Toma, haragán. Lleva esto a tu madre!

El corazón se le partía y cayó enfermo. Permaneció tres días en la carreta, tapado con una manta, calenturienta, sin ver a nadie más que al capataz, que le llevaba de beber y le tomaba el pulso. Marco se creyó perdido e invocaba exasperadamente a su madre, llamándola cien veces por su nombre: « ¡Madre mía! ¡Madre mía! ¡Ayúdame! ¡Ven, que me muero! ¡Ay, pobrecita madre mía! ¡Ya no te volveré a ver! ¡Me hallarás muerto en este desierto!» Juntaba las manos sobre el pecho y rezaban las oraciones que ella le había enseñado.

Más adelante mejoró, gracias a los cuidados del capataz, y se puso bien. Pero con la curación llegó el día más doloroso del viaje, cuando iba a quedarse solo.

Hacía más de dos semanas que habían salido de Córdoba, y, al llegar al punto en el que se apartaban el camino de Tucumán y el de Santiago del Estero, el capataz le dijo que a partir de allí tendría que proseguir el viaje él solo, como ya se lo había informado. Le dio algunas instrucciones acerca del camino, le entregó la bolsa de la ropa y sin agregar más, por temor a conmoverse, lo saludó. Marco apenas tuvo tiempo de besarle la mano en señal de gratitud. También parecieron sentir alguna compasión los hombres que tan mal lo habían tratado, al verlo tan solito, y le saludaron con la mano cuando se alejaron. El les reintegró el saludo de igual modo y se quedó observando la caravana hasta que la perdió de vista, envuelta en el polvo rojizo del camino y de la llanura. Después se puso a transitar tristemente.

Una cosa le confortó algo, sin embargo, desde un principio. Al cabo de tantos días de viaje a través de la ilimitada planicie, siempre igual, veía delante de sí una cadena de montañas muy elevadas, azuladas y con las cimas nevadas, que le conmemoraban los Alpes y le causaban la sensación de acercarse a su tierra. Eran los Andes, la espina dorsal del continente americano, la inmensa cadena que se extiende desde la Tierra del Fuego, bordeando la parte occidental de América del Sur, hasta el istmo de Panamá, con una distancia de 7.500 kms., alargandose luego con diversos nombres por Centroamérica y América del Norte hasta Alaska, en el Océano Glacial Ártico. También le animaba notar que el aire se iba haciendo cada vez más ardiente. Y es que, avanzando hacia el Norte, se acercaba a las regiones tropicales. A grandiosas distancias hallaba pequeños poblados en los que no faltaba una tienda, donde compraba algo para comer. Por el camino se cruzaba con hombres a caballo; de vez en cuando veía mujeres y niños sentados en el suelo, inmóviles y serios, con caras totalmente nuevas para él, de color tierra, con los ojos oblicuos y los pómulos salientes, que le miraban firmemente y le seguían con la vista, volviendo la cabeza lentamente, como autómatas. Eran indios.

El primer día anduvo mientras se lo consintieron sus fuerzas y durmió debajo de un árbol. El segundo día recorrió menos distancia y con mayor depresión de ánimo. Tenía las botas rotas, los pies despellejados, y el estómago debilitado por la mala alimentación. Hacia el anochecer comenzó a tener miedo. Había oído decir por su tierra que en aquellas regiones había serpientes. Creía oírlas arrastrarse; se detenía, echaba a correr y sentía escalofríos en los huesos. A veces sentía mucha lástima de sí mismo y lloraba silenciosamente conforme iba andando. Luego pensaba: «¡Cuánto sufriría mi madre si supiese que tengo tanto miedo!», y este pensamiento lo reconfortaba. Después, para dominar el miedo, pensaba en muchas cosas de ella, traía a su memoria lo que había dicho al salir de Génova, y el modo con que le arreglaba la ropa de la cama cuando estaba acostado; y cuando era niño, que a veces lo tomaba en sus brazos, diciéndole: «Estate aquí un poco conmigo», y él permanecía mucho tiempo con la cabeza descansada en la suya, pensando. Y se decía entre sí: «¿Llegaré a verte, querida madre, al final de este viaje?» Marchaba sin obstáculo en medio de árboles desconocidos, de extensas plantaciones de caña de azúcar y praderas sin fin, siempre con aquellas grandes montañas azules por delante, que cortaban el sereno cielo con sus altísimos picos y sus líneas sinuosas.

Pasaron cuatro días, cinco, una semana. Las fuerzas le iban reduciendo avivadamente y los pies le sangraban. Al fin una tarde, al ponerse el sol le dijeron:

—Tucumán se encuentra a cinco leguas de aquí.

El lanzó un grito de alegría y aceleró el paso, como si en un momento hubiese recobrado todo el vigor perdido. Pero fue una corta ilusión. Las fuerzas le abandonaron de pronto y cayó extenuado a la orilla de una zanja. Sin embargo el corazón le saltaba de gozo. El cielo cuajado de estrellas muy brillantes, entre las que sobresalían las de la Cruz del Sur, nunca le había parecido tan hermoso. Las observaba tendido sobre la hierba, con deseos de dormir, y pensaba que tal vez le estuviese esperando su madre en aquellos instantes. Y se decía: «¿Dónde estás, madre mía? ¿Qué haces ahora? ¿Piensas en tu Marco, que está cerca de ti?»

¡Pobre Marco! Si hubiese podido ver el estado en que entonces se encontraba su madre, habría hecho un esfuerzo sobrehumano para andar todavía y llegar a su lado sin pérdida de tiempo. Estaba enferma, echada en la cama, en una habitación de la planta baja de un hotelito, donde vivía la familia Mequínez, que le había tomado gran cariño y le prestaba solícitos cuidados. La pobre mujer ya no se hallaba bien cuando el ingeniero tuvo que salir precipitado de Buenos Aires y no se había restablecido del todo a pesar del buen clima de Córdoba. Después, al no haber recibido contestación a sus cartas ni del marido ni del primo, el augurio cada vez más torturante de alguna desdicha, la continua ansiedad en que había vivido, dudando entre marchar y quedarse, esperando todos los días una noticia fatal, le había hecho empeorar de modo extraordinario. Finalmente se le había manifestado una enfermedad muy grave, una hernia estrangulada. Hacía quince días que no se alzaba de la cama, y era preciso intervenirla quirúrgicamente para salvarle la vida. En aquel mismo momento, mientras la invocaba su Marco, estaban junto a su cama los señores de la casa queriéndola persuadir, con mucha dulzura, para que se dejase operar; mas ella permanecía en su terca negativa y no dejaba un momento de llorar.

Ya había ido la semana anterior, a tal efecto, un acreditado cirujano de Tucumán, pero inútilmente.

—No, queridos señores —decía ella—, no vale la pena; no tengo fuerzas para resistir y moriría en la operación. Es mejor que me dejen. Ya no tengo apego a la vida. Para mí todo se acabó. Prefiero sucumbir a saber lo que ha ocurrido a mi familia.

Los señores se oponían, le decían que tuviese valor, que las últimas cartas enviadas derechamente a Génova tendrían respuesta, que se dejase operar, que lo hiciera por sus hijos.

Pero el recuerdo de sus hijos acrecentaba todavía más la angustia y el profundo desánimo, que la tenía deprimida desde hacía mucho tiempo. Al oír aquellas palabras le saltaban las lágrimas.

—¡Ah, mis hijos! ¡Mis queridos hijos! —Exclamaba juntando las manos—. ¡Tal vez hayan muerto! ¡Más vale que muera yo también! De todas formas les quedo muy agradecida, queridos señores. Es inútil que vuelva el doctor pasado mañana. Quiero morir aquí. Ese es mi destino. Ya lo he decidido.

Los señores, sin cesar de confortarla, le repetían:

—No diga eso, buena mujer —y le cogían la mano para hacerle mayor presión.

Pero ella cerraba entonces los ojos, agotada y caía en un sopor como muerta.

Los dueños persistían a su lado algún tiempo y, al mirarla a la luz mortecina de una lamparilla, sentían gran compasión de aquella madre admirable que por el bien de su familia había ido a morir a seis mil leguas de su patria, tras haber penado tanto. ¡Pobre mujer, tan decente, buena y desgraciada!

Al día siguiente, muy de mañana, encorvado y medio tambaleándose, con su bolsa a cuestas, pero sumamente animoso, entraba Marco en la ciudad de Tucumán, una de las más suaves y florecientes de la república Argentina. Le pareció que volvía a ver Córdoba, Rosario y Buenos Aires, puesto que observaba análogas calles largas y rectas con las mismas casas blancas y bajas; pero por todas partes aparecía una nueva y magnífica vegetación, notándose un aire perfumado, una luz asombrosa, un cielo transparente y azul como él jamás había visto, ni siquiera en Italia.

Yendo adelante por las calles, advirtió la febril agitación que había presenciado en Buenos Aires. Miraba las ventanas y las puertas de todas las casas; se fijaba en todas las mujeres que pasaban con anhelante esperanza de ver a su madre, y de buena gana habría investigado a todos, pero no se atrevía a parar a nadie. Cuantos se atravesaban con él se volvían para ver a aquel chico harapiento y lleno de polvo, que daba señales de venir de muy lejos. El buscaba entre la gente una cara que le inspirase confianza para dirigirle la tremenda pregunta, cuando se ofreció ante sus ojos el rótulo de una tienda con nombre italiano. Se aproximó paulatinamente a la puerta y con ánimo resuelto dijo:

—¿Podrían expresarme dónde vive la familia Mequínez?

—¿Los señores Mequínez? —repitió el tendero.

—Sí, sí, la casa del ingeniero señor Mequínez —respondió el chico con un hilo de voz.

—La familia Mequínez —dijo el comerciante— no está en Tucumán.

Un grito de desánimo, como el de una persona herida por puñalada, fue como el eco de aquellas frases.

Asistieron el tendero y algunas mujeres que se hallaban en el establecimiento.

—¿Qué te pasa, muchacho? —le preguntó el tendero haciéndole sentar—. ¡No hay que desesperarse, qué diablos! Los Mequínez no están aquí, pero viven cerca, a pocas horas de Tucumán.

—¿Dónde? ¿Dónde? —gritó Marco, colocandose de pie como movido por un resorte.

—A unas quince leguas de aquí —continuó el hombre—, a orillas del Saladillo, en un lugar donde están edificando una gran fábrica de azúcar. Entre otras, está la casa del señor Mequínez, que todos conocen. Te será fácil llegar allí.

—Yo estuve hace un mes —dijo un joven que había asistido al oír el grito.

Marco abrió desmesuradamente los ojos, miró al joven y preguntó atropelladamente, demacrando:

—¿Vio allí a la sirvienta del señor Méquinez, a la italiana?

—¿La genovesa? Sí, la vi.

Marcó exclamó en un sollozo convulso, riendo y llorando a la vez. Luego, impulsado por violenta resolución, preguntó:

—¿Por dónde se va? ¡Pronto! ¡Enséñenme el camino! ¡Me voy enseguida!

—Pero si hay una jornada larga —le objetaron— y estás muy cansado… Debes descansar. ¡Déjalo para mañana!

—¡Imposible! ¡Improbable! —Repuso Marco—. Díganme por dónde se va, no puedo esperar ni un minuto más; me voy enseguida, ¡aunque me caiga muerto por el camino!

Viéndole tan decidido, no se opusieron.

—¡Que Dios te acompañe! —le dijeron—. Ten cuidado por el camino del bosque. ¡Feliz viaje, italianito!

Un hombre lo acompañó hasta las afueras de la población, le indicó el camino que debía seguir, le dio algunos consejos y se quedó observandole cómo se alejaba.

El muchacho desapareció al cabo de unos minutos, cojeando, con el bulto de ropa a la espalda, por detrás de los espesos árboles que rodeaban la carretera.

Aquella noche fue atroz para la pobre enferma. Sentía agudos dolores que le arrancaban gritos capaces de desgarrar las venas, y pasaba por instantes de delirio. Las mujeres que la asistían no sabían qué hacer. La dueña acudía de vez en cuando, muy desconsolada. Todos comenzaron a temer que, aun en el caso de acceder a que la operaran, como el cirujano no iría hasta la mañana siguiente, probablemente llegaría demasiado tarde. Pero en los instantes de lucidez, se entendía que su mayor tormento no lo constituían los dolores físicos, sino el pensamiento de su lejana familia. Moribunda, deshecha, con la mirada extraviada, se metía los dedos entre el pelo con actitud de desesperación que partía el alma, y gritaba:

—¡Dios mío! ¡Dios mío! ¡Morir tan lejos, sin verlos! ¡Pobres hijos míos, que se quedan sin madre, mis pobres criaturas, sangre de mi sangre! ¡Mi Marco, todavía pequeño, tan bueno y afectuoso! ¡Ustedes no pueden figurarse cómo es! ¡Si usted lo conociera, señora…! Cuando salí de casa, no podía despegármelo del cuello;. Sollozaba de una manera desgarradora. Parecía que recelaba que ya no volvería a verme. ¡Pobre criatura mía! ¡Ojalá hubiese muerto de repente entonces, cuando me estaba despidiendo! ¡Huérfano de madre mi hijito, que tanto me quiere, que aún me necesita! Sin su madre caerá en la miseria, y tendrá que ir pidiendo limosna para acallar el hambre…

¡Dios eterno! ¡No, no lo permitáis! ¡No quiero sucumbir! ¡El médico! ¡Que venga enseguida! ¡Llámenle, por favor! ¡Que venga y me abra por donde quiera, con tal de que me salve la vida! ¡El médico! ¡Socorro!

Las mujeres le sujetaban las manos, la apaciguaban a fuerza de ruegos. Al hacerla volver en sí, le hablaban de Dios y de la esperanza que todos debemos poner en Él. Entonces la enferma recaía en un abatimiento mortal, lloraba mesándose los grises cabellos, gemía como una niña, arrojando lamentos continuados y musitando a intervalos:

—¡Oh Génova mía! ¡Mi casa! ¡Aquel mar…! ¡Oh mi Marco, mi querido Marco! ¿Dónde estará ahora la pobre criatura?

Era medianoche, y Marco, después de haber pasado muchas horas al borde de un foso, totalmente extenuado, circulaba a través de una floresta de árboles gigantescos, monstruos de la vegetación, de troncos desmesurados, similares a columnas de catedrales, que a una altura inconcebible entrelazaban sus formidables copas plateadas por la luna. En aquella semioscuridad veía vagamente millares de troncos de todas formas, rectos e inclinados, retorcidos, interpuestos en extrañas actitudes de amenaza y de lucha; por el suelo había algunos derribados, como torres caídas de una vez, cubiertos de una vegetación exuberante y confusa, que parecía una muchedumbre furiosa, disputándose el espacio palmo a palmo; otros formaban grupos verticales y apretados como haces de lanzas titánicas, cuyas puntas se ocultaban en las nubes; una magnificencia soberbia; un desorden prodigioso de formas colosales, el espectáculo más majestuosamente terrible que jamás le había ofrecido la naturaleza vegetal, propio de la selva virgen.

En ciertos instantes le sobrecogía un gran estupor, pero pronto volaba con el pensamiento hacia su madre. Estaba agotado, con los pies ensangrentados, solo en aquella imponente selva, donde exclusivamente veía a largos intervalos pequeñas viviendas humanas, que al pie de aquellos majestuosos árboles parecían nidos de hormigas, y algún que otro búfalo dormido en el camino. Se hallaba rendido de cansancio y solo, mas no por eso tenía miedo. La grandeza de la selva virgen enaltecía su alma; la cercanía de su madre le comunicaba la fuerza y el atrevimiento de un hombre; el recuerdo del océano, de los desalientos y de las penalidades pasadas y superadas, las alargadas fatigas y la férrea constancia de que había dado pruebas le hacían erguir la frente; todo el torrente de su fuerte y noble sangre genovesa afluía a su corazón en ardorosa oleada de orgullo y de audacia.

Una nueva sensación advertía en él: hasta entonces había llevado en la mente una imagen de su madre oscurecida y confusa un tanto por los dos años de ausencia, mas en aquellos momentos adquiría más claridad y tenía rasgos mejor definidos; volvía a ver su cara entera y propia como hacía mucho tiempo no la había observado; la percibía muy cerca, iluminada y como hablándole; volvía a ver los movimientos más insignificantes de sus ojos y de sus labios, todas sus actitudes, sus gestos y las sombras de sus pensamientos; sostenido por tan acuciantes recuerdos, apretaba el paso, y un nuevo cariño, una indecible ternura iba creciendo en su corazón, que le hacía correr por sus mejillas dulces y calmadas lágrimas. Conforme iba andando en medio de la oscuridad, le hablaba diciéndole las frases que pronto le musitaría al oído: «¡Aquí estoy, madre mía; aquí me tienes; ya no me apartaré de ti; volveremos los dos a casa y estaré siempre a tu lado, pegado a ti, sin que nadie nos separe nunca, mientras vivas!» Entretanto no se daba cuenta de que iba desapareciendo de la copa de los gigantescos árboles la plateada luz de la luna para dejar paso a la rosada aurora que ya aparecía por los balcones del oriente.

A las ocho de aquella mañana estaba junto al lecho de la enferma el cirujano de Tucumán, joven argentino, en compañía de un practicante, para intentar por última vez convencerla de que le consintiera operarla. A sus requerimientos se unían los del ingeniero Mequínez y su esposa. Pero todo resultaba inútil, puesto que la mujer, sintiéndose sin fuerzas, no tenía confianza en el buen resultado de la mediación quirúrgica. Estaba segura de que sucumbiría durante ella o que sólo sobreviviría unas cuantas horas después de haber sufrido vanamente unos dolores más atroces de los que le produciría la muerte natural.

El doctor no cesaba de repetirle:

—Mire, señora, el resultado de la operación es seguro y cierta su curación con tal que se arme de un poco de valor. Si se niega, morirá ineludiblemente.

A pesar de todo, resultaban palabras inútiles.

—No —respondía con su débil voz—; tengo valor para sucumbir. Pero no para sufrir en vano. Gracias, doctor. Ese es mi destino. Déjeme morir en paz.

El cirujano desistió de su empeño y nadie dijo más a la enferma, la cual, dirigiéndose a su dueña, le hizo con voz agonizante los últimos ruegos.

—Mi querida y buena señora —dijo esforzándose mucho y entre sollozos—, le pido que haga el favor de enviar a mi familia. por medio del señor Cónsul, el poco dinero y la ropa que poseo. Supongo que todos vivirán. Mi corazón lo presiente en estos últimos instantes. Tenga la bondad de escribir… que siempre he pensado en ellos, que he trabajado por ellos… por mis hijos… y que mi única pena es no volver a verlos…, pero que he fallecido con buen ánimo… resignada… bendiciéndolos; y que a mi marido… y a mi hijo mayor… les encomiendo que velen por el más pequeño, mi pobrecito Marco… a quien he tenido presente en mi corazón… hasta el último momento… —Poseída de repentina exaltación, exclamó, juntando las manos: —¡Mi Marco! ¡Mi niño! ¡Mi vida!…

Pero al girar sus ojos anegados en lágrimas, ya no advirtió a la señora; alguien la había llamado por señas sin que la paciente lo advirtiera. Buscó al ingeniero, y también había desaparecido. Simplemente estaban en la habitación las dos enfermeras y el ayudante del médico.

En la habitación contigua se oían pasos acelerados, frases entrecortadas y exclamaciones contenidas.

La enferma miró hacia la puerta con ojos velados en actitud expectante. Al cabo de unos minutos vio aparecer al cirujano con expresión extraña, y luego a sus señores también visiblemente alterados. Los tres la observaron de modo singular y se intercambiaron unas frases en voz baja. Pareciole que el doctor decía a la señora:

—Es mejor enseguida.

La enferma no entendía.

—Josefa —le dijo la señora con voz trémula—, tengo que darle una buena noticia. Prepárese a recibirla.

La mujer le miró con extremada atención.

—Es una noticia —prosiguió diciendo la señora— que le producirá mucha alegría.

La enferma abrió excesivamente los ojos.

—Dispóngase —añadió— a ver a una persona… a la que quiere muchísimo.

La mujer levantó la cabeza con vigoroso impulso y comenzó a mirar ora a la señora, ora hacia la puerta, con ojos brillantes.

—Es una persona —añadió la señora, descolorando— que termina de llegar repentinamente.

—¿Quién es? —preguntó la enferma con voz quebrada y extraña, como de persona asustada.

Un instante después lanzó un grito agudísimo, pretendiendo sentarse en la cama; pero tuvo que persistir inmóvil, con los ojos desencajados y las manos en las sienes, cual si se tratase de una aparición sobrenatural.

Marco, extenuado y cubierto de polvo, estaba de pie en la puerta. El doctor le sujetaba por un brazo.

La mujer gritó:

—¡Dios! ¡Dios! ¡Dios mío!

Marco se acercó, ella extendió sus descarnados brazos y, apretándolo contra su pecho con la fuerza de una tigresa, comenzó a reír a carcajadas, mezclando la risa con hondos sollozos sin lágrimas, que le hicieron caer casi sin respiración en la almohada.

Pero pronto se repuso y gritó loca de alegría, cubriendo de besos la cabeza de su hijo:

—¿Cómo estás aquí? ¿Por qué? ¿Pero eres tú? ¡Cuánto has crecido! ¿Quién te ha traído? ¿Has venido tú solo? ¿Te encuentras bien? ¡Eres tú mi Marco, no estoy soñando! ¡Dios mío! ¡Háblame! ¡Dime algo!

Luego, cambiando súbitamente de tono, añadió:

—¡No! ¡Todavía no! ¡No me digas nada! ¡Espera un poco!

Acto seguido, dirigiéndose al cirujano, exclamó:

—¡Pronto, señor doctor! ¡Quiero curarme! ¡Estoy dispuesta! No pierda un instante. Llévense a mi hijo para que no sufra. Esto no es nada, ¿sabes, Marco? Ya me lo narrarás todo. Otro beso, hijo. Ahora vete. ¡Aquí me tiene, doctor!

Sacaron a Marco de la habitación y salieron de ella rápidamente los señores y las mujeres, quedándose solamente el cirujano y su ayudante, que cerraron la puerta.

El señor Mequínez trató de llevarse a Marco a una habitación alejada; pero le fue imposible, pues parecía que le habían clavado en el pavimento.

—¿Qué es? —preguntó—. ¿Qué tiene mi madre? ¿Qué le están haciendo?

El ingeniero le respondió muy bajito, pretendiendo sacarlo de allí:

—Mira, escucha; tu madre está enferma y hay que hacerle una operación sencilla. Te lo explicaré todo. Ahora vente conmigo.

—No, señor —respondió el muchacho con obstinación—. Quiero quedarme aquí. Dígame aquí lo que quiera.

El ingeniero amontonaba palabras sobre frases, tratando de llevárselo, y el chico comenzaba a asustarse y a temblar.

De pronto resonó por toda la casa un grito muy agudo, como el de un herido mortalmente.

El muchacho replicó con grito exasperado.

—¡Mi madre ha muerto!

El médico apareció en la puerta y dijo:

—Tu madre se ha salvado.

El chico le miró un instante y luego se arrojó a sus pies, llorando:

—¡Gracias, doctor!

Pero el joven cirujano le mandó levantarse, diciéndole:

—¡Levántate!... ¡Tú eres, heroico chiquillo, quien ha salvado a tu madre!

VERANO

Miércoles, 24

Marco el genovés es el penúltimo pequeño héroe que conoceremos este año; sólo queda otro para el mes de junio. Faltan dos exámenes mensuales, veintiséis días de clase, seis jueves y cinco domingos. Se percibe ya el aire de fin de curso. Los árboles del jardín, cubiertos de hojas y flores, dan sombra sobre los aparatos de gimnasia. Los alumnos van vestidos de verano. Da gusto presenciar la salida de clase: ¡qué distinto de los meses franqueados! Las cabelleras que alcanzaban hasta los hombros han desaparecido; todos se han cortado el pelo; se ven cuellos y piernas desnudos, sombreros de paja de todas formas, con cintas que cuelgan sobre las espaldas; camisas y corbatas de todos colores; los más pequeñitos siempre llevan algo rojo o azul, alguna cinta, un ribete, una borla, o un remiendo de color vivo, cosido por la madre, para que haga bonito a la vista, hasta los más pobres; muchos vienen a la escuela sin sombrero, como si se hubieran escapado de casa. Otros llevan el traje claro de gimnasia. Hay un chico de la clase de la maestra Delcati que va vestido de rojo de pies a cabeza, como un cangrejo cocido. Varios llevan galas de marinero.

Pero el más divertido es el albañilito, que lleva un sombrerote de paja tan grande, que parece una media vela con su palmatoria, y como siempre, no es posible aguantar la risa al verle colocar el hocico de liebre bajo su sombrero.

Coretti también ha dejado su gorra de piel de gato, y lleva una gorrilla de viaje de seda gris. Votini tiene una especie de traje escocés, y, como siempre, muy atildado. Crossi va mostrando el pecho desnudo. Precossi desaparece bajo los pliegues de una blusa azul turquí de herrero. ¿Y Garoffi? Ahora que ha tenido que dejar el capotón bajo el cual escondía su comercio, le quedan al descubierto todos sus bolsillos, repletos de toda clase de baratijas, y le asoman las puntas de los números de sus rifas.

Ahora todos dejan ver bien lo que transportan: abanicos hechos con medio periódico, pedazos de caña, flechas para disparar contra los pájaros, hierba y otras cosas que asoman por los bolsillos y van cayéndose poco a poco de las chaquetas. Muchos chiquillos traen ramitos de flores para las maestras. También éstas van vestidas de verano, con colores alegres, a excepción de la monjita, que siempre va de negro, y la maestrita de la pluma roja, que la lleva siempre, y un lazo color rosa al cuello, totalmente ajado por las manecitas de sus alumnos, que eternamente la hacen reír y correr tras ellos.

Es la estación de las cerezas, de las mariposas, de la música por las calles y de los paseos por el campo; muchos de cuarto se escapan a bañarse en el Po; todos sueñan con las vacaciones, cada día salimos de la escuela más impaciente y alegre que el día anterior. Sólo me da pena ver a Garrone de luto y a mi pobre maestra de primer año, que cada vez está más consumida, más pálida, y tosiendo con más fuerza. ¡Camina totalmente encorvada, y me saluda con una expresión tan triste…!

POESÍA

Viernes, 26

Comienzas a entender la poesía de la escuela, Enrique; pero por ahora no ves la escuela más que por dentro: te parecerá mucho más agraciada y poética dentro de treinta años, cuando vengas a acompañar a tus hijos y la veas por fuera como yo la veo. Esperando la hora de salida, voy y vuelvo por las calles taciturnas que hay en derredor del edificio, y acerco mi oído a las ventanas de la planta baja, cerradas con persianas. En una ventana oigo la voz de una maestra que dice: —¡Eh! ¡El rasgo de la 'te' no está bien, hijo mío! ¿Qué diría de él tu padre?…

En la ventana siguiente se oye la gruesa voz de un maestro que dicta con lentitud: —Compró cincuenta metros de tela… a cuatro liras cincuenta centavos el metro…, los volvió a vender...

Más allá, la maestrita de la pluma roja lee en alta voz: —Entonces, Pedro Micca, con la mecha prendida…

De la clase cercana sale como un gorjeo de cien pájaros, lo cual quiere decir que el maestro ha salido fuera un instante. Voy más adelante, y a la vuelta de la esquina oigo que llora un alumno, y la voz de la maestra que lo amonesta y consuela. Por otras ventanas llegan a mis oídos versos, nombres de grandes hombres, fragmentos de sentencias que aconsejan la virtud, el amor a la patria, el valor. Siguen después momentos de silencio, en los cuales se diría que el edificio estaba vacío; parece imposible que allí dentro haya setecientos muchachos; de pronto se oyen estrepitosas risas, incitadas por una broma de algún maestro de buen humor… La gente que pasa se detiene a oír, y todos vuelven una ojeada de simpatía hacia aquel hermoso edificio que encierra tanta juventud y tantas esperanzas.

Se oye luego de repente un ruido sordo, un golpear de libros y de carteles, un roce de pisadas, un zumbido que se propaga de clase en clase, y de arriba a abajo, como al difundirse de improviso una buena noticia: es el bedel que va a anunciar la hora. A este murmullo, una muchedumbre de mujeres, hombres, chicas y chicos se aprieta a uno y otro lado de la salida para esperar a los hijos, a los hermanos, a los nietecillos; entretanto, de las puertas de las clases se deslizan en el salón de espera, como a borbotones, grupos de niños pequeños, que van a recoger sus capotitos y sombreros, haciendo con ellos revoltijos en el suelo, y saltando alrededor, hasta que el bedel los vuelve a hacer entrar uno por uno en clase. Últimamente, salen en largas filas y marcando el paso. Entonces comienza de parte de los padres una lluvia de preguntas: «¿Has sabido la lección?» «¿Cuánto trabajo te ha puesto?» «¿Qué tenéis para mañana?» «¿Cuándo es el examen mensual?»

Y hasta las pobres madres que no saben leer abren los cuadernos observando las dificultades y preguntan las notas que han tenido. «¿Solamente ocho?» «¿Diez, destacado?» «¿Nueve, de lección?» Y se inquietan, y se alegran, y preguntan a los maestros, y conversan de programas y de exámenes. ¡Qué fastuoso es todo esto; cuán grande y qué colosal promesa para el mundo!

Tu padre

LA SORDOMUDA

Domingo, 28

No podía acabar mejor el mes de mayo que con la visita de esta mañana.

Oímos la campanilla y todos corrimos a la puerta.

De pronto oigo decir a mi padre en tono de extrañeza:

—¿Tú por aquí, Jorge?

Era nuestro jardinero de Chieri, que ahora tiene a la familia en Condove y terminaba de llegar de Génova, donde había desembarcado el día anterior, de regreso de Grecia, después de trabajar tres años en las vías del ferrocarril. Traía un voluminoso fardo. Está algo más envejecido, pero mantiene como siempre buen color y no ha perdido su acostumbrada jovialidad.

Mi padre le invitó a entrar, mas él no quiso y preguntó, poniéndose serio: — ¿Cómo está mi familia? ¿Y Luisita?

—Hasta hace unos días estaba bien —respondió mi madre.

Jorge dio un suspiro:

— ¡Ensalzado sea Dios! No me atrevía a mostrarme en el colegio de Sordomudos sin tener antes noticias de ella. Dejaré aquí el bulto y voy enseguida a verla. ¡Ya hace tres años que no la veo! ¡Tres años sin ver a ninguno de los míos!

Mi padre me dijo:

—Acompáñalo.

—Dispense, pero quería preguntarle…

Mi padre le interrumpió:

—¿Cómo le ha ido por allá?

—Bien —le respondió él—. He traído algún dinero. Pero anhelaba preguntarle cómo va la instrucción de mi mudita. Cuando la dejé, parecía una criatura inexorable. ¡Pobre hija mía! Yo no tengo mucha fe en esos colegios. ¿Sabe usted si ha aprendido ya a hacer gestos? Mi mujer me decía en sus cartas que aprende a hablar y que adelanta. Yo digo que poco nos interesa que aprenda a hablar si no podemos comprendernos con ella por no saber hacer los gestos. ¿No le parece? Eso estará bien para que los mudos se entiendan entre sí…

Mi padre se sonrió y le dijo:

—No quiero adelantarle nada. Ya verá usted lo que hay. Vaya, vaya a verla, sin pérdida de tiempo.

Salimos. El colegio está cerca. Por el camino el jardinero me fue hablando mostrándose a cada paso más pesimista.

—¡Pobre Luisita mía! ¡Qué fatalidad nacer con esa desdicha! ¡Pensar que nunca me he oído llamar padre, ni ella ha oído la palabra hija, ni ninguna otra! ¡Ah! Y puedo dar gracias, que un señor misericordioso le ha costeado la estancia en el colegio. Pero… no ha podido ir antes de los ocho años. Hace tres años que no está en casa. Va a hacer once. ¿Ha crecido? ¿Está contenta?

—Pronto lo va a ver —le contesté, apretujando el paso.

—¿Pero dónde está el colegio? Mi mujer la llevó a él cuando yo estaba ausente. Debe estar por aquí.

Habíamos llegado a la puerta. Enseguida fuimos al locutorio.

Se presentó enseguida un ayudante.

—Yo soy el padre de Luisa Voggi —dijo el jardinero—. Desearía verla cuanto antes.

—Ahora están en recreo —contestó el empleado—; se lo diré a la profesora.

El jardinero ya no podía hablar ni estarse quieto. observaba los cuadros de las paredes sin ver nada.

Se abrió la puerta y entró una maestra vestida de negro con una chica de la mano.

Padre e hija se miraron un instante y luego se abrazaron con gran efusión.

La chica llevaba una bata de tela con rayas blancas y de color rosa y un delantalito blanco. Es más alta que yo. Sollozaba y tenía a su padre apretado por el cuello con ambos brazos.

Su padre se desasió de ellos y comenzó a mirarla de arriba abajo, con los ojos llenos de lágrimas y tan agitado como si acabase de echar una carrera. Luego exclamó: —¡Qué crecida está! ¡Qué guapa! ¡Oh, mí querida, mi pobrecita Luisita! ¡Mi mudita! ¿Es usted, señora, su maestra?

Dígale que me haga sus signos; algo comprenderé. Después ya iré asimilando poco a poco. ¿No podría decirme algo por gestos?

La profesora se sonrió y dijo en voz baja a la chica:

—¿Quién es este hombre que ha venido a verte?

La muchacha, con una voz oscura, gruesa y extraña, como la de un salvaje que conversase por primera vez nuestra lengua, pero pronunciando con gran claridad, y sonriéndose, contestó: —Es mi padre.

El jardinero dio un paso atrás, como atemorizado, y gritó:

—¡Habla! ¿Pero es posible, Dios mío? ¡Me has hablado tú, hijita! ¿Cómo se ha operado este milagro?

Y de nuevo la abrazó y le besó tres veces seguidas la frente.

—¿Cómo me iba a figurar, señora maestra, que hablase diciendo frases como nosotros, y no con gestos?

—Eso de hablar con gestos, señor Voggi, es un sistema ya anticuado. Aquí aplicamos en método oral. Me extraña que no lo supiera.

—¡Es que he estado fuera tres años, señora! —Respondió el jardinero—, y, aunque me lo hayan dicho por carta, nunca creí que fuera una realidad. Tengo una cabeza muy dura, ¿entiende?... Entonces, ¡tú me entiendes!, ¿verdad, hija mía? ¿Oyes lo que digo?

—¡Ah, no, no, buen hombre! —Replicó la profesora—. No puede oír las palabras ni ningún otro sonido, porque es sorda total. Pero por los movimientos de sus labios sabe lo que usted dice. No oye las palabras de usted ni las suyas, ésa es la verdad; las articula porque le hemos enseñado, letra por letra, cómo ha de poner los labios y mover la lengua, así como el esfuerzo que debe hacer con el pecho y la garganta para emitir los sonidos.

El jardinero no entendió mucho de esa explicación. Se quedó mirándola boquiabierto, sin llegar a creer lo que estaba viendo y oyendo.

—Dime, Luisita —preguntó a la hija, hablándole al oído—, ¿estás contenta de que haya vuelto tu padre? —Y, alzando la cabeza, se quedó esperando la respuesta.

La chica le miró, reflexiva, y no dijo nada.

El padre se mostró muy contrariado.

La profesora se echó a reír, y luego dijo:

—No le responde, buen hombre, porque no ha visto los movimientos de sus labios; le ha hablado usted al oído. Repítale la pregunta colocándose delante de ella.

El padre, mirándola firmemente, repitió:

—¿Estás contenta de que haya vuelto tu padre y de que ya no se vaya?

La chica, que había seguido con la vista, muy atenta, los movimientos de sus labios,intentando hasta de ver el interior de la boca, respondió con gran soltura: —Sí, estoy con-ten-ta de que ha-yas vuel-to y de que ya no te va-yas nun-ca.

El padre la abrazó impulsivamente, y luego, a toda prisa, la abrumó a preguntas para cerciorarse de que podía comprenderse con ella.

—¿Cómo se llama mamá?

—Anto-nia.

—¿Y tu hermanita?

—Ade-laida.

—¿Cómo se llama este colegio?

—De sordo-mudos.

—¿Cuántos son diez y diez?

—Vein-te.

Cuando creíamos que iba a reírse de alegría, de pronto

se echó a llorar. Pero sus lágrimas eran, innegablemente, de gozo, no pudo aguantarse.

—¡Mucho ánimo! —Le dijo la profesora—. Tiene usted motivos para alegrarse y no llorar. ¿No ve que hace llorar también a su hija? Bueno, en total, que está usted contento, ¿no es así?

El jardinero estrechó vigorosamente la mano de la profesora y se la besó dos o tres veces, diciendo: —Gracias, gracias, muchas gracias, señora maestra, y perdone que no sepa decirle otra cosa.

—Además de hablar —repuso la profesora— su hija sabe escribir, hacer cuentas; conoce el nombre de los objetos normales. Sabe algo de historia y de geografía. Ahora está en la clase normal. Cuando haya cursado los otros dos años, sabrá mucho, mucho más. Saldrá de aquí en situaciones de ejercer una profesión. Ya tenemos sordomudos colocados en comercios que sirven a los clientes y cumplen tan bien como los demás.

El jardinero quedó todavía más asombrado que antes. Parecía que de nuevo se le confundían las ideas. Miró a su hija y se rascó la frente. Por su expresión, deseaba más explicaciones.

La profesora se dirigió entonces al empleado y le dijo:

—Llame a una niña de la clase de preparatorio.

El hombre volvió poco después con una sordomuda de unos ocho o nueve años, que hacía poco había ingresado en el colegio.

—Esta chiquita —dijo la profesora— es una de aquellas a las que enseñamos lo más primordial. Fíjese cómo se hace. Quiero hacerle decir 'e'. Preste atención.

La profesora abrió la boca como se pone para articular dicha vocal, e indicó a la niña que abriese la boca de igual manera. La pequeña obedeció. La profesora, por medio de señas, le pidió que expresara el sonido. Ella lo hizo, pero en vez de 'e' dijo 'o'.

—No, no —le advirtió la profesora—; no es así.

Y agarrando ambas manos a la niña, le puso una de ellas abierta sobre la garganta, y la otra en el pecho. Repitió: 'e'.

La niña, que había percibido en sus manos el movimiento de la garganta y del pecho de la profesora, volvió a abrir la boca y pronunció perfectamente la 'e'. De modo análogo le hizo decir 'c' y 'd', conservando en todo momento las manecitas sobre el pecho y la garganta.

—¿Ha comprendido usted ahora? —le preguntó.

El padre había comprendido; pero parecía más admirado que cuando no comprendia nada.

—¿Y así es como ustedes enseñan a hablar? —Preguntó después de un minuto de reflexión, mirando a la profesora—. ¡Qué paciencia necesitan para enseñar de este modo a todas estas criaturas, una por una! ¡Ustedes son unas santas! ¡Unos ángeles del Paraíso! Nada de este mundo puede galardonarle lo que están haciendo. ¿Qué más tengo que decirle...? ¡Ah! ¿Me permite estar aunque sólo sean cinco minutos a solas con mi hija?

Separándose de nosotros, tomaron asiento y el hombre comenzó a hacerle preguntas que la chica iba objetando. El se reía con los ojos humedecidos, pegándose puñetazos en las rodillas; cogía las manos de su hija y se quedaba mirándola, embelesado por la alegría que le daba oírla, como si hubiese sido una voz bajada del cielo. Después preguntó a la profesora: —¿.Podría dar las gracias al señor Director?

—El Director no está —le contestó—, pero hay aquí otra personita a quien debe usted dar las gracias. Cada niña pequeña está al cuidado de una compañera mayor, que le hace de hermana, de madre. La suya está confiada a una sordomuda de diecisiete años, hija de un panadero, muy buena, y que la quiere mucho. Hace dos años que le ayuda a vestirse, la peina, le enseña a coser, le arregla la ropa y le hace compañía. —Luisa, ¿cómo se llama tu madre del colegio?

—Cata-lina Gior-dano —Luego dijo a su padre: —Mu-y bu-e-na, mu-y bue-na.

El empleado, que había salido a una señal de la profesora, volvió casi enseguida con una sordomuda rubia, robusta, de expresión alegre, vestida con un uniforme idéntico al de Luisita. Se contuvo a la entrada y, poniéndose bastante colorada, inclinó la cabeza, sonriendo. Aunque tenía el cuerpo de mujer ya formada, parecía una niña.

La hija de Jorge corrió a su encuentro, la cogió del brazo y la presentó a su padre, diciendo con su gruesa voz: —Cata-lina Gior-dano.

—¡Ah! ¡La muchacha asombrosa! —exclamó el padre. Y alargó la mano como para hacerle una caricia, pero enseguida la retiró, repitiendo: — ¡Magnífica muchacha, que Dios te bendiga y te dé toda clase de consuelos y complacencias, que os haga felices a ti y a los tuyos! Así os lo desean de todo corazón una buena chica, mi pobrecita Luisa, y un agradecido padre de familia.

Catalina acariciaba a Luisita, teniendo ella la cabeza baja y sonriéndose apaciblemente. El jardinero la observaba con la veneración que se siente ante una virgen.

—Hoy puede llevarse a su hija —dijo la profesora.

—¡Qué complacencia más grande me abastece! Me la llevaré a Condove y la traeré mañana temprano —contestó el jardinero.

La chica, que había vuelto con una capita y un gorrito, entrelazó placenteramente su brazo con el del padre.

—Gracias a todos —dijo éste desde la puerta—. ¡Gracias a todos con toda mi alma! Volveré a expresarle de nuevo mi profundo reconocimiento.

Se quedó un instante pensativo; luego se desligó violentamente de su hija, volvió, rebuscando en el bolsillo del chaleco, y exclamó: —Aunque soy un pobre hombre, aquí dejo veinte liras para el colegio, un fastuoso y nuevo marengo de oro.

Y, dando un golpe sobre la mesa, dejó en ella la moneda.

—No, no, de ninguna forma, buen hombre —dijo conmovida la profesora—. Recoja su dinero. Yo no puedo aceptarlo. Ya vendrá cuando esté el Director, aunque es seguro que tampoco accederá él nada. Le ha costado muchos sudores ganarlo. Le permanecemos, de todas formas, muy gratificados.

—¡Lo dejo! —repitió el jardinero—, y luego… ya veremos.

Pero la profesora le puso la moneda en el bolsillo sin darle tiempo de rechazarla.

El se resignó, meneando la cabeza; luego, tras enviar un beso al aire a la profesora y otro a Catalina, volvió a coger del brazo a su hija y salió avivadamente, diciendo: —¡Ven con tu padre, hija mía, mudita mía, mi tesoro!

La chica le correspondió, diciendo con su recóndita voz: —¡Qué sol tan her-mo-so!

Junio

GARIBALDI

Sábado, 3. Mañana es fiesta nacional.

Hoy está de luto nuestra patria. Anoche sucumbió Garibaldi. ¿Sabes quién era? El que liberó a diez millones de italianos de la tiranía de los Borbones. Ha fallecido a los setenta y cinco años de edad.

Había nacido en Niza, hijo de un capitán de barco. Cuando tenía ocho años, salvó la vida a una mujer; a los trece, libró del naufragio una barca llena de compañeros; a los veintisiete, sacó del agua, en Marsella, a un jovencito que se ahogaba; a los cuarenta y uno, impidió el incendio de un barco en alta mar. Luchó en América por la libertad de un pueblo, que no era el suyo. Participó en tres guerras contra los austríacos por la liberación de Lombardía y del Trentino; defendió Roma el año 1849 contra los franceses; liberó Palermo y Nápoles en 1860; volvió a combatir por Roma en 1867; luchó en 1870 contra los alemanes en defensa de Francia. Tenía en su espíritu la llama del heroísmo y el genio de la guerra. Entró en combate cuarenta veces y salió triunfante en treinta y siete.

Cuando no combatía con las armas, trabajaba para vivir o se enclaustraba en una isla solitaria dedicándose a cultivar la tierra.

Fue maestro, marinero, obrero, comerciante, soldado, general y dictador. Un gran hombre sencillo y de buenos sentimientos. Odiaba a todos los tiranos; amaba a todos los pueblos; resguardaba a los débiles; su única aspiración era hacer el bien; rehusaba los honores, despreciaba la muerte y adoraba Italia. Cuando lanzaba el grito de guerra, legiones de valientes acudían a su lado desde todas partes: hubo señores que abandonaron sus ostentosos palacios, obreros que dejaron la fábrica o el taller, jóvenes que interrumpieron los estudios para ir a batallar a sus órdenes. En la guerra usaba una camisa roja. Era rubio, fuerte y apuesto. En los campos de batalla, un rayo; en los sentimientos, un niño; en los sufrimientos, un santo.

Millares de italianos sucumbieron por la patria, considerándose venturosos al verlo pasar a lo lejos victorioso; millares se habrían dejado matar por él; millones lo han bendecido y lo bendecirán.

¡Ha muerto el gran héroe! El mundo entero lo llora. Tú no puedes comprenderlo ahora; pero leerás sus hazañas, oirás hablar de él consecutivamente en tu vida, y, conforme vayas creciendo, su imagen se agrandará ante ti; cuando seas hombre, lo tendrás por gigante; y cuando ya no estés en este mundo, ni vivan los hijos de tus hijos, todavía verán las generaciones en alto su cabeza con la aureola de redentor de los pueblos sojuzgados, coronada con los nombres de sus victorias como círculo de estrellas, y a todos los italianos les resplandecerán la frente y el alma al articular su nombre.

Tu padre

EL EJÉRCITO

Domingo, 11. Fiesta nacional.

Retrasados siete días por la muerte de Garibaldi.

Fuimos a la plaza del Castillo para presenciar el desfile de los soldados ante el Comandante del Cuerpo de ejército, en medio de dos grandiosas hileras de gente. Conforme iban desfilando al son de las cornetas y bandas de música, me enseñaba mi padre las unidades militares y los gloriosos recuerdos de las distintas banderas.

Inicialmente pasaron los alumnos oficiales de la academia militar, que luego serán oficiales de Ingenieros y de Artillería, unos trescientos, con uniformes negros, muy marciales y desenrollados, como soldados y estudiantes. Tras ellos desfiló la Infantería: la brigada de Aosta, que luchó en Goito y en San Martino, y la de Bérgamo, que se batió en Castelfidardo; cuatro regimientos, compañía tras compañía, millares de penachos rojos, que parecían otras tantas dobles guirnaldas de flores muy largas, color sangre, tendidas y sacudidas por ambos extremos y llevadas a través de la multitud.

Después de la Infantería avanzaron los soldados de Ingenieros, los obreros de la guerra, con sus penachos de crin negros y galones de color carmesí. Mientras desfilaban, se veían avanzar tras ellos centenares de largas plumas que resaltaban por encima de las cabezas de los auditorios: eran los alpinos, los defensores de las fronteras de Italia, todos ellos altos, sonrosados y fuertes, con sombreros calabreses y las divisas de color verde vivo, como la hierba de sus montañas. Todavía desfilaban los alpinos cuando la multitud se sintió estremecida ante la aparición de los «bersalleros», el antiguo duodécimo batallón, los primeros que entraron en Roma por la brecha de Porta Pía, morenos, marciales, avispados, con los penachos agitados por el viento; pasaron como oleada de negro torrente, haciendo retumbar la plaza con agudos toques de trompeta, que parecían gritos de alegría.

Pero su charanga quedó sofocada por un estrépito sordo y continuado, que informaba a la artillería de campaña, pasando garbosamente sentados en los altos armones, tirados por trescientas parejas de briosos caballos, los valerosos soldados de cordones amarillos, y los largos cañones de bronce y de acero, muy relucientes en sus ligeros afustes, que saltaban y resonaban, haciendo temblar el suelo. A continuación marchaba lenta, grave y bella, con apariencia pesada y ruda, con sus altos soldados y sus poderosos mulos, la artillería de montaña, que lleva la desolación y la muerte hasta donde llega la planta humana.

Finalmente pasó al galope, con los cascos que resplandecían al sol, las lanzas derechas y las banderas desplegadas, deslumbrantes de oro y plata, colmando el aire de sonsonetes y de relinchos, el apuesto regimiento de caballería de Génova, que cayó como un torbellino sobre diez campos de batalla, desde Santa Lucía a Villafranca.

—¡Qué bello es todo esto! —expresé.

Pero mi padre casi me reprochó tal expresión, y me dijo:

—No debes considerar al ejército como un bonito espectáculo. Todos esos jóvenes, llenos de vida y de esperanzas, pueden ser citados en cualquier instante para proteger al país y quedar muertos en pocas horas por la metralla enemiga. Cada vez que escuches gritar con motivo de una fiesta: «¡Viva el ejército! ¡Viva Italia!», figúrate también los campos de batalla cubiertos de cadáveres y inundados en sangre, pues entonces los vítores al ejército te saldrán de lo más recóndito del corazón y te parecerá más severa y admirable la imagen de Italia.

ITALIA

Martes, 13

Saluda a la patria de este modo en los días de sus fiestas: Italia, patria mía, noble y querida tierra donde mi padre y mi madre nacieron y serán sepultados, donde yo espero vivir y morir, donde mis hijos crecerán y sucumbirán; bonita Italia, grande y gloriosa desde hace siglos, unida y libre desde hace pocos años; que esparciste sobre el mundo tanta luz de divinas inteligencias, y por la cual tantos valientes sucumbieron en los campos de batalla y tantos héroes en el patíbulo; madre augusta de trescientas ciudades y de treinta millones de hijos; yo, niño, que todavía no te comprendo y no te conozco por completo, te venero y te amo con toda mi alma, y estoy orgulloso de haber nacido de ti y de llamarme hijo tuyo. Amo tus mares espléndidos y tus sublimes Alpes; amo tus estatuas solemnes y tus memorias imperecederos; amo tu gloria y tu belleza, te amo y venero como a aquella parte preferida donde por vez primera vi el sol y oí tu nombre. Os amo a todas con el mismo cariño, y con igual gratitud, valerosa Turín, Génova soberbia, docta Bolonia, encantadora Venecia, poderosa Milán; con la misma reverencia de hijo os amo, gentil Florencia y terrible Palermo, Nápoles inmensa y hermosa, Roma asombrosa y eterna. ¡Te amo, sagrada patria! Y te juro que querré siempre a todos tus hijos como a hermanos; que honraré siempre en mi corazón a tus hombres ilustres vivos y a tus grandes hombres muertos; que seré ciudadano activo y honrado, atento tan sólo a enaltecerse para hacerme digno de ti y cooperar con mis minúsculas fuerzas para que desaparezcan de tu faz la miseria, la ignorancia, la injusticia, el delito; para que puedas vivir y desarrollarte tranquila en la majestad de tu derecho y de tu fuerza. Juro que te serviré en lo que pueda con la inteligencia, con el brazo y con el corazón, humilde y valientemente; y que si llega un día en el que deba dar por ti mi sangre y mi vida, daré mi vida y mi sangre y moriré enalteciendo al cielo tu santo nombre y enviando mi último beso a tu consagrada bandera.

Tu padre

UN CALOR SOFOCANTE

Viernes, 16

En los cinco días transcurridos desde la celebración de la fiesta nacional, ha ido acrecentando el calor, subiendo tres grados el termómetro. Puede decirse que ya estamos en pleno verano. Todos comenzamos a sentir cansancio y de las caras ha desaparecido el color sonrosado que tenían durante la primavera; se adelgazan las piernas y los cuellos, se tambalean las cabezas y se cierran los párpados. El pobre Nelli, que nota mucho el calor y está muy pálido, se queda algunas veces hondamente dormido con la cabeza sobre el cuaderno; menos mal que Garrone se ocupa de ponerle delante un libro abierto y plantado, para que no le vea el maestro. Crossi apoya su rubia cabeza en el banco, de forma que parece que está apartada del cuerpo. Nobis se queja de que somos muchos en la clase y le viciamos el aire.

¡Qué fuerza hay que tener ahora para estudiar!

Cuando miro por las ventanas de mi casa la placentera sombra que proyectan los tupidos árboles, de buena gana iría a recrearme en ella, y no a encerrarme entre cuatro paredes con los bancos de la clase.

Pero luego siento nuevos ánimos, cuando mi buena mamá, al volver yo de la escuela, me mira la cara para ver si estoy o no pálido. Cuando me entrego al estudio y a los trabajos escolares y me pregunta si todavía me siento con fuerzas, así como cuando me dice por las mañanas, al levantarme: «Resiste un poco más; sólo quedan unos días de clase; después podrás descansar y solazarte a la sombra de los árboles», quiero armarme de valor y esforzarme hasta el último día de escuela.

Tiene razón de sobra cuando me recuerda a chicos que trabajan en el campo bajo los abrasadores rayos del sol, o en las blancas orillas de los ríos, que les ciegan y chamuscan, o en las fábricas de cristal, donde franquean el día con la cara inclinada sobre una llama de gas, teniendo que levantarse antes que nosotros y sin vacaciones.

¡Ánimo!

Derossi es también en esto el primero: no le arredra el calor; la somnolencia no puede con él; se muestra en todo instante tan campante y alegre como en el invierno, sin haberse cuidado de cortarse el pelo para ir más fresco; estudia con tesón y mantiene bien despiertos a los que están cerca de él, como si con su voz refrescase el ambiente.

Hay, asimismo, otros dos, siempre atentos y trabajadores: el incansable Stardi, que se muerde los labios para no dormirse y que cuanto más calor hace y más cansado está tanto más oprime los dientes y abre los ojos, como si quisiera comerse al maestro; y el «negociante» Garoffi, atareado en hacer abanicos de papel encarnado, a los que pega figuritas sacadas de las cajas de cerillas, que vende a dos céntimos cada uno.

Pero el mejor es Coretti, tiene que levantarse a las cinco para auxiliar a su padre en el trajín de la leña. En clase, a las once, ya no puede tener los ojos abiertos y se le encorva la cabeza sobre el pecho; sin embargo, se esfuerza por dominarse, se da palmadas en la nuca y pide autorización para salir con el fin de mojarse la cara; también dice a los que tiene a su lado que no dejen de pellizcarle o darle codazos si le ven cabecear. Con todo, esta mañana no logró resistir más y se quedó hondamente dormido. El maestro le llamó con voz fuerte:

—¡Coretti!

Pero él no le oyó.

—¡Coretti! —repitió el maestro, furioso.

Entonces, el hijo del carbonero, que se sienta a su lado, se alzó para decir:

—¡Es que ha estado trabajando desde las cinco de la mañana, llevando haces de leña!

El maestro le dejó dormir, y continuó explicando la lección media hora más. Luego se acercó al banco de Coretti, comenzó a soplarle despacito en la cara y le despertó. Al verse delante del maestro, tuvo un movimiento de sobresalto. Pero el maestro le cogió la cabeza entre las manos, le dio un beso y le dijo:

—No te amonesto, hijo mío. No te duermes por flojera, sino por cansancio.

MI PADRE

Sábado, 17

Tus compañeros Coretti y Garrone no contestarían jamás a su padre, hijo mío, como tú lo has hecho esta tarde al tuyo.

¡Enrique! ¿Qué ha pasado? Debes prometerme que nunca más volverá a ocurrir cosa parecida. Cuando te reprenda tu padre y vaya a salir de tus labios una mala contestación, piensa en el día que, irremisiblemente, tendrá que llegar, en el que te llame a su cabecera para decirte:

—Te dejo, Enrique.

¡Oh, hijo mío! Cuando oigas su voz por última vez, y también mucho después, al llorar a solas en la habitación donde dio el último suspiro, en medio de los libros que ya jamás abrirá, si entonces recuerdas haberle faltado alguna vez al respeto, también te preguntarás: «¿Cómo pudo suceder tal cosa?» Entenderás que fue siempre tu mejor amigo, que, cuando se veía obligado a reprenderte o castigarte, sufría más que tú, no habiéndole guiado jamás otra cosa que tu bien. Entonces te lamentarás y besarás la mesa en la que tanto trabajó y sobre la que dejó sus fuerzas en bien de sus hijos, y con el fin de que nada nos faltara.

Ahora no te das cuenta de muchas cosas. El oculta todas sus inquietudes, excepto su bondad y su cariño. No sabes que algunos días se encuentra tan cansado, que cree que sólo le quedan pocas semanas de vida, y entonces no cesa de hablar de ti, no siente más pesar que dejarte sin protección, lamentando la posibilidad de que no logres situarte como él quiere en la vida; entonces encuentra nuevos estímulos para proseguir su esfuerzo. Ni siquiera sabes que con frecuencia desea tu compañía porque tiene una amargura en el corazón y disgustos, como todos los hombres de este mundo. Te busca como a un amigo para consolarse y olvidar. Se refugia en tu cariño para recobrar la serenidad y nuevos ánimos.

Piensa, pues, lo doloroso que debe ser para él hallar en ti frialdad y falta de cariño cuando va en busca del cariño filial. ¡No te manches nunca con la negra ingratitud! No olvides que, aun en el caso de que tuvieses la bondad de un santo, no podrías indemnizarle lo suficiente por lo que ha hecho y continúa haciendo por ti. Piensa, asimismo, que nadie tiene la vida asegurada, y que una desgracia inesperada podría arrebatarte a tu padre, del que tanta necesidad tienes, dentro de dos años, de tres meses o mañana mismo. ¡Cómo verías cambiar entonces, hijo mío, todo cuanto te rodea, lo vacía, triste y afligida que te parecería esta casa, con tu pobre madre vestida de luto! Anda, Enrique, vete al despacho en donde está trabajando tu padre; ve de puntillas, para que le pase inadvertida tu entrada, pon tu frente en sus rodillas y dile que te perdone y te bendiga.

Tu madre

EN EL CAMPO

Lunes, 19

Mi buen padre me absolvió una vez más, y me dio permiso para ir a la excursión que habíamos proyectado hacer el miércoles con el padre de Coretti, el vendedor de leña. Todos teníamos necesidad de respirar el aire de la colina.

Fue un placer. Ayer, a las dos de la tarde, nos congregamos en la plaza de la Constitución: Derossi, Garrone, Garoffi, Precossi, padre e hijo, y yo, con nuestras concernientes provisiones de fruta, salchichas y huevos duros; también llevábamos cantimploras y vasitos de hojalata. Garrone llevaba una calabaza con vino blanco; Coretti, la cantimplora de soldado de su padre, llena de vino tinto, y el pequeño Precossi, con su inseparable blusa de herrero, tenía bajo el brazo una hogaza de pan de dos kilos.

Fuimos en autobús hasta la Gran Madre de Dios, y luego, avivadamente, a pie por las colinas. Era una delicia deleitarse de tanto verdor, de sombra y frescura… Nos revolcábamos sobre la hierba, metíamos la cara en los arroyuelos y saltábamos por los vericuetos. Coretti padre nos seguía a gran distancia, con la chaqueta al hombro, fumando en su pipa, y de vez en cuando nos hacía señas con las manos para que tuviésemos cuidado y no nos rasgásemos los pantalones. Precossi silbaba; nunca le había escuchado silbar, y menos de tal forma. Coretti hijo hacía de todo por el camino; es un artista con su navajita de un dedo de larga; sabe hacer ruedecitas de molino, tenedores, barquitos… No sé cómo se las arregla; además, quería ayudar a llevar cosas de otros; tan cargado iba, que sudaba de lo lindo, pero no se quedaba atrás. Derossi se detenía a cada instante para decirnos los nombres de las plantas y de los insectos que hallábamos a nuestro paso; no me explico cómo sabe tanto. Garrone, no podía ser de otra forma, no paraba de comer, pero transitaba en mutismo; desde la muerte de su madre no parece el mismo, y ya no muestra la misma fruición de antes al mordisquear el pan. Pero continúa siendo tan bueno como siempre. Cuando alguno de nosotros tomábamos carrerilla para saltar un obstáculo, él se ubicaba al otro lado para tendernos las manos, y como quiera que a Precossi le daban miedo las vacas, porque de pequeño le había arremetido una, Garrone se le ponía delante para resguardarlo.

Subimos hasta Santa Margarita, y luego bajamos por la pendiente, dando saltos y echándonos a rodar. Precossi se enredó en una aliaga, se hizo un rasgón en la blusa y se quedó avergonzado con su jirón colgando; pero Garoffi, que siempre lleva alfileres en la chaqueta, se lo arregló de forma que casi no se advertía, mientras él no cesaba de decirle:

—¡Perdona, perdóname!

Garoffi no perdía el tiempo, mientras tanto: cogía hierbas para la ensalada, caracoles y cuantas piedrecitas relucían algo; se las almacenaba en el bolsillo, pensando que quizás fuesen de oro o de plata.

Corríamos, saltábamos y nos arrojábamos a rodar, trepábamos a la sombra y al sol por todas las elevaciones y senderos, hasta que llegamos sin podernos tener de pie a lo más alto de una colina, donde nos sentamos o derribamos sobre la hierba para merendar.

Desde allí se divisaba una llanura enorme, viéndose al fondo los Alpes azulados, con sus cimas siempre blancas.

Teníamos un hambre atroz y el pan desaparecía como por encanto. Coretti padre nos daba lonchas de salchichón en hojas de calabaza. Empezamos a conversar de todo: de los maestros, de los compañeros que no habían podido participar en la excursión y de los exámenes. Precossi se abochornaba algo de comer en presencia de los demás, y Garrone le ponía en la boca lo mejor de su fiambrera, haciéndoselo comer a la fuerza. Coretti estaba sentado junto a su padre, con las piernas cruzadas; más parecían dos hermanos que padre e hijo, viéndolos tan cerca al uno del otro, ambos con buen color, sonrientes y con los dientes blancos... El padre comía con gusto y apuraba los vasos que dejábamos a medias, diciéndonos:

—A los que estudiáis probablemente os hace daño el vino, pero los vendedores de leña lo necesitamos —Luego cogía por la nariz al hijo, lo sacudía y decía—: Chicos, quered mucho a éste, que es un buen chico; ¡os lo digo yo!

Y todos reíamos, a excepción de Garrone.

—¡Qué lástima! —añadió—. Ahora estáis todos vosotros congregados aquí, como buenos camaradas; pero dentro de unos años Enrique y Derossi serán, posiblemente, abogados o profesores, u otra cosa por el estilo, y los otros trabajaréis en un comercio o en un oficio o Dios sabe en qué. Y entonces, ¡adiós compañerismo!

—¿Qué dice usted? —Se aceleró a decir Derossi—. Para mí Garrone será siempre Garrone; Precossi, siempre Precossi, y los demás lo mismo, aunque llegase a emperador de Rusia. Donde estén ellos, iré yo.

—¡Bendito seas! —exclamó Coretti padre levantando la cantimplora—. ¡Así se habla, qué caramba! ¡Venga esa mano! ¡Vivan los buenos compañeros y viva también la escuela, que hace una sola familia de los que tienen y de los que no tienen bienes!

Todos tocamos con nuestros vasos su cantimplora y arrojamos el último trago. Se puso de pie, apurando la última gota, y luego gritó:

—¡Viva el Regimiento del cuarenta y nueve! Si alguna vez tuvieseis vosotros que luchar, a ver si os conserváis tan firmes como estuvimos nosotros, muchachos.

Ya era bastante tarde, y comenzamos el camino de regreso cantando y correteando. A trechos íbamos con los brazos entretejidos. Llegamos al Po cuando empezaba a ensombrecer y cruzaban el aire millares de pequeñas luciérnagas. Nos separamos en la plaza de la Constitución, después de haber convenido reunirnos todos de nuevo el domingo para ir al teatro Víctor Manuel a presenciar el reparto de premios a los alumnos de las escuelas nocturnas.

¡Qué día más agradable pasamos! ¡Con qué muestras de alegría habría ingresado en mi casa de no haberme cruzado con mi pobrecita arcaica maestra en la escalera, cuando se marchaba! Como la escalera estaba a lóbregas, al inicio no me conoció; pero luego me agarró ambas manos y me dijo al oído:

—¡Adiós, Enrique; acuérdate de mí!

Me di cuenta que sollozaba. Subí y se lo dije a mi madre, la cual me respondió:

—Va a meterse en cama. —Después dijo con desolación y observándome firmemente—: Tu pobre maestra... está muy mal.

LOS PREMIOS A LOS OBREROS

Domingo, 25

Como lo habíamos acordado, fuimos todos juntos al teatro Víctor Manuel para presenciar la distribución de recompensas a los alumnos de las clases nocturnas de adultos, obreros en su colosal mayoría.

El teatro estaba adornado y repleto de gente como el 14 de marzo; pero casi todo el público lo arreglaban familiares de los alumnos obreros. El patio de butacas estaba ocupado en gran parte por los alumnos y alumnas de las escuela de canto, que descifraron un himno en honor de los soldados sucumbidos en Crimea, muy bonito, tanto que, cuando terminó, todos se pusieron de pie sin cesar de aplaudir y de vitorear, de forma que tuvieron que repetirlo.

Acto seguido, empezaron a desfilar los recompensados por delante del Gobernador, del Alcalde y de otras personalidades, quienes concedían a los premiados libretas de la Caja de Ahorros, diplomas y medallas.

En un rincón del patio vi al albañilito, sentado junto a su madre; en otra parte estaba nuestro Director, y detrás de él se distinguía la rubia cabeza de mi maestro de segundo.

Primariamente pasaron los alumnos de las escuelas nocturnas de dibujo: plateros, escultores, litógrafos, y algunos carpinteros y albañiles; luego los de la escuela de comercio; a continuidad los del liceo musical, entre los cuales iban varias chicas obreras, todas con sus mejores trajes, que recibieron una gran ovación, a la que contestaron con cariñosas sonrisas. Por último desfilaron los alumnos de las escuelas nocturnas elementales. Era digno de verse el espectáculo qué brindaban aquellos jóvenes y hombres de todas las edades, de todos los oficios y vestidos de muy desiguales modos, muchos de ellos con el pelo entrecano y bien poblada barba negra. Los de menor edad se mostraban con gran desenvoltura, pero los hombres, con cierto azoramiento. La gente aplaudía tanto a los más viejos como a los más jóvenes. Sin embargo, ningún espectador se reía, al revés de lo que ocurría el día de nuestra fiesta, sino que todos estaban atentos y serios.

Muchos de los recompensados tenían en el teatro a su mujer y a sus hijos, y había niños que, al ver pasar al padre hacia el escenario, lo llamaban por su nombre en alta voz y lo punteaban con el dedo riendo.

Pasaron labradores y peones: de la escuela Boncompagni. De la escuela de la Ciudadela se presentó un limpiabotas, conocido de mi padre, al que el Gobernador entregó un diploma. Tras él vi pasar a un hombretón, con aspecto de enorme, al que me parecía haber visto otras veces... Era el padre del albañilito, que había ganado ¡el segundo premio! Recordé haberle visto en la buhardilla, junto a la cama de su hijo enfermo, y busqué enseguida con la vista a su hijo. El pobre albañilito miraba a su padre con los ojos brillantes, y, para ocultar y disimular su emoción, ponía el habitual hocico de liebre.

En aquel instante oí un estrepitoso aplauso. Miré al escenario y vi a un pequeño deshollinador, con la cara lavada, pero con su traje de faena; el Alcalde le hablaba sujetándole la mano. Después del deshollinador apareció un cocinero. A continuación se presentó a recoger su premio un barrendero municipal, de la escuela Ranieri. Dentro de mí sentía un no sé qué, algo así como un gran cariño y mucho respeto, cavilando cuánto habrían costado los premios a todos aquellos esforzados trabajadores, padres de familia en gran número, llenos de inquietudes; cuántas fatigas sumadas a las de su oficio, cuántas horas arrebatadas al sueño del que tanto precisan, y también cuánto esfuerzo de su inteligencia, no acostumbrada al estudio, con las manos encallecidas en el rudo trabajo.

Subió al escenario un aprendiz de taller, al que su padre le debía haber prestado su chaqueta; tanto le colgaban las mangas que allí mismo tuvo que subírselas para poder tomar su premio; muchos rieron, mas pronto quedó acallada la risa con los aplausos. Después surgió un viejo, con la cabeza calva y la barba blanca. Tras él franquearon soldados de artillería, de los que concurrían a clase en nuestro grupo; luego policías municipales y guardias de los que prestan servicio ante nuestras escuelas.

Los alumnos de las escuelas nocturnas cantaron, por último, el himno en honor de los caídos en Crimea, pero esta vez con tanto ímpetu, con un sentimiento tal, que la gente, emocionada, casi no aplaudió, tras de lo cual salieron todos conmovidos, lánguidamente y sin hacer ruido.

En pocos minutos toda la calle estaba llena de gente. Delante de la puerta del teatro se hallaba el deshollinador con su libro de premio, encuadernado en tela roja, rodeado de un grupo de señores que le hablaban. Por uno y otro lado de la calle se intercambiaban cariñosos saludos obreros, chicos, guardias y maestros. Vi a mi maestro de segundo entre dos soldados de Artillería, y mujeres de obreros con niños en brazos que llevaban en sus manecitas el diploma del padre y lo enseñaban con orgullo a la gente.

MI MAESTRA HA MUERTO

Martes, 27

Mi pobre maestra agonizaba mientras nos encontrábamos en el teatro Víctor Manuel. Sucumbió a las dos, siete días después de haber ido a visitar a mi madre. Ayer por la mañana estuvo el Director en la escuela para darnos la desconsolada noticia.

—Todos los que habéis sido alumnos suyos —nos dijo— sabéis lo buena que era y lo mucho que quería a los niños, para los que siempre fue una madre. Ahora ya no está entre nosotros. Una espantosa enfermedad venía consumiéndola desde hace tiempo. De no haber tenido que trabajar para ganarse el diario sustento, se habría curado, o, por lo menos, habría conservado la vida algunos meses; pero jamás quiso solicitar el oportuno permiso, prefiriendo estar con los niños hasta el último día. El sábado, 17, por la tarde, se despidió de ellos con la convicción de que ya no volvería a verlos, y aun les dio buenos consejos, los besó y se fue sollozando. ¡Nadie la verá ya! Acordaos de ella, queridos niños.

Precossi, que había sido alumno suyo en primero, dobló la cabeza sobre el banco y empezó a llorar.

Ayer tarde, después de la clase, fuimos todos en grupo a la casa de la muerta, para escoltar su cadáver a la iglesia. En la calle la esperaba un carro fúnebre con dos caballos y mucha gente alrededor, que conversaba en voz baja. Estaban el Director y todos los maestros y maestras de nuestro grupo, así como de las demás escuelas donde había enseñado años atrás. Casi todos los niños de su clase, transportados de la mano por sus madres, iban con velas. También había muchos de otras clases y unas cincuenta alumnas del grupo Baretti, unas llevando coronas y otras, ramos de rosas. Sobre el ataúd habían colocado muchos ramilletes de flores y, pendiente del carro fúnebre, se veía una gran corona de siemprevivas con una inscripción en caracteres negros, que decía: A su maestra, las antiguas alumnas de cuarto. Por debajo de ella había otra pequeña, enviada por sus alumnos.

Entre la muchedumbre se veían muchas sirvientas, remitidas por sus amas, con velas, e incluso dos lacayos. de librea con cirios encendidos; un señor rico, padre de un alumnito de la fallecida, había enviado su coche, forrado de seda azulada.

Todos se apiñaban ante la puerta de la casa. Varias chicas se secaban las lágrimas.

Estuvimos esperando largo tiempo en silencio. Finalmente, bajaron la caja. Cuando algunos niños vieron subir el féretro al carro fúnebre, empezaron a llorar vigorosamente y uno empezó a gritar como si sólo entonces se hubiera percatado de que su maestra había muerto; tan tembloroso era su llanto, que tuvieron que llevárselo.

La fúnebre comitiva se puso en marcha en orden y lánguidamente. En primer término iban las Hijas del Refugio de la Concepción, vestidas de verde; luego las Hijas de María, de blanco con lazos azules; después el clero, y, detrás del coche, las maestras y los maestros, los alumnos de la primera superior y todos los demás; por último, una muchedumbre de personas. La gente se asomaba a las ventanas y a las puertas, y, al ver a los niños y las coronas, decían:

—Es una maestra.

Algunas señoras que escoltaban a los pequeños iban sollozando.

Cuando el cortejo llegó a la iglesia, sacaron la caja del coche fúnebre y la pusieron en medio de la nave central, delante del altar mayor; las maestras depositaron sobre ella las coronas y los niños la cubrieron de flores. La gente, instalada a su alrededor, con las velas prendidas, comenzó a cantar las oraciones de rigor en medio de la oscuridad del templo.

Después que el sacerdote pronunció el último Amén, se extinguieron las velas y todos salieron consecutivamente, quedándose sola la maestra.

¡Pobrecita maestra, que tanto me quería, tan paciente y con tantos años de servicio! Ha dejado sus pocos libros a los alumnos; a uno, un tintero; a otro, un cuadernillo, todo lo que poseía, y dos días antes de morir dijo al Director que no dejase ir a los más pequeños al entierro, para que no sollozasen. Siempre hizo el bien; sufrió y ha fallecido. ¡Descanse en paz! ¡Adiós, pobre maestra, que has permanecido sola en la oscura iglesia! ¡Adiós! ¡Adiós para siempre, mi buena amiga, dulce y triste recuerdo de mi infancia!

MUCHAS GRACIAS

Miércoles, 28

Mi pobre maestra quería acabar el curso, pero se fue cuando sólo faltaban tres días de clase, porque pasado mañana iremos a escuchar leer el último cuento mensual, Naufragio. Después… ¡se acabó! El sábado, primero de julio, habrá exámenes.

Ha pasado, pues, otro curso, el cuarto. Y de no haber fallecido mi maestra, habría pasado dichosamente.

Ahora pienso en lo que sabía en octubre y lo que sé hoy. Yo creo que he adelantado bastante, tengo muchas cosas nuevas en mi cabeza, logro escribir mejor lo que pienso; podría resolver problemas que diversas personas mayores no son capaces de remediar y ayudarlos en sus negocios; comprendo mucho más y entiendo mejor lo que leo. Estoy contento… Pero ¡cuántos me han estimulado y ayudado a aprender, quién de un modo, quién de otro, tanto en la clase como en casa, por la calle y en todas partes, por donde he ido y he visto algo! En este instante me siento agradecido a todos.

Primeramente debo darte las gracias a. ti, mi buen maestro, que tan condescendiente y cariñoso te has mostrado conmigo, para quien ha representado no poco trabajo cada nuevo conocimiento que he adquirido y que ahora es para mí motivo de gozo y de sano orgullo. También te agradezco, Derossi, admirable compañero, las explicaciones con que me has hecho comprender de amable modo tantas veces cosas difíciles y superar escollos para mí insalvables en los exámenes; a ti, Stardi, fuerte y valeroso, que me has manifestado que con férrea voluntad todo se alcanza; a ti, estupendo Garrone, bueno y generoso, que te ganas las simpatías y la admiración de cuantos te tratan; también a vosotros, Precossi y Coretti, que siempre me habéis dado ejemplo de valor en los sufrimientos y de tranquilidad en el trabajo. Dándoos las gracias a vosotros, las doy a todos los demás.

Pero, sobre todo, te doy las gracias a ti, padre, a ti, mi primer maestro, mi primer amigo y confidente, que me has dado tantos buenos consejos y me has enseñado tantas cosas mientras trabajabas por mí, ocultándome siempre tus tristezas y tratando por todos los modos de hacerme fácil el estudio y bella la vida; y a ti, dulce madre, amado ángel de mi guarda, que has gozado con todas mis alegrías y sufrido con mis amarguras, que has estudiado, te has cansado y has llorado conmigo, acariciándome con una mano la frente señalandole con la otra el Cielo.

Yo me arrodillo ante vosotros, como cuando era chiquillo, y os doy gracias con toda la ternura que habéis puesto en mi alma en doce años de sacrificio y de amor.

NAUFRAGIO

· Último cuento mensual ·

Hace muchos años, cierta mañana del mes de diciembre zarpaba del puerto de Liverpool un gran buque de vapor llevando a bordo más de doscientas personas, entre ellas setenta hombres de tripulación. El capitán y casi todos los marineros eran ingleses. Entre los pasajeros había varios italianos: tres caballeros, un sacerdote y una compañía de músicos. El barco salió con rumbo a la isla de Malta. El tiempo era bastante inclemente.

Entre los pasajeros de tercera clase, situada a proa, había un chico italiano de unos doce años, bajo de estatura para su edad, pero robusto: un sicilianito de aire serio y audaz. Permanecía solo junto al trinquete, sentado en un gran rollo de maromas. A su lado tenía una maletilla bastante deteriorada, que contenía su equipaje, y sobre la cual apoyaba una mano. Era moreno; su pelo, negro y rizado, casi le llegaba a la espalda. Iba indigentemente vestido, con una manta raída sobre los hombros y una vieja bolsa de cuero en bandolera. Miraba en torno suyo, pensativo, a los otros pasajeros, las distintas partes del barco y a los marineros que pasaban corriendo, así como al mar impaciente. Tenía el aspecto de un chico que terminaba de sufrir una gran desgracia familiar: cara de niño y expresión de hombre.

Poco después de la salida pasó por la proa un marinero de los de la tripulación del barco, italiano, hombre de pelo gris, que llevaba de la mano a una muchacha. Se contuvo delante del pequeño siciliano y le dijo: —Mario, aquí tienes una compañera de viaje.

Luego se fue.

La chica se sentó también en el rollo de maromas, junto al muchacho.

Ambos se miraron.

—¿A dónde vas? —le preguntó el siciliano.

La chica respondió:

—A Malta, pasando por Nápoles. —Luego añadió—: Voy a reunirme con mi padre y mi madre, que me esperan. Yo me llamo Julita Faggiani.

El muchacho no dijo nada.

Pasados unos minutos, sacó de la bolsa pan y frutas secas; la chica llevaba bizcochos. Los dos se brindaron mutuamente sus provisiones y comieron con buen apetito.

—¡Esto se ha animado! —gritó el marinero italiano, pasando avivadamente—. ¡Ahora empieza el baile!

El viento arreciaba y el barco daba fuertes bandazos. Pero los dos chicos, que no se mareaban, apenas se inmutaron. La chica sonreía. Tenía poco más o menos la edad de su compañero, aunque era bastante más alta, morena, fina, de aspecto algo enfermizo y vestida más que humildemente. Tenía el cabello corto y ondulado, un pañuelo encarnado en la cabeza y zarcillos de plata en las orejas.

Mientras comían fueron contándose cosas de su vida. El muchacho no tenía padre ni madre. Su padre, obrero, había fallecido en Liverpool pocos días antes, dejándole solo, y el cónsul italiano le había enviado a su tierra, a Palermo, donde le permanecían algunos parientes lejanos. A la chica la habían llevado a Londres el año anterior a casa de una tía suya, viuda, que la quería mucho, y a la que sus padres, que eran pobres, se la habían dejado por algún tiempo, con la ilusión de que fuera su heredera, como ella lo tenía ofrecido. Pero pocos meses después sucumbió la tía en accidente de circulación, atropellada por un coche, sin dejarle ningún dinero. Recurrió también al cónsul y éste la embarcó para Italia. Los dos estaban recomendados al marinero italiano.

—Mis padres —concluyó la niña— creían que volvería rica, y, en cambio, vuelvo sin un céntimo. Pero de todas formas me quieren lo mismo que mis hermanos. Tengo cuatro hermanitos, todos pequeños. Yo soy la mayor de mi casa y les ayudo a vestirse. Se pondrán muy alegres cuando me vean. Entraré en casa de puntillas... ¡Qué malo está el mar!

Después preguntó al muchacho:

—¿Y tú? ¿Vas a vivir con tus parientes?

—Sí..., si ellos quieren —le respondió.

—¿Es que no te quieren?

—No lo sé.

—En Navidad cumplo trece años —dijo la muchacha.

Luego comenzaron a charlar sobre el mar y la gente de a bordo. Todo el día estuvieron juntos, intercambiándose algunas palabras. Los pasajeros creían que eran hermanos. La chica hacía punto de media; el chico estaba pensativo. El mar continuaba cada vez más tormentoso.

Por la noche, en el momento de separarse para ir a dormir, la chica dijo a Mario.

—Que duermas bien.

—Nadie dormirá bien esta noche, amiguitos míos —expresó el marinero italiano, pasando de prisa porque le había llamado el capitán.

El chico estaba para corresponder a su amiguita y desearle también una buena noche, cuando de pronto un imprevisto golpe de mar lo lanzó violentamente contra un banco.

—¡Madre mía, sangras! —gritó la muchacha corriendo hacia él para atenderlo.

Los pasajeros, que se aceleraban a bajar a los dormitorios, no les hicieron el menor caso. La chica se arrodilló junto a Mario, que había quedado aturdido por el golpe; le limpió la frente, que le sangraba y, quitándose el pañuelo rojo, se lo ató alrededor de la cabeza; luego la apretó contra sí para hacer el nudo, quedándole una mancha de sangre en el vestido amarillo, a la altura de la cintura. Mario se repuso y se levantó.

—¿Te sientes mejor? —le preguntó la chica.

—Ya no tengo nada —objetó.

—Que descanses —dijo Julita.

—Buenas noches —respondió Mario.

Y ambos bajaron por dos escaleras contiguas a sus respectivos dormitorios.

El marinero había acertado. Aún no se habían dormido cuando se desencadenó una horrible tempestad. Fue como un asalto inesperado de colosales olas que en pocos minutos destrozaron un mástil y arrastraron consigo, como si hubiesen sido hojas, tres de las barcas colgadas de las grúas y cuatro bueyes que se encontraban en la proa. En el interior del buque se produjo gran confusión y un espanto improbable de describir: un griterío estremecedor, con mezcla de llantos y de plegarias, que ponía los pelos de punta.

La tempestad fue arreciando su furia toda la noche y, al amanecer, aún se encrespó más. Las formidables olas azotaban el barco por los costados e irrumpían sobre la cubierta, destrozando, barriendo y arrastrándolo todo. Se hundió la plataforma que cubría la maquinaria, y el agua se precipitó al interior con ruido infernal; las calderas se apagaron y los maquinistas huyeron; por todas partes penetraron impetuosos torrentes de agua. Una voz fuerte gritó:

—¡A las bombas!

Era la voz del capitán.

Los marineros echaron mano a las bombas. Pero un rápido golpe de mar, que se abatió por detrás sobre el buque, deshizo gran parte del casco y se precipitó al interior de forma incontenible.

Los pasajeros, más muertos que vivos, se habían refugiado en la sala del centro del barco.

A cierto instante apareció el capitán.

—¡Capitán! ¡Capitán! —Gritaron todos a la vez—. ¿Qué hacemos? ¿Cómo estamos? ¿Hay alguna esperanza? ¡Sálvenos!

El capitán esperó a que todos enmudeciesen, y dijo:

—¡Resignémonos!

Una mujer lanzó un grito:

—¡Piedad!

Nadie más pudo hablar, porque a todos los tenía detenidos el pánico. Así transcurrió mucho tiempo en medio de un silencio sepulcral. Todos se observaban con caras fúnebres. El mar se enfurecía cada vez más. El barco a duras penas podía navegar. A cierto punto el capitán intentó echar al agua una lancha. Cinco marineros se metieron en ella; la lancha se sostenía, pero una ola la volcó, y perecieron dos marineros, uno de los cuales era, precisamente, el italiano; los otros, con mucho esfuerzo, consiguieron asirse de nuevo a las cuerdas y subir a bordo.

Tras esto, los mismos tripulantes perdieron toda esperanza. Dos horas después, el barco estaba sumergido hasta la altura de la borda.

Entretanto, sobre cubierta se desarrollaba un espectáculo estremecedor. Las madres estrechaban exasperadamente contra su pecho a los hijos; los amigos se abrazaban y se daban el adiós de despedida definitiva; algunos bajaban a los camarotes para morir sin ver el mar. Un pasajero se pegó un tiro en la cabeza, y fue rodando escaleras abajo hasta el dormitorio, donde expiró. Muchos se agarraban arrebatadamente los unos a los otros y algunas mujeres padecían horribles convulsiones. No pocos se arrodillaban cercando al sacerdote. Se oía un coro de sollozos, de lamentaciones infantiles, de voces agudas y extrañas, viéndose por aquí y por allá personas tan inmóviles como estatuas, atontadas por el pánico, con los ojos dilatados y sin vista, caras cadavéricas, y propias de locos. Mario y Julia, agarrados a un mástil, observaban el mar con los ojos fijos, como alucinados.

El mar se había aquietado un poco; pero el buque continuaba hundiéndose lánguidamente; sólo le quedaban unos minutos de vida.

—¡La lancha al agua! —gritó el capitán.

Una chalupa que quedaba, la última, fue lanzada al mar, y se metieron en ella catorce marineros y tres pasajeros.

El capitán permaneció a bordo.

—¡Venga con nosotros! —le dijeron desde la barca.

—Yo debo morir en mi puesto —objetó el capitán.

—Hallaremos algún barco —le gritaron los marineros— y nos protegeremos. ¡Baje! ¡Está perdido!

—¡Yo me quedo aquí, marchaos vosotros!

—¡Todavía hay un sitio! —Gritaron entonces, dirigiéndose a los otros pasajeros—. ¡Una mujer!

Entonces avanzó una mujer, mantenida por el capitán; pero, al ver la distancia que le separaba de la chalupa, no tuvo valor para dar el salto y cayó sobre cubierta. Las demás mujeres casi todas estaban desvanecidas y como muertas.

—¡Un chico! —gritaron algunos.

Al oírlo, el chico siciliano y su compañera, que hasta entonces habían permanecido como petrificados por un estupor sobrehumano, impulsados por el instinto de vivir, se retiraron a la vez del palo y corrieron al borde del buque, exclamando a la vez: —¡Yo! —Y se rechazaban el uno al otro como dos fieras salvajes.

—¡El más pequeño! —dijeron los de la chalupa—. ¡La barca está sobrecargada! ¡El más pequeño!

Al oírlo, la muchacha, como herida por un rayo, dejó caer los brazos y permaneció inmóvil, mirando a Mario con los ojos apagados.

Mario la miró un momento, vio la mancha de sangre que había dejado en ella, se acordó de lo que había hecho por él y pasó por su mente una idea divina.

—¡El más pequeño! —Gritaban a coro los marineros con imperiosa impaciencia—. ¡Nos vamos!

Entonces Mario, con una voz que no parecía la suya, gritó: —¡Ella pesa menos! ¡Vete tú, Julia! ¡Te cedo mi sitio! ¡Anda, mujer! Tú tienes padres, y yo soy solo.

—¡Échala al mar! —corearon los marineros.

Mario cogió a Julia por la cintura y la echó al agua.

La muchacha dio un grito y cayó; un marinero la asió de un brazo y la subió a la barca.

Mario permaneció firme sobre la borda del buque, con la frente erguida y el cabello flotando al viento, inmóvil, tranquilo, sublime. La barca se puso en movimiento y apenas tuvo tiempo de esquivar el vertiginoso torbellino de agua formado por el buque al hundirse.

La muchacha, que hasta aquel instante había estado casi inconsciente, alzó los ojos hacia el chico y comenzó a llorar desconsoladamente.

—¡Adiós, Mario! —gritó entre sollozos, con los brazos tendidos hacia él—. ¡Adiós! ¡Adiós! ¡Adiós!

—¡Adiós! —le contestó el muchacho enalteciendo la mano.

La barca se alejó con la rapidez que le permitía el mar

agitado, bajo un cielo oscuro. Sobre el buque siniestrado nadie conversaba ya. El agua lamía el borde de la cubierta.

De pronto se puso el muchacho de rodillas, juntó las manos y dirigió los ojos al Cielo.

La muchacha se tapó la cara.

Cuando alzó la cabeza, echó una ojeada al mar. El buque había desaparecido.

Julio

LA ÚLTIMA PÁGINA DE MI MADRE

Sábado, 1

El curso ha acabado, Enrique; bien está que te quede como recuerdo del último día la imagen del niño sublime que dio la vida por su amiga. Ahora te vas a separar de tus maestros y de tus compañeros, y debo comunicarte una triste noticia. No se trata de una separación de meses, sino para siempre. Por motivos de su profesión, tu padre tiene que marcharse de Turín, y nosotros iremos con él. Marcharemos el próximo otoño. Ingresarás en otra escuela, lo cual te disgusta y contraría, ¿no es así? Porque estoy segura de que estás encariñado con tu escuela, donde por espacio de cuatro años has experimentado dos veces al día la complacencia de haber trabajado; donde has convivido tanto tiempo, a las mismas horas, con los mismos chicos, los mismos maestros, los mismos padres de tus compañeros y los tuyos, que te esperaban sonriendo; sentirás dejar la escuela donde se ha desarrollado tu inteligencia, en la que has conocido a buenos amigos, en donde cada palabra que has oído tenía por objeto tu bien, sin sufrir ningún disgusto que no te fuera provechoso.

Llévate, pues, ese cariño contigo y da un adiós que te salga del corazón a todos esos niños.

Algunos conocerán desgracias irremediables, perderán pronto a su padre o a su madre; otros morirán jóvenes; otros quizá viertan generosamente su sangre en alguna posible guerra; muchos serán buenos y decorosos trabajadores, padres de familias laboriosas y honestas como ellos; ¡y quién sabe si no habrá también alguno que preste grandes servicios a la nación y haga glorioso su nombre!

Sepárate, por tanto, de ellos con cariño; deja un poco de tu alma en la gran familia en la que ingresaste de niño y de la que sales en edad adolescente, a la cual quieren tu padre y tu madre porque en ella también te han querido.

La escuela es como una madre, Enrique: te tomó de mis brazos cuando apenas conversabas y te devuelve ahora mayorcito, fuerte, bueno y estudioso. ¡Bendita sea, y no la olvides jamás, hijo mío!

Serás hombre, irás por el mundo, verás ciudades inmensas, estatuas extraordinarios, y también te olvidarás de ellos; pero del modesto edificio blanco, con sus persianas cerradas y el pequeño jardín donde se abrió la primera flor de tu inteligencia, nunca te olvidarás, sino que lo tendrás presente hasta el último día de tu existencia, lo mismo que yo conmemoraré toda mi vida la casa en que oí tu voz por primera vez.

Tu madre

LOS EXÁMENES

Martes, 4

Por fin hemos llegado a los exámenes. En las calles junto a la escuela, los alumnos, los padres y las madres, e incluso las niñeras, conversaban de exámenes, calificaciones, temas, nota media, suspensos, promocionados... Ayer por la mañana nos inspeccionamos de redacción y hoy de Aritmética.

Los padres que acompañaban a sus hijos a la escuela les daban los últimos consejos, y muchas madres iban con los chicos hasta dejarlos en los bancos, viendo si había tinta en los tinteros, evidenciando si las plumas estaban en buenas condiciones, y, al salir, se volvían desde la puerta para recomendarles optimismo y atención.

Nuestro vigilante era el señor Coatti, el maestro de la barba negra y voz de león, que nunca castiga a nadie.

Había pequeños con una cara tan blanca como el papel, de miedo que tenían.

Cuando el maestro abrió el sobre enviado por el Ayuntamiento y sacó el ejercicio de Matemáticas, todos aguantamos la respiración.

Dictó el problema con voz fuerte, mirándonos a unos y otros con ojos escrutadores y rígidos; pero era evidente que, de haber logrado dictarnos la solución, lo habría hecho, para que todos aprobásemos y estuviésemos contentos.

Después de una hora de trabajo, no pocos comenzaban a desanimarse porque el problema era difícil. Uno sollozaba. Crossi se daba puñetazos en la cabeza. Muchos no tenían culpa de no saber solucionarlo, por no haber tenido tiempo para estudiar lo suficiente o por no haberlos ayudado los padres en casa durante el curso.

Pero siempre se halla la providencia. Era un espectáculo ver cómo se las arreglaba Derossi para pasar una cifra e insinuar una operación, sin que le descubriesen; parecía nuestro maestro. También ayudaba en lo que podía Garrone, que está fuerte en Aritmética, y hasta Nobis, que, al encontrarse en apuros, se había vuelto cordial. Stardi estuvo inmóvil más de una hora, con los ojos fijos en el problema y los puños en las sienes; luego todo lo hizo en cinco minutos.

El maestro daba vueltas por entre los bancos y decía:

—¡Calma! ¡Calma! No os precipitéis y cavilad un poco.

Cuando veía a alguno descorazonado, para hacerle reír e infundirle ánimos, abría la boca como para tragárselo, imitando al león.

Hacia las once, mirando a través de las persianas, vi abajo a cuantiosos padres que se paseaban con cara de inquietud; estaba el padre de Precossi, con su blusa azul y la cara llena de tiznajos: probablemente acabaría de salir de la fragua. También vi a la madre de Crossi, la verdulera, y la de Nelli, vestida de negro, que no podía estar un instante quieta. Poco antes del mediodía llegó mi padre y miró hacia la ventana por donde yo estaba. Pobre padre, ¡cuánto me quiere!

A las doce en punto todos habíamos acabado.

Había que ver lo que sucedió a la salida. Los padres venían a nuestro encuentro, y no paraban de hacernos preguntas, hojear los cuadernos y comparar los trabajos de unos y de otros. Se oían estas y parecidas preguntas: «¿Cuántas operaciones?» «¿Cuál es el total?» «¿Y la substracción?» «¿Y la respuesta?» «¿Y la coma de los decimales?»…

Los maestros iban de una a otra parte, solicitados por multitud de padres.

Mi padre me tomó enseguida el borrador, miró y dijo:

—Está bien.

A nuestro lado estaba el herrero Precossi, que observaba también el trabajo de su hijo, algo impaciente, porque no se aclaraba. Dirigiéndose a mi padre, le preguntó:

—¿Tendría la bondad de decirme el resultado?

Mi padre se lo dijo. Miró el de su hijo y evidenció que era el mismo.

—¡Bravo, hijo! —exclamó muy contento. Mi padre y él se observaron con cara de complacencia, como dos buenos amigos, y el herrero estrechó la mano que le tendió mi padre. Se separaron diciendo:

—Hasta el. Examen oral.

Poco después escuchamos una voz de falsete, que nos hizo volver la cabeza. Era el herrero, que se alejaba cantando.

EL ÚLTIMO EXAMEN

Viernes, 7

Esta mañana hemos dado el examen oral. A las ocho estábamos ya todos en nuestros sitios. A las ocho y cuarto comenzaron a llamarnos de cuatro en cuatro para ir al salón de actos, donde había una mesa cubierta con un tapete verde, y sentado en torno a ella el Director y cuatro maestros, entre ellos el nuestro.

Yo fui uno de los primeros llamados. ¡Pobre maestro! ¡Cómo me he dado hoy cuenta de lo mucho que nos quiere!

Mientras los demás nos preguntaban, él no nos quitaba ojo, se turbaba cuando titubeábamos en responder, prestaba oído muy atento y nos hacía la mar de gestos con las manos y con la cabeza para decirnos: «¡Bien!», «¡no!», «¡presta atención!», «¡más despacio!», «¡ánimo!» Si hubiese logrado hablar, nos habría sugerido todas las respuestas.

Un padre no habría hecho más que él. De buena gana le habría dado las gracias diez veces delante de todos.

Cuando los otros maestros dijeron: «Está bien, vete tranquilo», le resplandecieron los ojos de alegría.

Yo volví consecutivamente a la clase para esperar a mi padre. Aún estaban allí casi todos. Me senté junto a Garrone. Yo no estaba alegre. Pensaba que era la última vez que íbamos a vernos. Aún no le había dicho a mi buen compañero que al año siguiente no estaría en cuarto con él, porque tenía que marcharme de Turín con mi familia. Como siempre, estaba algo encogido, con la cabeza inclinada sobre el banco, pintando adornos cerca de una foto de su padre, vestido de maquinista, un hombre recio y alto, con cuello de toro y aspecto serio y honesto como él. Mientras hacía sus dibujos, como tenía la camisa algo desabrochada, vi sobre su desnudo pecho la cruz que le regalara la madre de Nelli cuando supo que resguardaba a su hijo.

Me creí obligado a manifestarle que me ausentaría concluyentemente de Turín. Haciendo un esfuerzo, le dije, sin mirarle:

—Garrone, este otoño mi padre se marchará de Turín para siempre.

Me preguntó si me marcharía yo también, y le respondí que sí.

—Entonces —añadió—, ¿no te tendremos de compañero en cuarto curso?

Le objeté que no. De momento se quedó taciturno, prosiguiendo su trabajo. Luego sin levantar la cabeza, me preguntó:

—¿Te acordarás de tus compañeros de tercero?

—Sí, sí, de todos —le repuse—; pero de ti… más que de nadie. ¿Quién puede olvidarse de ti?

Él, contrariado, me dirigió una mirada como queriendo expresarme mil cosas, pero guardó silencio. Se limitó a prolongarme su mano izquierda, fingiendo que seguía dibujando con la derecha. Yo estreché entre las mías aquella mano fuerte y leal.

En aquel instante entró de prisa el maestro, con la cara incendiada y dijo en voz baja y rápida, en tono alegre: «¡Hasta ahora todo va bien; a ver si los que quedan continúan lo mismo. ¡Mucho ánimo, hijitos! ¡Estoy alegre de vosotros!» Para mostrar su alegría, al salir con paso rápido, hizo como que tropezaba y tenía que agarrarse a la pared para no caerse; ¡él, a quien no habíamos visto reír en todo el curso! La cosa nos pareció tan sumamente extraña, que, en vez de reírnos, todos nos quedamos sorprendidos; nos sonreímos, pero ninguno se rió. Aquel acto de alegría, propio de un chiquito, sin saber por qué, me produjo pena y ternura. Tal instante de alegría era su único galardón, la indemnización por nueve meses de paciencia, de esfuerzos y de sinsabores. Para aquel resultado agradable se había afanado y había ido a dar clase muchas veces estando enfermo. Aquello, y nada más que aquello, nos solicitaba a cambio de tanto cariño y de tantas inquietudes. Ahora me parece que, al acordarme de él, siempre lo veré en aquella postura; y si nos hallamos, le recordaré el acto que tan recóndito me ha llegado al corazón, y no dejaré de besar sus canas.

¡ADIÓS!

Lunes, 10

Por la tarde nos congregamos todos por última vez para

conocer el resultado de los exámenes y recoger las cartillas con las correspondientes calificaciones.

La calle estaba llena de padres, que también habían invadido el extenso zaguán. No pocos entraron en las aulas, empujándose hasta la mesa del maestro. En la nuestra ocupaban todo el espacio que hay entre la pared y los primeros bancos.

Entre ellos vi al padre de Garrone, la madre de Derossi, el herrero Precossi, Coretti, la señora Nelli, la verdulera, el padre del albañilito, el de Stardi y muchos otros que no conocía. Por todas partes se divisaba un susurro y se oía conversar como cuando se está en una plaza.

Entró el maestro y guardamos completo mutismo. Llevaba una lista en la mano y empezó a leer consecutivamente:

—Abatucci, aprobado, 6,6; Archimi, aprobado, 5,5; el albañilito, aprobado; Crossi, aprobado… —Luego añadió con voz fuerte—: Derossi Ernesto, aprobado, 7,7 y primer premio.

Todos los que estaban presentes y le conocían, gritaron:

—¡Bien por Derossi!

Él se dio un estirón a los rubios rizos y miró con fruición a su madre, que le saludó con la mano. Garoffi, Garrone y el calabrés también figuraron entre los aprobados. Después leyó los nombres de tres o cuatro que tienen que repetir curso, echándose a llorar uno de ellos porque le amenazó su padre, que estaba en la puerta. El maestro se apresuró a decirle:

—Mire, no se ponga así, porque diversas veces es por mala suerte, como ha sucedido en el caso de su hijo.

Continuó leyendo. Nelli sacó aprobado y su madre le envió un beso al aire con el abanico. Stardi obtuvo notable de media, mas no por eso se sonrió ni se quitó los puños de las sienes. El último de la lista fue Votini, que resultó aprobado. Era el que iba vestido con mayor elegancia y mejor peinado. Acabada la lectura de las calificaciones, el maestro se levantó y nos dijo:

—Muchachos, ésta es la última vez que nos congregamos. Hemos estado juntos todo el curso y ahora nos apartamos como buenos amigos, ¿no es verdad? Siento esta separación, queridos niños... —Se interrumpió y luego continuó diciendo—: Si alguna vez he llegado a perder la paciencia, si en alguna ocasión he pecado de injusto, sin quererlo, o me he mostrado exorbitantemente severo, disculpadme.

—¡No, no, señor maestro! —dijeron a un tiempo padres y alumnos.

—Disculpadme —repitió el maestro— y no dejéis de quererme. El próximo curso ya no estaréis conmigo, pero os veré con frecuencia y persistiréis en mi corazón. ¡Felices vacaciones, chicos, y hasta la vista!

Dicho esto pasó entre nosotros y todos le tendían la mano, empinándose, subiéndose en los bancos, le tiraban de la chaqueta y le cogían los brazos. Algunos le abrazaron y cincuenta voces dijeron a coro:

—¡Hasta la vista, señor maestro! ¡Gracias por todo! ¡Que le vaya bien! ¡Acuérdese de nosotros!

Cuando salió estaba emocionado.

Abandonamos la clase en tropel. También salían al mismo tiempo de las otras clases y se produjo una gran confusión de saludos y de mutuas despedidas entre chicos, maestros, padres y maestras.

La maestra de la pluma roja tenía cuatro o cinco niños encima y unas veinte criaturas a su alrededor, que no le dejaban respirar. A la «monjita» casi le habían despedazado el sombrero y la habían llenado de ramitos de flores que ponían en los ojales y en los bolsillos del vestido negro. Muchos congratulaban a Robetti, que aquel día era, necesariamente, el primero que iba sin muletas.

Por todas partes se oía decir: «¡Hasta el próximo curso!» «¡Hasta el veinte de octubre!» «¡Nos veremos por Todos los Santos!»

También nos despedimos mi padre y yo de los conocidos.

¡Cómo se olvidan en esos instantes los sinsabores pasados! Votini, que siempre se había mostrado tan envidioso de Derossi, fue el primero en abrazarlo con efusión. Yo saludé y estreché la mano del albañilito en el momento que por última vez me ponía el hocico de liebre. ¡Qué buen chico! Saludé a Precossi y a Garoffi, el cual me dijo que había obtenido un premio en la última rifa y me entregó un pequeño pisapapeles de mayólica, algo roto por una esquina. De todos me despedí con un apretón de manos.

Fue emocionante ver cómo se acercó el pobrecito Nelli a Garrone, del que no podían despegarlo. Todos cercaban a Garrone, lo abrazaban y zarandeaban en prueba de cariño, como bien se lo merecía el ejemplar muchacho, que a todos sonreía. Su padre estaba allí embobado ante similar muestra de afecto. A Garrone fue el último a quien abracé, ya en la calle, procurando contener un sollozo al tener mi cara sobre su pecho; él me dio un beso en la frente.

Después corrí a reunirme con mi padre y mi madre. Mi padre me preguntó si me había despedido de todos, y yo le dije que sí.

Luego me recomendó que investigara y pidiera perdón a quien le hubiese faltado alguna vez.

—No hay ninguno —le respondí.

—Bueno, pues entonces, vámonos.

Dirigió una última ojeada a la escuela y dijo con voz conmovida:

—¡Adiós!

Mi madre repitió:

—¡Adiós!

Yo… no pude expresar nada.

Índice

Estudio preliminar 5
Advertencia del autor 11

Corazón: Diario de un niño

Octubre 15
Noviembre 37
Diciembre 69
Enero 97
Febrero 127
Marzo 173
Abril 209
Mayo 249
Junio 309
Julio 339